팀 켈러의
용서를 배우다

FORGIVE

Forgive: Why Should I and How Can I?

Copyright © 2022 Timothy Keller
Korean Translation Copyright © 2022 by Duranno Ministry
Korean edition is published by arrangement with McCormick Literary through Duran Kim Agency.

이 책의 한국어판 저작권은 듀란킴 에이전시를 통한 McCormick Literary와의 독점계약으로 두란노서원에 있습니다.
저작권법에 의하여 한국 내에서 보호를 받는 저작물이므로 무단전재와 무단복제를 금합니다.

팀 켈러의 용서를 배우다

지은이 | 팀 켈러
옮긴이 | 윤종석
초판 발행 | 2022. 11. 23
14쇄 발행 | 2024. 1. 8
등록번호 | 제1988-000080호
등록된 곳 | 서울특별시 용산구 서빙고로65길 38
발행처 | 사단법인 두란노서원
영업부 | 02)2078-3333 FAX | 080-749-3705
출판부 | 02)2078-3330

책값은 뒤표지에 있습니다.
ISBN 978-89-531-4334-0 03230

독자의 의견을 기다립니다.
tpress@duranno.com www.duranno.com

두란노서원은 바울 사도가 3차 전도 여행 때 에베소에서 성령 받은 제자들을 따로 세워 하나님의 말씀으로 양육하던 장소입니다. 사도행전 19장 8-20절의 정신에 따라 첫째 목회자를 돕는 사역과 평신도를 훈련시키는 사역, 둘째 세계선교™와 문서선교단행본 · 잡지 사역, 셋째 예수문화 및 경배와 찬양 사역, 그리고 가정 · 상담 사역 등을 감당하고 있습니다. 1980년 12월 22일에 창립된 두란노서원은 주님 오실 때까지 이 사역들을 계속할 것입니다.

팀 켈러의

용서를
배우다

팀 켈러 지음

윤종석 옮김

forgive

왜 해야 하며 어떻게 해야 하는가

두란노

데이비드 A. 폴리슨과 D. A. 카슨에게.

내 소중한 친구이자 탁월한 성경 교사인
두 사람의 용서에 관한 성경적 통찰이
이 책의 기초가 되었다.

Contents

Part 1.
용서의 문을 열고 들어가야 할 시간   용서 실종 시대

Part 2.

용서를 이해하다

용서, 왜 해야 하는가

Part 3.

진정한 용서를 시작하다

용서, 어떻게 해야 하는가

*

용서하지 않은 종의
비유

그때에 베드로가 나아와 이르되

주여 형제가 내게 죄를 범하면

몇 번이나 용서하여 주리이까

일곱 번까지 하오리이까

예수께서 이르시되 네게 이르노니

일곱 번뿐 아니라

일곱 번을 일흔 번까지라도 할지니라

그러므로 천국은 그 종들과 결산하려 하던

어떤 임금과 같으니

결산할 때에 만 달란트 빚진 자 하나를 데려오매

갚을 것이 없는지라

주인이 명하여 그 몸과 아내와 자식들과 모든 소유를

다 팔아 갚게 하라 하니

그 종이 엎드려 절하며 이르되

내게 참으소서 다 갚으리이다 하거늘

그 종의 주인이 불쌍히 여겨 놓아 보내며

그 빚을 탕감하여 주었더니

그 종이 나가서 자기에게

백 데나리온 빚진 동료 한 사람을 만나

붙들어 목을 잡고 이르되 빚을 갚으라 하매

그 동료가 엎드려 간구하여 이르되 나에게 참아 주소서

갚으리이다 하되 허락하지 아니하고

이에 가서 그가 빚을 갚도록 옥에 가두거늘

그 동료들이 그것을 보고 몹시 딱하게 여겨

주인에게 가서 그 일을 다 알리니

이에 주인이 그를 불러다가 말하되

악한 종아 네가 빌기에

내가 네 빚을 전부 탕감하여 주었거늘

내가 너를 불쌍히 여김과 같이

너도 네 동료를 불쌍히 여김이 마땅하지 아니하냐 하고

주인이 노하여 그 빚을 다 갚도록

그를 옥졸들에게 넘기니라

[예수께서 이르시되] 너희가 각각 마음으로부터

형제를 용서하지 아니하면

나의 하늘 아버지께서도

너희에게 이와 같이 하시리라.

용서 없이는 사랑도, 삶도, 미래도 없다

내게 용서와 긍휼은 늘 짝을 이룹니다.
어떻게 하면 잘못에 대한 책임을 물으면서 동시에
사람들의 인간성을 놓치지 않고
변화 가능성을 믿을 수 있을까요?
— 벨 훅스, 마야 안젤루와의 대화 중에서[1]

남아프리카공화국 출신의 성공회 대주교로 평생 조국의 인종차별에 맞서 싸운 흑인 데즈먼드 투투는 조국에 "용서 없이는 미래도 없다"라고 역설했다. 〔넬슨 만델라 집권 이후 과거사 청산을 위해 조직된 진실화해위원회 위원장을 맡은〕 그는 제2차 세계대전 후 독일 나치 전범들의 처리를 위해 거행된 뉘른베르크재판 같은 방식을 거부했다. 그 방식대로라면 남아프리카공화국의 인종차별 정권 아래에서 폭력 범죄로 기소된 이들 모두가 정식 재판과 처형을 받아야만 했다.

대신 투투가 생각해 낸 방안은 흑인과 백인 구별 없이 모든 폭력 가해자에게 용서를 베풀어 사면하는 것이었다. 단 가해자는 자수해서 일정 기간 동안 자신이 저지른 잘못의 진상을 낱낱이 공개 자백해야 했다.

자백한 이들에게 민사 처벌이 뒤따르지 않았음에도 그 사회는 진실과 지식의 빛 덕분에 전진할 수 있었다. 도의적·사회적 결과만이 가해자에게 자연스럽게 뒤따랐을 뿐이다. 진실화해위원회에서 기회를 마련해 주어 개인 차원의 용서를 통해 관계가 회복되는 사례도 있었다. 투투는 "용서가 아니었다면 유고슬라비아연방 해체 이후 발칸반도를 휩쓴 폭력의 악순환이 남아프리카공화국에서도 재현되었을 것"이라고 힘주어 말했다.[2]

2021년의 마지막 주에 데즈먼드 투투가 타계했을 때 나는 트위터에 이렇게 썼다.

> '용서 문화'가 학대자의 책임 회피에 일조한다고 주장하는 사람도 많다. 그러나 데즈먼드 투투는 용서하지 않으면 오히려 우리가 학대자의 노예가 된다면서, 용서와 정의를 동시에 추구하는 일이 가능하다고 강조했다. 그는 뉘른베르크재판 모델을 거부하고 진실과 화해를 지향했다.[3]

예상대로 사람들의 반응은 엇갈렸다. 많은 학대 생존자들은 용서 논리가 피해자들 쪽에 불리하게 악용된다고 경고했다. 과거의 아픔을 용서로 극복하고 넘어가라고 피해자들을 다그친다는 것이다. 용서를 이 사회와 학대자들의 책임 회피 전략으로 보는 이들도 있었다. 하지만 그들도 대부분 데즈먼드 투투가 꾸린 위원회의 성과만은 부정하지 못했다. 그중 한 사람은 내 트위터에 "사람들에게 용서하고 넘어가라고 말하면 …… 학대자의 책임 회피만 돕는 꼴이다"라고 댓글을 달면서도, "투투가 놀라운 일을 했다는 것과 참된 은혜를 보여 주고 가르쳤다는 것은 나도 안다"라고 덧붙였다.

다른 사람들은 투투의 모델이 우리 시대의 배척 문화를 누그러뜨릴 수 있을 거라고 말했다. 마이클 다이슨은 투투가 부르짖은 용서가 오늘날 "대다수 사회 정의 운동가에게까지도 …… 예스럽거나 진부하거나 아예 부적절해 보일 수 있다"라고 인정했지만, 그럼에도 모든 이들이 용서에 주목해야 한다고 촉구했다.[4]

용서를 용납하지 않는 우리 사회 현주소

투투의 죽음을 계기로 표출된 그의 활동에 대한 엇갈린 반응은 용서에 상반된 태도를 보이는 우리 사회의 축소판이다. 2020년 6월, 〈뉴욕 타임스*The New York Times*〉의 엘리자베스 브루닉은 트위터에 이런 글을 올렸다.

> 끊임없이 속죄를 요구하면서도 용서라는 개념 자체를 대놓고 경멸하는 지금의 세태를 마냥 지지할 수는 없다.[5]

하지만 이후 성난 무리의 이메일이 쇄도하자 그녀는 물의를 일으켰다는 생각이 들어 게시물을 금방 삭제했다. 그러나 한 인터뷰에서 그녀는 분노 가득한 정의감과 사람들에게 죗값을 치르게 만들려는 욕구가 미국 문화의 특징이라고 설명했다. "내가 보기에 미국 문화에서는 사람들이 용서라는 개념 자체를 굉장히 불쾌하게 여깁니다. 용서가 부도덕하다는 그들의 생각에 큰 우려를 느낍니다."[6]

용서라는 개념에 의문을 제기하는 이들이 점점 더 늘고 있다.

2014년 흑인 마이클 브라운과 에릭 가너가 각각 미주리주 퍼거슨과 뉴욕에서 경찰의 총격으로 사망하는 사건이 벌어진 뒤, 우리 사회에는 새로운 인종 정의racial justice 운동이 출현했다. 이 운동은 본래 "흑인의 목숨도 중요하다"Black lives Matter 라는 구호를 내세운 신생 흑인민권운동에서 구체화되었다. 이후 2020년 5월 미니애폴리스에서 흑인 조지 플로이드가 경찰 체포 과정에서 사망하자 서구 사회의 구조적 인종차별을 지적하며 변화를 요구하는 목소리가 둑을 허물고 터져 나왔다. 전 세계에서 수천만 명의 사람들이 거리로 뛰쳐나와 변화를 부르짖었다.

그런데 이 새로운 운동의 어조는 1960년대의 민권운동과는 달랐다. 래퍼 테프 포는 "이것은 너희 조부모 시절의 민권운동이 아니다"라며,[7] 그때보다 훨씬 분노해야 한다고 주장했다.

용서를 용납하지 않는 우리 문화는 인종 문제로 국한되지 않는다. 성폭력을 고발하는 미투#MeToo 운동도 용서하라는 부름에 불편함을 내비친다. 많은 여성들이 가해자를 용서하는 건 결국 학대를 조장하는 게 아니냐고 주장한다. SNS 세계에서도 실수와 잘못된 게 시물은 영영 용서받지 못할 것으로 보인다. 당신이 온라인에서 내뱉은 실언은 단어 하나하나까지 다 스크린샷에 박제되어 영원히 인터넷에서 떠돌 수 있다.

유명 배우 우피 골드버그는 유태인 대학살에 관해 부적절한 발언을 한 뒤 사과했지만, 방송 출연 정지라는 처벌을 받았다. 유태인 작가 네이선 허쉬는 이런 용서 결여를 "문제"라고 지적했다. 골드버그의 발언은 그가 보기에도 반유대적이고 모욕적이었지만, 그래도 그는 회개하는 사람을 용서하는 유대교와 성경의 전통을 소환했다. 그러면서 기꺼이 고치려는 사람까지 배척해야만 직성이 풀리는 문화는 혐오를 가라앉히기는커녕 오히려 부추길 수 있다고 우려했다.[8]

"용서 문화는 지옥에나 가라"

사우스캐롤라이나주 찰스턴에서 피살된 흑인 아홉 명의 유족들은 저격범 딜런 루프에게 "당신을 용서합니다"라고 공개적으로 말했다. 이를 두고 스테이시 패튼은 〈워싱턴 포스트*Washington Post*〉 논평 기사에 "미국 흑인은 백인 인종차별주의자를 용서하지 말아야 한다"라고 썼다.[9] 흑인의 용서를 당연시하고 칭송하면 "결국 백인만 보호받는다. …… 그만큼 백인은 인종차별 폭력이 야기하는 피해를 부정하기가 쉬워진다. …… 우리의 끊임없는 용서는 공격과 학대의

19

악순환을 지속시킬 뿐"이라는 것이다. 또 그녀는 성급히 용서하면 가해자의 불의한 행동에 책임을 물을 수 없게 된다고 주장했다.

2018년 9월, 텍사스주 댈러스의 경찰관 앰버 가이거는 퇴근길에 옆집을 자기 집으로 착각하고 옆집으로 들어섰다. 그리고 집 안에서 낯선 흑인 남자가 보이자 총을 쏴서 그를 살해했다. 그러나 피해자 보텀 진은 그녀의 이웃이었고, 자기 집에서 텔레비전을 보고 있었을 뿐이었다. 당연히 무장하지 않은 상태였다. 가이거가 10년의 징역형을 선고받은 직후, 피해자의 동생 브랜트 진은 공개적으로 그녀를 용서하고 포옹했다.

이 뭉클한 장면을 본 사람들의 반응은 완전히 엇갈렸다. 법집행행정연구소는 브랜트에게 2019년의 용감한 도덕인 상을 수여했다. 그러나 다른 사람들은 그렇게 흑인이 백인을 공개적으로 용서하면 결국 백인의 지배권만 공고해진다고 비판했다. 케빈 파월은 "미쳐버린 백인의 정의와 흑인의 용서: 흑인의 비참한 죽음을 신파로 둔갑시키는 것은 정의가 아니다"라는 제목의 기사를 썼고,[10] 변호사이자 사회운동가인 프레스턴 미첨은 트위터에 "역사적으로 흑인은 식민 지배자에게 동조하도록 강요받았고 이를 거역하면 죄책감을 느껴야만 했다"라는 글을 올렸다.[11]

반면 1960년대 민권운동 시위행진에 참여했던 인물로 일흔을 넘긴 바버라 레이놀즈는 스테이시 패튼과 정반대의 논평을 같은 신문에 기고했다. 그녀는 마틴 루서 킹 주니어나 넬슨 만델라가 주도한 흑인민권운동이 도덕적으로 높은 평가를 받으면서 절대다수를 끌어들일 수 있었던 것은 "사랑과 용서와 화해의 윤리"가 운동의 주를 이루었기 때문이고, 그들이 승리한 것도 "영적인 접근의 위력" 덕분이었다고 피력했다.[12]

레이놀즈는 그 사랑과 용서가 "이 운동에는 결여되어 있다"라는 말로 글을 맺었다. 그녀의 의견대로라면 용서는 가해자의 무장을 해제시키고 가해자를 지지하던 이들의 마음까지 얻어 내 악한 제도를 약화시킨다. 그녀는 "당신이 분노에 휩쓸리면 그 분노가 전염되고, 결국 당신의 행위도 가해자만큼 악해진다"라는 앤드루 영의 말을 인용했다. 지금처럼 분노로 접근하면 당장은 득이 될지 몰라도 결국은 나라를 통합시키기보다는 오히려 분열시킬 뿐이라는 것이다.

하지만 용서해 버리면 달라지는 게 없다며 좌절하는 스테이시 패튼 같은 사람들의 말도 일리가 있지 않은가? 피해자들이 계속 가해자를 용서하면 정말로 구조적인 악을 고착시키는 결과로 이어질 수 있지 않겠는가?

서빈 버드송은 용서의 남용이 그저 나쁜 관행 탓이 아니라 기독교 때문이라고 비난했다. "용서 문화는 지옥에나 가라"라는 도발적 제목의 블로그 게시물에서 그녀는 "우리는 용서하는 사람이 더 훌륭하며 이런 단순한 일조차 해내지 못하는 건 자신의 잘못이라는 고정관념에 사로잡혀 있다"라고 주장한다. 그리고 그 원인을 "기독교에서 깊어 배어든 종교 후유증", 즉 "용서하고 잊으라, 한쪽 뺨을 맞으면 다른 뺨도 돌려 대라 같은 명령으로 표출되는" 기독교적 사고방식에서 찾는다. 우리는 용서하지 않는 사람을 단죄하면서 "용서하지 않으면 결국 자신에게 독이 된다"라고 말하지만, "이 또한 기독교 문화에서 주입된 아브라함 신앙의 죄책감 유발과 다를 바 없다"는 것이다. 덕분에 학대자만 "무사히 빠져나갈 수 있다. …… 아무리 중죄를 저질러도 당연히 용서받을 수 있을 거라고 뻔뻔하게 안심할 테니 말이다." 또한 용서를 강조하면 자꾸 가해자를 인간적으로 보게 되어 책임을 묻기가 더 어려워진다. "사람들은 근사한 구원 이야기를 좋아한다. 용서의 서사는 피해자를 희생시켜 가해자에게 …… 더 깊이 있는 사연을 만들어 주려고 꾸며 낸 반전 장치에 불과하다."[13]

후속 게시물에서 그녀는 "케케묵은 용서의 서사를 고쳐 쓸" 것을 촉구한다. "학대받지 않아야 할 인간의 선천적 권리를 무시하고, 껍데기만 영적일 뿐 허구에 불과한 구원과 용서"를 미화하기 때문이다.[14] 바로 이 문장에 오늘 우리의 문제가 드러나 있다. 용서와 정의가 서로 모순되기 때문에 양자택일이 불가피하게 느껴진다는 것이다.

하지만 과연 그럴까?

인간은 용서의 필요성을 떨칠 수 없는 듯하다. 아무리 그것을 비난하거나 말살하려 해도 이 근본적인 욕구는 사라지지 않는다. 용서를 베풀고 싶은 마음이나 용서를 받고 싶은 마음 모두 인간의 깊은 필요라는 뜻이다.

1843년 설날 전야에 독일 뫼틀링겐의 한 루터교 교구에서 어떤 청년이 교회 목사 요한 블룸하르트를 찾아가 그동안 저지른 크고 작은 숱한 죄와 비행을 털어놓았다. 그는 이 자백으로 깊은 해방을 맛보았고, 그 소문이 퍼져 나갔다. 1월 말까지 35명이 그 목사에게 가서 양심을 쏟아 내며 하나님의 용서를 구했고, 2월 중순에는 그런 사람이 150명을 넘었다.

많은 자료에 기록되어 있는 이 부흥은 놀랍게도 구체적인 행동 변화로 이어졌다. "훔친 물건을 돌려주었고, 원수진 사람들은 화해했으며, 틀어졌던 부부 사이가 외도를 고백하면서 회복되었다. 한 건의 유아 살해를 포함해 많은 범죄가 해결되었고" 알코올 중독자들이 술을 끊었다.[15] 이 일은 개인이 용서를 베푸는 것이 어떻게 하나의 운동이 되어 그 지역 전체를 더욱 정의롭게 만들 수 있는지를 보여 주는 사례다.

그리스도께서 이 땅에서 사역하실 때 네 사람이 친구의 중풍병을 치유받으려고 예수님이 말씀하고 계신 집으로 친구를 데려왔다. "무리들 때문에 예수께 데려갈 수 없으므로 …… 지붕을 뜯어 구멍을 내고 중풍병자가 누운 상을 달아 내리니."^{막 2:4} 그런데 예수님은 환자의 병부터 고쳐 주시지 않고 갑자기 죄의 용서를 선포하셨고, 모든 사람은 충격에 빠졌다. "예수께서 그들의 믿음을 보시고 중풍병자에게 이르시되 작은 자야 네 죄 사함을 받았느니라 하시니."^{5절}

잠시 당신이 그 중풍병자라고 상상해 보라. "감사합니다만, 저한테 더 시급히 필요한 게 빤히 보이지 않나요?" 아마 그런 기분이 들었을 테고, 당신이 당찬 성격이라면 그 말을 입 밖에 냈을지도 모른다. 그랬다면 예수님은 "아니, 그렇지 않다"라고 답하셨을 것이다.

그때 중풍병자의 심정은 이렇게 표현할 수 있지 않을까? "저는 병석을 털고 일어나 다시 걸을 수만 있다면 행복할 겁니다. 평생 불평하지 않고, 만족하며 살 수 있어요." 그러나 예수님은 이렇게 말씀하실 것이다. "네 주위의 이 모든 사람을 둘러봐라. 그들은 다 걸을 수 있다. 그런데 마음 가득히 만족하더냐? 다 행복하게 살더냐? 내가 병만 고쳐 준다면 너는 한동안 뛸 듯이 기쁘겠지만, 얼마 못 가 다른 사람들처럼 되고 말 것이다."

그것만으로는 안 된다. 그 사람에게 필요한 것은 "죄 사함"이었다. 용서는 문제의 정곡을 찌른다. 바로 우리의 죄 때문에 우리가 하나님에게서 또 우리 자신에게서 소외되어 있음을 느낀다는 것이다.

예수님은 말씀하셨다. "네게 보여 주고 싶은 게 있다. 네 본성에 가장 절실하게 필요한 것은 바로 나다. 나만이 온전한 사랑, 새로운 정체성, 끝없는 위안과 소망과 영광을 줄 수 있다. 그리고 이 모두에 들어서려면 용서를 알아야 한다."

이제 용서의 문을 열고 그 안으로 들어갈 때가 되었다.

1 가고 싶지 않은, 그러나 가야 할 길

윌 머니 사람을 죽이는 건 끔찍한 일이지.
그 사람의 모든 것은 물론이고 앞으로 가질
것까지 다 없애는 거니까.
스코필드 키드 하지만 그자는……
자업자득이었죠 뭐.
윌 머니 우리 모두 그렇게 될 거야, 키드.
— 영화 〈용서받지 못한 자Unforgiven〉

전문 투자가인 탐은 지난 수년간 주식으로 큰 수익을 거뒀다. 자신만만해진 그는 부자 친구인 조셉에게 거액의 돈을 빌려 달라고 했다. 여러 활황주를 다량으로 매수하기 위해서였다. 탐은 조셉에게 두둑한 배당금을 약속했고, 그간 그의 실적으로 볼 때 그 정도 배당금은 얼마든지 가능할 것 같았다.

그런데 사실 탐은 자신이 투자하려는 회사들에 관한 몇 가지 정보를 조셉에게 숨긴 채 일을 진행했다. 그러다 결국 그중 한 회사가 위기에 몰려 시장이 탐의 주식에 불리하게 돌아가는 바람에 조셉은 수백만 달러를 잃었다. 그 사실을 안 조셉은 탐에게 메시지를 보냈다.

탐, 어떻게 나한테 이럴 수 있어? 난 네 말을 철석같이 믿었는데, 일부러 진실을 숨겨 날 위험에 빠뜨리다니! 네 잘못이니 내 돈 갚아. 소송을 해서라도 꼭 받아 낼 거다.

탐은 조셉의 사무실에 찾아가 울음을 터뜨리며 사정했다. "네가 그 금액으로 나를 고소하면 난 그야말로 빈털터리가 된다고! 제발 용서해 줘!"

그러자 놀랍게도 조셉은 그를 용서했다. 대단히 자비로운 결단이었다. 탐의 잘못으로 정말 큰돈을 날렸는데도 그를 용서해 준 것이다. 탐의 친구들은 조셉의 너그러운 아량을 전해 듣고 충격을 받았다.

하지만 이어진 탐의 행동을 보고 그들은 경악을 금치 못했다. 같이 어울리는 친구들 가운데 근래에 이혼의 아픔을 겪은 해리라는 친구가 있었는데, 집 소유권과 자녀 양육권도 아내에게 돌아갔고, 쥐꼬리만 한 수입으로 작은 셋방에 살고 있는 형편이었다. 그런데 탐이 조셉을 만난 지 며칠 되지도 않아 이런 해리를 찾아가 닦달한 것이다. "해리, 작년에 내가 너한테 빌려준 5천 달러 이제 받아야겠다. 그 돈 돌려줘."

"하필 제일 사정 안 좋을 때 돈을 갚으라니." 해리는 탐에게 애걸했다. "통장에 있는 돈이라고는 그게 거의 전부야. 그걸로 빚을 갚고 나면 난 거리로 나앉는다고. 제발 시간을 조금만 더 줘. 네 형편이 괜찮다면 빚을 탕감해 줄 순 없을까? 제발 부탁이야."

"하! 나를 뭐로 보고?" 탐이 어이없다는 듯 웃으며 말했다. "돈을 갚지 않으면 무슨 수를 써서라도 네 삶을 아주 고달프게 해 줄 테니 당장 갚든지 아니면 알아서 해!"

탐의 친구 하나가 기겁해서 조셉에게 연락해 전말을 알렸다. 조셉은 탐에게 전화로 말했다. "내가 엄청난 네 빚을 탕감해 주었는데 너도 친구 빚을 탕감해 주는 게 맞지 않아? 안 되겠다. 내 재산에 손실을 입힌 건에 대해 다시 소송 진행하겠어. 우리 문제도 법으로 해결하자."

용서하지 '않은' 종의 비유

읽으면서 이미 눈치챘겠지만 이 이야기는 예수님이 친히 들려주신 비유를 내가 각색한 것이다. 이 책 서두에 전문을 인용한 그 비유는 신약성경에서 용서라는 주제를 가장 집중적으로 다룬 본문일 것이다. 그런데 본문 형식이 논문이나 논고가 아니라, 한 편의 이야기다. 그것도 사람들의 시선을 끌 만한 비극적인 이야기. 이 현실적인 세상살이 일화에서 보듯이 용서의 행위는 얼마든지 치유와 삶의 변화를 가져다줄 수 있지만, 그럼에도 악용되어 주변 모든 사람을 파멸에 빠뜨릴 수 있다.

> 그때에 베드로가 나아와 이르되 주여 형제가 내게 죄를 범하면 몇
> 번이나 용서하여 주리이까 일곱 번까지 하오리이까 예수께서 이르시되
> 네게 이르노니 일곱 번뿐 아니라 일곱 번을 일흔 번까지라도 할지니라.
> 마태복음 18장 21-22절

주님은 용서라는 주제에 큰 비중을 두어 가르치셨다. 사실 주기도문 자체에 딸린 유일한 추신은 마태복음 6장 14-15절인데, 거기서 그분은 우리가 다른 사람을 용서하지 않으면 하나님도 우리를 용서하지 않으신다고 힘주어 말씀하신다.

하나님께 받는 용서와 다른 사람에게 베푸는 용서가 서로 맞물려 있다는 예수님의 말씀은 제자들을 충격에 빠뜨렸다. 베드로의

질문에는 파렴치한 가해자가 예수님의 명령을 악용해 남에게 죄를 짓고도 책임을 면할 수 있다는 우려가 담겨 있다. 그래서 그는 선을 긋는다. "주여 형제가 내게 죄를 범하면 몇 번이나 용서하여 주리이까 일곱 번까지 하오리이까." 베드로는 스스로 이 제안이 너그럽다고 생각했을 것이다. 탈무드[b. 요마 86b-87a]에도 동일인을 딱 세 번만 용서해야 한다고 가르치기 때문이다.[1]

그러나 예수님은 용서에 한도를 정하는 것을 용납하지 않으신다. 오히려 "일곱 번뿐 아니라 일곱 번을 일흔 번까지라도" 용서해야 한다는 선언으로 우리를 깜짝 놀라게 하신다. 그분이 쓰신 단어가 일흔일곱 번으로 번역될 때도 있다. 하지만 정확한 횟수에 초점을 맞추면 예수님의 본뜻을 완전히 놓친다. 성경에서 숫자 7은 완전함을 상징하므로 이 말씀의 의미는 다음과 같다.

> 예수님의 진술은 산수가 아니라 과장법이다. 숫자가 77인지 490인지를 따지는 이들은 …… 요점을 놓친 것이다. …… 용서에 정해진 한도는 없다. 이미 베푼 용서의 횟수를 세는 것은 무의미하다. 베드로의 질문은 오해에서 비롯됐다. 아직 용서의 횟수를 세고 있는 사람은 …… 용서하지 않은 것이다.[2]

이 놀라운 선언을 뒷받침하시려고 예수님은 이야기 하나를 들려주신다.

그러므로 천국은 그 종들과 결산하려 하던 어떤 임금과 같으니 결산할 때에 만 달란트 빚진 자 하나를 데려오매 갚을 것이 없는지라 주인이 명하여 그 몸과 아내와 자식들과 모든 소유를 다 팔아 갚게 하라 하니 그 종이 엎드려 절하며 이르되 내게 참으소서 다 갚으리이다 하거늘 그 종의 주인이 불쌍히 여겨 놓아 보내며 그 빚을 탕감하여 주었더니 그 종이 나가서 자기에게 백 데나리온 빚진 동료 한 사람을 만나 붙들어 목을 잡고 이르되 빚을 갚으라 하매 그 동료가 엎드려 간구하여 이르되 나에게 참아 주소서 갚으리이다 하되 허락하지 아니하고 이에 가서 그가 빚을 갚도록 옥에 가두거늘 그 동료들이 그것을 보고 몹시 딱하게 여겨 주인에게 가서 그 일을 다 알리니 이에 주인이 그를 불러다가 말하되 악한 종아 네가 빌기에 내가 네 빚을 전부 탕감하여 주었거늘 내가 너를 불쌍히 여김과 같이 너도 네 동료를 불쌍히 여김이 마땅하지 아니하냐 하고 주인이 노하여 그 빚을 다 갚도록 그를 옥졸들에게 넘기니라 〔예수께서 이르시되〕 너희가 각각 마음으로부터 형제를 용서하지 아니하면 나의 하늘 아버지께서도 너희에게 이와 같이 하시리라.

마태복음 18장 23-35절

죄. 이 종은 왕에게 1만 달란트를 빚졌다. 모든 학자가 지적하듯이 이 현실성 없는 금액은 저자의 특별한 의도가 담긴 설정이다. 1달란트는 당시의 평범한 노동자가 하루도 빠짐없이 일했을 경우

대략 20년치 임금에 해당되는 액수이니, 이 빚을 오늘날의 기준으로 환산하면 임금 노동자의 평균 연봉을 4만 달러라고 잡았을 때 무려 80억 달러에 달한다. 이 이야기는 당연히 허구지만, 여기서 예수님의 의중을 놓쳐서는 안 된다. 그분은 왜 상상을 초월하는 액수를 제시하셨을까? 이야기의 정황으로 보아 그것이 기업 대출이나 개인 대출이었을 리는 없다. 현실이라면 그 어떤 왕도 종에게 1만 달란트를 내주지 않을 것이다.

어떤 이들은 예수님이 청중에게 연상시키려 하신 종은 사실 왕국의 부유한 영주나 지방 총독이며, 대규모 관리 소홀과 부정행위를 저질러 나라의 경제와 운명을 위험에 빠뜨렸다고 해석한다. 또 한편으로는 그분이 일부러 세상 현실에 균열을 일으키려는 의도로 그런 비유를 사용하셨는지도 모른다. 달란트는 당시 제국의 가장 큰 화폐 단위였고, 1만은 헬라어에서 별도의 단어로 존재하는 가장 큰 수였다.[3] 단지 예수님은 헤아릴 수 없는 무한대의 빚을 그렇게 생생하게 표현하셨을 수 있다.

왕은 종을 직접 불러서 빚을 갚으라고 요구하지만, 그것은 그 어떤 인간도 감당할 수 없는 일이었다. 파산하면 노예가 되어야 했던 고대 문화의 관례대로 왕은 종에게 몸을 팔라고 명한다. 물론 그래도 손실이 회복될 리는 없다.

탄원. 종은 왕에게 "내게 참으소서 다 갚으리이다"라고 간청한다. 엎드린 자세는 절박한 감정을 대변한다. 그만큼 자신의 잘못을 진심으로 슬퍼한다는 뜻이다. "갚으리이다"라는 말은 뉘우침의 표현일 뿐 아니라 배상하겠다는 다짐이다. 하지만 종이 아무리 열심히 애써도 왕과 나라가 잃은 돈을 결코 되돌려 놓을 수는 없다.

사면. 이에 왕은 "놓아 보내며 그 빚을 탕감하여" 주었다. 그를 책임과 의무에서 벗어나게 해 준 것이다. "참으소서"라는 종의 탄원에 용서의 대가가 암시되어 있다. 이 헬라어 '마크로뒤메오'를 직역하면 천천히 끓거나 녹는다는 뜻이며, 고대 영어에서는 '오래 참다'long-suffering로 번역되었다. 인내란 고난에 굴하지 않고 고난을 견디는 능력이다. 누군가의 빚을 탕감해 주려면 그 빚을 자신이 부담해야 한다. 친구가 당신의 자동차를 빌려 가 난폭 운전으로 박살 냈는데 재정적으로 보상할 능력이 없다고 하자. 당신이 그를 용서하더라도 그 잘못의 대가는 공중으로 증발하지 않는다. 당신은 돈을 구해 새 차를 사거나 자동차 없이 살아야 한다. 어느 쪽이든 용서한다는 것은 잘못의 대가가 가해자 쪽에서 당신에게로 넘어온다는 뜻이다. 그 대가를 당신이 감당해야 한다.

그래서 용서는 일종의 자발적 고생이다. 복수하지 않고 용서하는 것은 대가를 자신이 치르겠다는 선택이다.

새로운 죄. 다음 장면을 보면 용서받은 종이 다른 종을 만난다. 그의 동료가 그에게 진 빚은 왕에게 그가 진 빚에 비하면 푼돈에 불과하다. 그런데 용서받은 종은 동료를 붙들어 목을 잡는다! 이때 동료의 반응은 용서받은 종이 왕에게 보인 반응과 똑같다. 똑같이 탄

원한다. 하지만 용서받은 종은 자신의 동료가 당장 돈을 내놓지 않자 그를 감옥에 가둔다.

판결。 이 소식을 들은 왕은 첫 번째 종을 불러 사실상 이렇게 말한다. "너처럼 내 아낌없는 자비를 받은 사람이 어떻게 다른 사람을 그토록 모질고 인색하게 대할 수 있느냐?" 그러고 나서 왕은 이 종을 옥에 가둔다. 예수님은 이런 섬뜩한 말씀으로 비유를 맺으신다. "너희가 각각 마음으로부터 형제를 용서하지 아니하면 나의 하늘 아버지께서도 너희에게 이와 같이 하시리라."

의미를 파악하기는 어렵지 않다. 이 비유에서 왕은 하나님이고 우리는 모두 종이다. 1만 달란트는 우리가 하나님께 진 무한대의 빚이다. 그분은 우리를 창조하셨고 매 순간 우리 생명이 유지될 수 있게 하신다. 그러니 우리는 마땅히 그분을 의지하고 그분께 최고의 사랑과 순종을 드려야 하건만, 그 빚을 갚지 않는다. 어떤 식으로든 하나님의 자비를 받지 않은 사람은 지구상에 아무도 없다. 시 145편 그런데 우리가 다른 사람을 대하는 방식은 하나님이 우리를 대하실 때의 너그러운 자비에 비하면 한없이 부족할 뿐이다.

비유의 의미에 대한 이런 기본적 이해를 바탕으로, 지금부터 하나님께 받는 용서와 다른 사람에게 베푸는 용서에 관한 교훈을 살펴보려 한다.

용서, 왜 그리 어려운가

우리 사회에서 용서는 어렵고 또 의문스럽게 여겨진다. 앞선 비유에도 그 점이 더없이 현실적으로 드러나 있다.

용서는 우선 받아들이기가 어렵다. 종의 엄청난 빚은 우리가 하나님께 진 빚이 너무 커서 결코 갚을 수 없음을 말해 준다. 우리는 어느 모로 보나 하나님께 용서받을 자격이 없으므로 그분의 용서는 완전히 거저일 수밖에 없다. 왕에게 빚을 갚겠다던 종의 딱한 다짐은 선행으로 천국을 얻어 내려는 노력만큼이나 현실성이 없다. 하나님께 "저를 용서해 주시면 매주 교회에 나가겠습니다. 더 열심히 노력해서 더 착한 사람이 되겠습니다!"라고 아뢰는 것은 "매달 5달러씩 보내서 4억 달러를 갚겠습니다"라는 말만큼이나 부질없다. 용서하지 않은 종처럼 '나 자신을 미워하고 비하하며 굽실거리면 용서받을 자격이 생기겠지'라고 생각하는 것도 무의미하다. 아무리 자책해도 우리가 끼친 피해는 없어지지 않는다. 우리의 소망은 오직 하나님의 놀랍고 값없는 은혜와 용서뿐이다.

용서는 우리에게만 어려운 게 아니다. 이 점은 신중하고 경건하게 말해야겠지만, 하나님도 용서라는 장애물에 부딪치신다. 성경 전체에 나오는 그 내용을 이 비유가 가리켜 보인다. 하나님의 용서에 뒤따르는 비범한 희생이 이 이야기에 직접 언급되지는 않아도 암시되어 있다. 예수님은 일부러 빚의 액수를 상상을 초월하는 어마어마한 규모로 정하셨다. 왕일지라도 국고의 희생 없이는 탕감할 수 없을 정도의 빚이라는 것을 아셨기 때문이다. 하나님의 용서에 따르는 대가는 그분께도 값비싼 것이다.[4] 어떻게 그런지는 이 비유의 범위를 벗어나지만 그래도 암시되어 있다. 바로 이 점이 중요한 부분이다.

용서는 베풀기도 어렵다. 이 비유의 가장 충격적인 대목은 용서받은 종이 다른 사람을 대하는 매몰찬 태도일 것이다. 어째서 그는 왕의 자비를 입고도 마음이 유순하게 변화되지 않았던 걸까? 이야기를 듣는 우리에게는 그 부조화가 선명하게 보인다. 하지만 삶의 매 순간을 오직 하나님의 자비로 살아가는 우리도 날마다 친절과 자비와 관용과 은혜와 용서를 베풀지는 않는다. 그래서 이 이야기는 화살이 되어 우리 마음을 똑바로 겨눈다.

진정한 용서란 무엇인가

실제로 용서란 무엇인가? 우리에게 이보다 더 중요한 질문은 없다. 차차 보겠지만 회개와 용서를 잘못 알면 영적으로나 사회적으로나 그 피해가 치명적이다. 다행히 이 이야기에서 용서의 핵심 정의를 볼 수 있다. 왕으로 비유된 하나님은 네 가지 일을 하셨다. 하나님의 눈앞에 그 사람을 데려오셨고, 불쌍히 여기셨고, 빚을 탕감해 주셨고, 놓아 보내셨다.[5]

우선 왕은 그 사람을 데려오게 한 뒤 실제 빚을 지적했다. 24절 용서는 진실을 말하는 데서 시작된다. 죄를 그저 양해하거나 적당히 은폐할 게 아니라 그대로 드러내야 한다.

하지만 그 후에 왕은 그를 불쌍히 여겼다.[27절] 내게 잘못한 사람을 불쌍히 여기려면 먼저 그의 내면을 신중하게 들여다보고 가해자의 사정과 약점을 이해해야 하는데, 이는 우리의 천성에 어긋나는 일이다. 우리 마음은 가해자가 얼마나 못된 짓을 저질렀고 얼마나 고생해야 마땅한지에 집중하고 싶어 한다. 하지만 하나님을 대변하는 왕은 가해자를 그냥 악당이 아닌, 자기만의 두려움과 고뇌를 안고 있는 인간으로 보았다.

빚의 탕감은 곧 용서의 핵심이다.[27절] 왕이 빚을 탕감해 주었다는 것은 그로 인한 손해를 자신이 부담했다는 뜻이다. 내가 돈을 빌린 뒤 갚을 수 없게 됐을 때 채권자가 빚을 탕감해 준다면, 이는 손해를 그쪽에서 부담한다는 뜻이다. '돈이 아닐 경우에는 어떻게 되는가?'라는 의문이 들 수 있다. 용서란 당신이 상대를 고통스럽게 하고 싶을 때도 그렇게 하기를 거부한다는 뜻이다. 그런데 그게 참 힘들다. 어렵고 희생이 따르지만, 이를 통해 당신은 빚을 스스로 부담한다. 분노를 품고 있어야 가해자에게 응분의 대가를 안겨 줄 수 있다 생각하는 이들이 있다. 하지만 실제로 분노는 가해 행위에 힘을 부여해서 오히려 당신을 계속 해치게 할 뿐이다. 반면 조금씩 조금씩 용서를 베풀기로 결정하면 결국 점차 마음으로도 용서하게 된다.

끝으로, 왕은 그를 놓아 보냈다.[27절] 종과 왕의 관계가 회복되었다는 뜻이다. 이제 그 사람은 왕의 신임을 저버린 채무자가 아니라 다시 시민이자 종이 되었다. 이야기의 이 대목은 정의justice를 중시하는 이들에게 의문을 야기할 것이다. 하지만 두 가지 명심할 것이 있다. 차차 보겠지만 '용서'와 '정의 추구'는 나란히 짝을 이뤄야 한다. 사실 상대를 용서하지 않는다면 당신이 추구하는 정의는 복수를 향해 빗나가기 쉽다.

이 비유는 그렇게 깊은 부분까지 다루지는 않고, 다만 누구든지 그 왕처럼 참으로 용서하는 사람은 화해와 관계 회복에 마음이 열려 있음을 보여 준다. 그러나 화해는 용서를 받는 쪽의 반응에 달려 있다. 종은 왕의 용서를 받고도 진정으로 회개하거나 삶이 변화되지 않았기 때문에 둘의 관계는 다시 깨진다.

요컨대 용서하려면 첫째, 죄를 그저 양해하는 것이 아니라 처벌받아 마땅한 죄로 사실대로 지적해야 한다. 둘째, 가해자를 자신과 다른 악한 존재로 볼 게 아니라, 같은 죄인으로서 그와 자신을 동일하게 여겨야 한다. 상대가 잘되기를 바라야 한다. 셋째, 복수를 꾀하고 되갚을 게 아니라 빚을 스스로 부담해 가해자를 의무에서 벗어나게 해야 한다. 끝으로, 관계를 영영 끊을 게 아니라 화해에 힘써야 한다. 이 네 가지 행동 중 어느 것 하나라도 빠뜨리면 그것은 진정한 용서가 아니다.

용서의 세 가지 차원

아마도 이 비유의 가장 근본적인 교훈은 인간의 용서가 하나님 께 받은 용서에 기초해야 한다는 점일 것이다. 어떤 이들은 35절, "너희가 …… 용서하지 아니하면 나의 하늘 아버지께서도 너희에게 이와 같이 하시리라"를 피상적으로 읽고, 예수님의 이 말씀을 우리 가 먼저 다른 사람을 용서해야 하나님의 용서도 얻어 낼 수 있다는 뜻으로 해석해 왔다.[6] 그러나 이 비유의 서사는 그런 해석에 전혀 들어맞지 않는다. 왕이 먼저 용서를 베풀었다. 왕에게 받은 용서가 종이 동료를 용서하는 기초이자 동기가 되었어야 한다는 말이 분명 그다음에 나온다. 예수님의 이 마지막 문장은 하나님의 자비로 말미 암아 우리 마음이 변화되어, 그분이 우리를 용서하셨듯이 우리도 용 서할 수 있어야 한다는 뜻이다. 다른 사람을 용서하지 않는다면 이는 우리가 참으로 회개해 하나님께 용서받은 게 아니라는 증거다.

33절 왕의 말에 핵심 개념이 들어 있다. "내가 너를 불쌍히 여김 과 같이 너도 네 동료를 불쌍히 여김이 마땅하지 아니하냐." 인간의 용서는 하나님의 용서에 의존해 있다.

다시 말하자면 기독교의 용서에는 기본적으로 세 가지 차원이 있다. 첫째로 수직적 차원은 하나님이 우리에게 베푸시는 용서다. 둘째로 내면적 차원은 우리가 가해자에게 베푸는 용서다. 셋째로 수평적 차원은 우리가 가해자에게 내미는 화해의 손길이다. 수평적 차원의 용서는 내면적 차원에서 비롯되고, 내면적 차원의 용서는 수

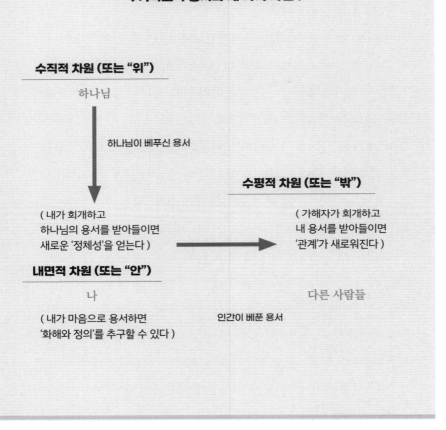

< 기독교적 용서의 세 가지 차원 >

수직적 차원 (또는 "위")

하나님

하나님이 베푸신 용서

수평적 차원 (또는 "밖")

(내가 회개하고
하나님의 용서를 받아들이면
새로운 '정체성'을 얻는다)

(가해자가 회개하고
내 용서를 받아들이면
'관계'가 새로워진다)

내면적 차원 (또는 "안")

나

다른 사람들

(내가 마음으로 용서하면
'화해와 정의'를 추구할 수 있다)

인간이 베푼 용서

직적 차원에 근거한다.

누군가를 용서할 때 우리는 의식적으로 그 근거를 하나님께 받은 용서에 두어야 한다. 왕의 용서를 받았으니 그 종도 용서하는 사람이 되었어야 한다. 왜 그러지 못했을까? 답은 종의 진정한 회개라는 연결 고리가 빠져 있었기 때문이다. 그 내용을 이 책에서 아주 자세히 살펴볼 것이다. "마음으로부터" 용서해야 한다는 예수님의 마지막 말씀이 매우 중요하다. 종이 표출했던 격한 감정과 슬픔은 알고 보니 진정한 참회라기보다는 자기 연민이었다. 그가 회개하지 않았기에 수직적 차원의 용서가 수평적 차원으로 연결되지 못했다.

좀처럼 용서할 줄 모르는 우리

이 비유가 우리의 문제를 지적하고 있음을 놓쳐서는 안 된다. 용서에 대한 예수님의 이 비유는 하나님께 용서받은 사람이 그 뒤로 열심히 다른 사람들을 사랑했다는 기분 좋은 이야기가 아니다. 오히려 용서를 청한 사람이 정작 용서를 받고도 조금도 달라지지 않았다는 이야기다.

다윗왕이 우리아의 아내 밧세바를 빼앗아 자기 아내로 삼은 지 얼마 후, 선지자 나단이 다윗에게 와서 어느 부자의 이야기를 들려주었다. 이 부자는 양을 많이 가지고 있었음에도 잔치에 쓸 음식이 필요해지자 어느 가난한 사람의 하나뿐인 새끼 양을 빼앗았다. 이야기를 들은 다윗은 분노하면서 이야기의 주인공이 죽어 마땅하다고 말했다.

"당신이 그 사람이라."^{삼하 12:7}

나단의 이 말에 다윗은 양심이 찔렸다.

용서하지 않은 종의 비유를 우리도 그렇게 들어야 한다. 마태복음 18장의 다른 구절들은 그리스도인이 지녀야 할 본연의 철저히 변화된 관계를 보여 준다. 교만하지 않고 겸손히 다른 사람을 섬기는 것,[1-5절] 다른 사람의 허물을 참아 주고 이해하는 것,[6-10절] 기꺼이 화해해 깨진 관계를 봉합하는 것,[11-17절] 이런 것들이 바로 그리스도인의 특징이다.

그런데 예수님은 곧바로 이 비유를 들어 우리의 쓰라린 현실을 깨우치신다. 하나님께 용서를 구했다고 고백하는 사람 대부분은 그러고도 달라지지 않았다. 우리의 인간관계를 보면 안다. 예수님이 말씀하셨듯이 그분의 참된 제자의 표지는 남달리 눈에 띄는 확연한 사랑이고,[요 13:34-35] 예수님의 정체가 그분의 주장대로임을 세상에 알리는 주된 방법 중 하나는 신자들로 이루어진 독특한 사랑 공동체다.[요 17:20-23] 요한도 첫 서신에 이 점을 거듭 밝혔다. 우리가 하나님을 명목상 피상적으로 아는 것이 아니라, 인격적으로 안다는 증거는 바로 비범한 사랑이다.[요일 2:5,10; 3:11,14,16-18; 4:7-11,16-21]

이 비유는 용서하지 않은 이야기다. 인간의 이야기가 대개 그렇기 때문이다. 하나님의 용서가 인간의 용서로 이어지는 것을 인간의 죄가 끊임없이 막는다. 용서에 대한 예수님의 다른 유명한 비유인 탕자의 비유를 봐도, 아버지의 행동이 불러오는 것은 사랑과 관용이 아니라 반감과 논란이다.

기독교 교회는 회의론자와 비신자를 사랑으로 너그럽게 대한다고 이름나 있는가? 그렇지 않다. 당신은 신앙을 고백하는 그리스도인인가? 그렇다면 친구들과 이웃들 사이에서 당신의 사랑과 관용과 은혜와 용서가 남다르다고 알려져 있는가? 그렇지 않다면 이 비유를 다시 읽으면서 "네가 그 사람이다" 하시는 예수님의 음성을 들으라. 그분의 구원을 참으로 깨닫고 받아들였다면 우리는 비유 속의 종과 달리 변화될 수밖에 없다. 하나님의 자비를 받고 나면 우리도 반드시 자비로워지기 마련이다. 그렇지 않다면 분명 우리가 그분의 자비를 참으로 깨닫거나 받아들이지 않은 것이다.

당신이 복음을 믿으면서도, 그러니까 순전히 하나님의 은혜와 값없는 용서로 구원받았다고 믿으면서도 계속해서 누군가에게 원한을 품고 있다면, 이는 최소한 당신의 삶에서 복음의 실제 효과를 막고 있다는 증거다. 또는 당신이 복음을 아예 믿지 않으면서 믿는다고 착각하고 있는지도 모른다. 어느 경우든 누군가를 용서하지 않으면 영적인 옥살이를 자초한다. 비유 속의 마지막 행위는 용서하지 않은 종을 옥에 가두는 것인데, 이는 가혹해 보이지만 지극히 현실적이다. 누군가에게 분노와 악감정을 품은 채 계속해서 상대를 마치 당신에게 의무와 빚을 진 사람처럼 여기면, 그때 생겨나는 자기중심성이 바로 감옥이다.

젊은 시절에 나는 버지니아주 어느 작은 동네에서 사역했는데, 그곳에서 용서하지 않아 감옥에 갇혀 있던 두 사람을 거의 같은 시기에 우연히 만났다. 한창 여름성경학교를 준비하던 6월이었다. 우리는 집집마다 방문하면서 동네 주민들에게 아이들을 여름성경학교에 보내 달라고 권유했다. 문간에 나온 한 젊은 아빠는 처음에는 "사양하겠습니다"라고 정중하게 말하더니, 내가 그 집 아들들을 데리러 오겠다고 제의하자 자못 흥분해서 이렇게 되받았다. "우리 아버지가 자식들을 억지로 교회에 다니게 만들었습니다. 종교를 강요했다고요. 나는 절대로 내 아들들을 교회 근처에도 얼씬거리지 못하게 할 겁니다!" 그러면서 그는 집 근처에 교회가 있어서 재수가 없다고 중얼거렸다. 뭐라고 더 할 말이 없었다. 하지만 아버지를 향한 분노가 여전히 시퍼렇다는 점에서 그 사람의 정체성과 자녀 양육이 여전히 그의 아버지에게 지배당해 휘둘리고 있다는 것만은 확실했다.

그러고 나서 얼마 지나지 않아 나는 우리 교회에 다니던 어느 10대 소녀와 긴 대화를 나누게 되었다. 아이의 아빠도 고압적이고 까다로웠으며, 딸의 친구들 앞에서 딸에게 망신을 주곤 했다. 아이는 내게 그런 아빠를 절대로 용서하지 않겠다고 말했다. 나는 이렇게 반론했다. "아빠가 잘못하셨네. 하지만 예수님이 널 용서하셨는데 넌 아빠를 용서하지 않는다면, 오히려 아빠에게 널 지배할 힘을 주는 거야. 이제 너는 뭔가를 할 때도 그게 최선이어서가 아니라 아빠가 싫어할 게 뻔하니까 그 일을 할 거고, 뭔가를 하지 않을 때도 아빠가 좋아할 만한 일이라서 안 할 거야. 그런 아이들을 여럿 봤는데, 너는 그러지 않았으면 좋겠구나." 뜻밖에도 아이는 충분히 수긍

하면서 "그렇게는 생각해 보지 못했네요"라고 말했다.

용서하지 않은 종을 비롯해 지금껏 수많은 사람이 피하지 못한 감옥을 이 아이는 기특하게도 피했다.

자라나는 용서의 날개

용서하지 않은 종을 강하게 비판하는 것은 정당하지만, 그러다 자칫 비유에 전제된 삶의 변화를 놓칠 수 있다. 용서는 더 열심히 애써서 되는 것도 아니고, 관계에 유익하거나 내게 득이 된다고 우겨서 되는 것도 아니다. 회개와 믿음으로 살아 계신 하나님을 만나야 한다. 한낱 추상적인 용서가 아니라, 그리스도의 존재와 우리의 새로운 정체성을 받아들여야 한다. 즉 수용과 칭의와 입양과 무조건적 사랑을 받는 하나님의 자녀가 되어야 한다. 나아가 말씀과 기도와 예배를 통해 하나님과 교제해야 한다. 그러면 이런 객관적 실재가 점점 더 우리 마음에 주관적으로 실감되면서, 삶에 반응하는 우리의 본능적인 방식에까지 영향을 미친다.

이 변화를 18세기의 시인 윌리엄 카우퍼가 찬송가에 감동적으로 담아냈다. 본래 그는 하나님의 복과 사후의 천국을 얻어 내고 싶다는 지극히 실제적인 이유로 율법에 순종하며 착해지려 애썼다. 형벌이 두려워서였으니 다분히 부정적인 동기였다. 하지만 그는 결국 그것으로는 자신의 성품이 진정으로 변화되기에 부족하다는 걸

깨달았다. 그의 신앙은 자기 힘으로 도덕적 기준에 도달하느냐 못하느냐에 달려 있었기에 늘 부담감에 짓눌렸다. 그러나 그는 구원이 은혜와 용서로 말미암는다는 설명을 듣고 나서 그리스도를 진정으로 믿었고, 그러자 내면의 동기가 완전히 달라졌다.

> 율법의 굴레에 갇혀서
> 신음한 지 얼마던가.
> 계명을 지키려 애써도
> 부질없는 수고였네.
> 그때는 의를 이루려고
> 노예처럼 일했으나
> 이제 은혜로 선택받아
> 즐거이 주의 길 가네.
> 주가 율법을 이루시고
> 내 죄를 사해 주시니
> 노예가 자녀로 변하고
> 의무도 즐거워지네.[7]

C. S. 루이스는 카우퍼가 말한 내용을 특유의 은유로 표현했다.

> 단지 더 착해지는 것은 구원이 아니다. …… 구원은 말에게 점점 더 잘

뛰는 법을 가르치는 게 아니라, 말을 날개 달린 동물로 변화시키는 것과 같다. 물론 일단 날개가 생기면 말은 여태 뛰어넘을 수 없던 담장 위로 날아오를 수 있을 테고, 당연히 말의 주 종목인 달리기에서도 일반 말을 능가할 것이다. 하지만 날개가 돋기 시작하는 초기에는 한동안 그게 불가능할 수 있고, 그 단계에서는 등의 혹 때문에 오히려 부자연스러워 보일 수도 있다. 겉모습만 보고서는 그 혹이 날개로 변하리라는 것을 그 누구도 알 수 없다.[8]

이 비유는 우리가 참으로 그리스도를 따르는 사람이라면 "날개"가 돋아나게 되어 있다고 말한다. 복음의 은혜를 깨닫고 경험했다면 말이다. 예수님은 비유의 말미에 이런 식으로 말씀하신다. "누군가에게 원한을 품고 앙갚음한다면 너는 말로는 자신이 은혜로 구원받은 죄인이라 믿는다고 고백하면서도 사실은 그렇게 믿지 않는 것이다. 말이야 어떻게 하든 네 마음과 네 삶 모두에서 그것을 부정하는 것이다."[9]

하심 개럿은 그 날개를 자라나게 한 사람이다. 그는 엄마와 살던 열다섯 살 때 브룩클린의 거리에서 폭력배와 어울렸고, 그러다 총을 여섯 방이나 맞고 하반신이 마비되었다. 뉴욕의 한 병원에 누워 지낸 1년 동안 그는 내내 복수를 꿈꿨다. "복수심이 나를 사로잡았다. '내 몸이 나아질 때까지만 기다려라. 이 자식…… 어디 내 눈에 띄기만 해 봐라.' 온통 그 생각뿐이었다." 나중에 그가 털어놓은 당시 심경이다.

그런데 사실 총격을 받고 곧바로 길에 쓰러진 순간 그는 본능적으로 하나님께 도와 달라고 부르짖었고, 뜻밖에도 마음이 묘하게 평안해지는 걸 느꼈다고 한다. 재활치료 중에 불쑥 '내가 그 아이에게 복수한다면, 하나님이 내 모든 죄를 벌하지 않으실 까닭이 무엇인가' 하는 생각이 새롭게 떠올랐다. 그는 이렇게 회고했다. "총에 맞기 6개월 전에 나도 어떤 아이에게 총을 쐈다. 그 이유라고는 고작 내 친구가 그러라고 시켰다는 것과 내가 얼마나 강한지 증명하고 싶다는 것뿐이었다. 그런데 나를 쏜 아이도 나와 똑같이 친구가 시켜서 그런 것이었다."

이 생각은 그에게 충격으로 다가왔다. 가해자를 향해 품었던 우월감이 무너졌기 때문이다. 자신도 똑같이 벌을 받아 마땅한 죄인이었고 용서가 필요했다.

> 결국 …… 용서하기로 했다. 하나님이 나를 살려 주신 데는 이유가 있을 테니 그 목적을 이루는 게 옳겠다는 생각이 들었다. …… 다시는 내가 거리로 나가 남을 해칠 수 없으리라는 것도 알았다. 그런 사고방식과 그런 식의 삶은 끝났다. …… 손을 떼고 미움을 버려야 한다는 것을 깨달았다.[10]

종이 되신 왕의 놀라운 사랑

이렇듯 이 비유에는 용서의 어려움과 정의와 여러 차원이 개괄되어 있다. 그런데 기독교적 용서의 주요소 가운데 이 비유에 명시적으로 기술되지 않고 암시만 되어 있는 게 딱 하나 있다. 그것은 바로 이 모든 것의 근거인 용서의 '원동력'이다. 거룩하고 정의로우신 하나님이 어떻게 우리를 온전히 용서하실 수 있을까? 또 우리에게 초자연적인 겸손과 확신과 사랑과 기쁨이라는 내적 자원을 주어 능히 다른 사람들을 온전히 용서하게 하는 것은 무엇일까? 바로 십자가에서 이루어진 그리스도의 속죄의 죽음이다.

용서하지 않은 종이 동료를 대하는 태도에서 눈에 확 띄는 부조화는 무엇인가? 그것은 왕의 자비로만 살아가는 종이 마치 자신이 왕이요 재판관인 양 행세했다는 것이다. 한낱 종이 동료를 옥에 가두다니, 이 얼마나 자기 주제와 분수를 모르는 일인가? 예수님은 우리가 이 이야기를 거울로 삼기를 원하신다. 하나님의 자비로만 살아가는 우리가 남을 심판한다면 스스로 하나님 자리에 앉아 있는 게 아닌가? 서로 비판하고 되갚으면서 복수를 주고받는다. 우리는 모두 왕 행세를 하는 종이다.

무엇이 우리 마음을 변화시킬까? 왕 행세를 하는 종이 변화되려면 종이 되신 왕의 놀라운 사랑을 보는 길밖에 없다.

피고석에 있어야 할 우리가 판사석을 차지했다. 반면 당연히 우주의 심판석에 좌정하신 주님은 거기서 내려와 피고인의 자리에서 십자가를 지셨다. 온 땅을 심판하실 분이 우리 대신 심판과 형벌을 받으셨다. 이 사실이 우리를 낮아지게 하고 원한에서 벗어나게 한다. 나 또한 순전히 자비로만 살아가는 죄인임을 깨닫게 되기 때문이다. 동시에 이것은 우리를 높여서 원한에서 벗어나게 한다. 가해자를 향해 이렇게 말할 수 있기 때문이다. "나는 예수 그리스도 안에서 의롭다 하심을 받고 하나님의 자녀로 입양되었다. 당신은 나를 해쳤고, 그것은 분명히 죄다. 하지만 내 참보화인 가장 깊은 기쁨은 당신이 앗아 갈 수 없다." 그래서 우리는 용서할 수 있다.

예수님은 십자가에서 죽으실 때 "아버지 저들을 사하여 주옵소서 자기들이 하는 것을 알지 못함이니이다"라고 말씀하셨다.^{눅 23:34} 그들의 행동이 악하지만^{악하니까 용서가 필요하다} 아버지께 용서를 구하신 것이다. 자신을 십자가에 못 박는 이들을 향해 "그대로 갚아 주리라!"라고 악을 쓰시기는커녕 그분은 뭐라고 하셨던가? "아버지, 정말 저들은 이것이 얼마나 심각하고 무거운 죄인지를 모릅니다." 예수님은 자신을 죽이는 사람들을 용서해 달라고 간구하셨다.

그분이 자신을 처형하는 사람들을 그렇게 대하셨는데, 어떻게 당신과 내가 냉담하고 인색할 수 있겠는가? 어떻게 다른 사람들을 야멸차고 모질게 대할 수 있겠는가? 예수님은 자신을 고문하는 사람들에게조차 그런 식으로 모질게 말씀하지 않으시는 분이다.

하나님이 우리에게 은혜와 인내심을 주시기를 기도한다. 그게

가능하려면 우리를 위해 죽으신 그리스도의 자비를 깊이 깨달아야
만 한다.

Part 1.

용서의 문을 열고
들어가야 할 시간
— 용서 실종 시대

forgive

2   용서의 퇴조

어디서도 환영받지 못하는 불편한 진리

아직도 피를 흘리는 피해자가
왜 용서의 부담까지 져야 되는가?
—델리아 오언스,
《가재가 노래하는 곳*Where the Crawdads Sing*》[1]

델리아 오언스의 이 말은 우리 문화에서 점점 더 많은 사람이 던지고 있는 질문을 대변한 것이다. 용서하지 않은 종의 비유에는 용서에 관한 풍부한 가르침이 들어 있다. 그것을 바탕으로 용서에 대한 우리 사회의 불안과 혼란에 우리는 어떻게 접근해야 할까?

미투 운동과 용서 문제

2006년, 성폭력 피해자 타라나 버크는 비슷한 피해를 입은 여성들의 공개 발언을 돕고자 미투MeToo라는 용어를 만들어 냈다. 미투 운동은 2017년 말 할리우드의 유명 영화 제작자 하비 와인스타인의 성추행 편력이 밝혀지면서 급속도로 확산되었다. 수많은 여성들이 자신이 당한 성희롱과 성추행과 성폭행 사연을 공개했다. 이로써 사회는 남성들의 성범죄가 생각보다 훨씬 곳곳에 만연함을 알게 되었다. 많은 사람이 지적했듯이 이 운동의 여파로 다양한 긍정적 변화가 일어났다. 직장에 새로운 규정이 도입되었고, 학대 피해자를 위한 공식·비공식 지원도 늘어났다. 그러면서 어쩔 수 없이 용서의 문제가 대두되었다.

여배우 셀마 헤이엑은 자신이 "용서할 줄 안다는 데 자부심이 있었기" 때문에 처음에는 와인스타인의 성추행에 대한 자신의 침묵을 합리화했다.[2] 하지만 그녀가 그렇게 용서를 강조한 이면에는 자신의 "비겁함"과 공개적으로 정의를 추구하지 않으려는 마음이 숨어 있었다고 한다. 그 바람에 자신이 미래의 피해자들을 보호하지 못했다는 것이다.

대니엘 베린은 〈뉴욕 타임스〉 기사에서 "우리를 폭행한 남자들을 용서해야 하는가?"라는 질문을 던졌다.[3] 결론적으로 그녀는 아직 자신은 가해자를 용서할 수 없지만, "개인적으로는 물론 공개적으로도 배상이 이루어진다면" 용서할 마음이 생길지도 모른다는 가능성을 내비쳤다. 베린의 기사에 달린 다른 사람들의 의견은 그보다 덜 열려 있었다. 그중에는 용서가 가부장제의 연장선이라고 지적하는 의견도 있었다.

> 그녀에게 용서를 요구한다면 …… 이는 여성을 탓하고 혐오하는 병폐인
> 가부장적 남성 우월주의에 놀아나는 꼴이다. 용서는 …… 몸도 마음도
> 치유해 주지 못한다. …… 용서는 혹시 신이 있다면 범죄자가 자기
> 신에게나 구할 일이다. …… 피해자의 용서를 말할 게 아니라 범죄자의
> 이마에 '강간범'이나 '성폭행범'이라고 새겨 놓아야 한다. 그래야
> 여성과 아동이 더 안전해지는 데 실제로 도움이 된다.[4]

용서에 관한 이런 의견 대립은 어디에서 비롯된 것일까? 용서를 둘러싼 모든 불만에는 용서의 각종 정의와 모델이 전제되어 있는데, 바로 그것이 문제일 수 있다. 그러므로 사람들에게 더 용서하라고 촉구하는 것만으로는 부족하다. 우리 현실에 퍼져 있는 용서의 세

가지 모델을 비평할 필요가 있다.

무조건 용서해야 한다는 압력

1987년, 우르술라수녀회 소속의 미국인 수녀 다이애나 오티즈는 과테말라 서부의 산악 지방에 2년 기한으로 선교를 떠나 가난한 원주민 아이들에게 글을 읽고 쓰는 법을 가르쳤다. 1989년 11월 2일, 과테말라 군인들이 그녀를 납치해 고문하고 강간했다. 유괴범들은 그녀가 미국 시민이라는 사실이 밝혀지자 당황해서 그녀를 풀어 주었다. 그러면서 이번 일을 아무에게도 발설하지 말라고 엄포를 놓았다. 착한 수녀가 되어 "용서"하라는 것이었다.[5]

다이애나에게 용서를 종용한 것은 가해자만이 아니었다. 과테말라 정부 관리들은 그녀가 붙잡혀 강간당했다는 사실에 몹시 곤혹스러워했다. 그들은 우익 세력이 공산주의 퇴치라는 명목으로 원주민들을 탄압해도 으레 눈감아 주곤 했다. 그녀는 이렇게 회고했다. "모르는 이들은 물론 친구들까지도 내게 물은 것은 미국 정부의 정의로운 조치 여부가 아니라 내가 가해자를 용서했느냐는 것이었다. …… 모두들 자신이 이 문제에서 놓여나고 싶어서 내가 용서하기를 원했다. 내가 용서하기만 하면 그들로서는 모든 문제가 해결되는 것이었다. 기독교의 관심은 사회 정의가 아니라 개인의 용서에 있는 것 같았다."[6]

또 다른 예로 수전 워터즈는 일곱 살 때부터 친오빠와 성인 수영 강사에게 수시로 성추행을 당했다. 오빠의 학대는 사춘기 때까지 계속되었다.[7] 훗날 그녀는 친구들이나 "기독교 서적을 통해 도움을 받아 보려" 했으나 다 소용없었다. 하나님이 그녀의 죄를 용서하고 잊으셨으니 그녀도 분노를 버리고 "용서하고 잊어야" 한다는 말뿐이었다. "멋진 화해의 사연이나 학대자의 구원을 위한 기도밖에 접할 수 없었다. 하나님이 나를 용서하셨으니 나도 용서해야 한다는 말은 너무 많은 비밀로 괴로운 내게 죄책감만 가중시켰다."[8]

차차 그녀가 깨달았듯이 교회에서 용서라는 개념은 학대와 불의의 피해자에게 불리하게 악용될 때가 많았다. 학대한 가해자는 용서의 교리를 내세워 신속하게 책임 있는 지위로 복직하는 일이 빈번했다. 물론 그 지위는 언제든 다시 학대를 자행할 수 있는 자리였다. 반면 속히 "용서하고 잊기"를 거부하는 피해자에게는 복수심이 강하다는 오명이 따라붙었다. 용서의 촉구는 교회나 기독교 기관이 악을 바로잡기보다는 자기들의 대외 이미지와 평판을 보호하는 수단일 때가 많았다.

수전은 "맹목적으로 용서해야 한다고 압박하면 피해자들이 위험한 상황에서 벗어나지 못할 수 있다. 특히 교회에서 그렇게 가르치면 더 위험하다. 내 생각에는 이런 쉬운 은혜 때문에 가정과 기관 내에 학대가 성행할 수 있다"라고 말했다.[9]

수전이 쓴 "쉬운 은혜"라는 표현은 디트리히 본회퍼의 유명한 문구인 "값싼 은혜"로 대체해도 무방하다. 다이애나와 수전에게 강요된 무조건적 용서는 값싼 은혜였다. 가해자와 피해자의 권력 불균형이 이후에도 전혀 달라지지 않았고, 무엇보다 정의의 추구도 전혀 없었기 때문이다.

거래적으로 용서해야 한다는 압력

용서에 대한 현대의 또 다른 접근법은 "거래적 용서"나 "획득적 용서"라고 불려 왔다. 제니퍼 라이트는 패션 잡지 〈하퍼스 바자 *Harper's BAZAAR*〉에 "남성 성폭력 범죄자를 용서해야 하는가?"라는 질문을 제기했다. 그녀의 결론은 이렇다.

> 지금까지 우리 여성에게는 좀처럼 분노가 허용되지 않았다. 반면 우리의 용서가 자동으로 뒤따르지 않은 적은 거의 없다. 따라서 자격을 갖춘 이들에게만 신중하게 용서를 베푸는 것도 우리가 당연히 행사해야 할 일종의 권력이다.[10]

먼저 제니퍼는 용서에 대한 두 가지 현행 모델을 거론한다. 첫 번째는 "분노"의 입장이고,'용서란 없다' 모델 두 번째는 피해자의 용서를 당연한 것으로 여기는 노선이다. '무조건 용서해야 한다' 모델 그녀는 세 번째 방식을 제안한다. 가해자가 용서를 "얻어 내야" 한다는 것이다.

그러면 그녀의 말대로 여성에게 "일종의 권력"이 생겨난다. 이 기사의 웹사이트에 올라온 한 의견에 따르면, 문제는 여태까지 우리에게 용서란 "[가해자] 남성이 노력해서 얻어 내는 게 아니라 당연히 받아야 하는" 거라고 주입되었다는 점이다.[11] 그러므로 자격을 따져서 용서를 거래해야 한다는 것이다.

언뜻 이것은 용서란 없다는 입장의 무자비함과 무조건 용서해야 한다는 입장의 명백한 불의 사이에서 잘 타협한 듯 보인다. 그러나 이 접근법도 설득력 있는 강한 비판을 받아 왔다. 근래에 내가 트위터에서 본 한 대화에 이런 요지가 입증되어 있다. 즉 "용서는 완전히 과대평가되어 오히려 권력 불균형을 가져온다. '당신을 용서한다'라는 말은 당신이 어떻게 생각하든 '내가 당신보다 도덕적으로 우위에 있다'라는 뜻이다."[12] "이것은 니체가 말한 현대 부르주아 사회의 노예도덕[약자 입장에서 가치를 전복시킨 도덕-옮긴이]의 기능이다."[13] 실제로 니체는 조건적 용서를 형벌로 보았다. 그는 기독교인은 이교 문화가 만들어 낸 성공이나 권력을 추구하지 않았으므로 우월감을 품을 새로운 방식을 고안했고, 그게 바로 친절과 용서를 더 베푸는 것이라고 주장했다.[14]

니체의 생각도 제니퍼와 같았다. 자격을 갖춰 용서를 얻어 내라는 요구는 결국 상대를 지배하려는 권력 행사인 셈이다. 그렇다면 그것은 참된 용서가 아니라는 뜻이다. 오히려 상대를 응징하고 통제하는, 또 하나의 교묘하게 꾸민 방식에 불과할 수 있다. 덕으로 가장한 복수인 셈이다.

"거래적 용서"를 가장 강경하고 사려 깊게 비평한 사람은 시카고 대학교의 마사 C. 누스바움이다. 그녀는 이런 용서가 어떻게 "정치적·개인적 핵심 덕목"으로 "열렬히 옹호되는지를" 기술한다. 그녀가 개괄한 기본 과정은 이렇다. 우선 피해자가 죄를 지적한다. 가해자가 자백하고 사과하면 피해자는 자신의 감정을 "정리한다." 끝으로 "피해자는 분노의 감정을 털어 내고 승자가 된다. 자신의 주장이 온전히 인정받았기 때문에 비로소 분노 없이 은혜를 베풀 수 있다."[15]

하지만 누스바움의 지적처럼 이런 용서에는 "가해자가 충분히 울고 애원하고 사과해야 한다는 조건"이 분명하게 붙어 있으며, "대체로 그 과정에는 상당한 자기 비하가 뒤따른다." 충분히 그렇게 하면 가해자가 용서받기는 하지만, 그럼에도 "비하가 명예 회복의 전제 조건이다."[16]

그녀의 결론은 "어쨌든 전형적인 거래 방식의 용서는 재판과 징계의 심리를 과도히 드러낸다"는 것이다.[17] 결국 이것은 참된 용서가 아니다. 충분히 상처 입을 때까지 가해자가 어쩔 수 없이 거쳐야 하는 혹독한 시련이다.

아예 용서하지 말아야 한다는 압력

문화를 지배하는 이 두 가지 용서 모델에 결함이 있다 보니 아예 용서하지 말아야 한다는 압력이 등장한다.

1984년 11월 하순의 어느 날, 열세 살 소녀 캔디스 덕슨은 엄마에게 전화해 학교에서 귀가하는 중이라고 말했지만 끝내 집에 돌아오지 않았다. 캔디스의 부모 클리프와 윌마의 신고를 받은 경찰은 매니토바주 위니펙 역사상 최대 규모의 민간인 수색에 돌입했다. 실종된 지 7주 만에 아이는 집에서 500미터도 떨어지지 않은 어느 헛간에서 손발이 묶인 채 시신으로 발견됐다. 검시관은 아이가 동사했다고 판정했다.[18]

딸의 죽음을 전해 들은 그날 부부는 한 남자를 만났는데, 그 남자의 딸도 수년 전에 피살된 터였다. 그의 말을 들어 보니 그는 분노와 슬픔에 사로잡혀 인생을 망친 게 분명했다. 훗날 윌마는 이렇게 썼다. "그래서 그날 밤 우리는 다르게 반응하기로 결심했다. 용서의 길을 택한 것이다. …… 이튿날 기자회견에서 어떤 기자가 우리에게 범인을 어떻게 생각하느냐고 물었을 때 …… 우리는 용서하고 싶다고 답했다."[19]

충격에 휩싸인 반응이 줄을 이었다. 윌마가 가입한 피살자 유족 단체는 그녀에게 용서란 사회적으로나 정서적으로나 다 잘못된 것이니 용서를 입 밖에도 내지 말라고 노골적으로 압박했다. 어떤 이들은 이 부부가 살인자를 용서할 수 있다면 딸을 정말 사랑한 게 아니라고 힐난했고, 어떤 이들은 이런 용서 때문에 폭력범들이 책임을 면제받아 사회가 더 위험해진다고 비난했다. 용서하지 않고 있는 자신을 이 부부가 죄책감에 빠뜨린다고 성토하는 이들도 있었다. 월마는 "때로는 믿을 수 없을 만큼 힘들었다"라고 술회했다.[20]

어느 대학의 심리학 교수가 다른 대학 요청으로 그곳의 상담 인력을 훈련할 기회가 생겼다. 학생들에게 '용서 치료'를 제공하기 위한 훈련이었다. 그런데 그 대학 고위 인사가 이 계획을 듣고는 교수에게 취소를 통보했다.

"용서라니요? 용서하면 피해가 반복될 뿐입니다!"라는 성토로 시작한 그의 설명은 다음과 같았다. 난폭한 일을 당한 피해자에게 상대를 용서해야 한다고 말하면, 이미 상처 입은 마음에 상처를 더 얹어 주는 꼴이다. 당신이 용서하려고 애쓸수록 가해자는 당신을 조종하려 들지 않겠는가? 용서의 과정에서 어쩌면 당신은 이렇게 말할지도 모른다. "그 사람도 아주 나쁜 놈은 아니야. 어쩌면 그가 한 짓도 그렇게까지 악하지는 않을 거야." 그리하여 용서는 학대할 수 있는 권력을 지닌 사람이 그 권력을 유지하는 수단이 된다.[21]

'용서란 없다' 모델에서는 여성과 소수자를 지목하면서, 역사적으로 그들에게 우위나 기회가 주어진 적이 거의 없으니 그들이 용서해서는 안 된다고 말한다. 다른 반대자들은 용서는 '정의를 추구해 가해자의 책임을 묻는 것'과 본질적으로 어긋난다고 주장한다.

다이애나 오티즈와 수전 워터즈의 경험에서 보듯이, 용서를 반대하는 입장에도 일리는 있다. 무조건 자동으로 당연시되는 용서는 실제로 여성과 소수자를 통제하는 수단이 되어 왔다. 하지만 거래적 용서 또한 그것대로 공공 정의의 장벽이 될 수 있다. 가해자가 충분히 굴복하면 피해자가 분노를 이겨 낼 수도 있겠지만, 가해자에게 응분의 대가를 결정하는 것이 정말 피해자만의 권리인가? 상대의 죄가 사해졌다고 선포하는 권리가 과연 피해자의 것인가?

'용서란 없다' 모델을 권장하는 이들 중에는 정신 건강과 자존감 대신 도덕적 정당성에 호소하는 경우도 있다. 20세기에 인류는 유태인 대학살, 난징 대학살, 남아프리카공화국의 인종차별 정권, 아르메니아의 대량 학살, 발칸반도의 인종청소, 캄보디아의 킬링필드 등 숱한 학살을 자행했다. 유태인 대학살에서 살아남은 엘리 비젤은 2006년 한 인터뷰에서 나치를 용서하느냐는 질문에 이렇게 답했다. "내가 누구라고 용서합니까? 나는 신이 아닙니다. …… 아니, 나는 용서할 수 없습니다."[22] 오늘날 그의 말이 옳다고 생각하는 사람이 많다. 악을 용서하는 것은 도덕적으로 부적절해 보인다.

수직적 차원이 결여된 세 가지 세속 모델

이렇듯 우리 세속 사회에는 용서에 대한 세 가지 접근법이 존재한다.

값싼 은혜   무조건 용서해야 한다는 모델이다. 모든 강조점은 피해자가 분노에서 해방되는 치료에 있다. 가해자의 죄를 지적할 수도 있으나 피해자의 내적 치유에 도움이 되는 한도 내에서만 가능하다. 그것만이 진정한 관심사다.

인색한 은혜   거래적으로 용서해야 한다는 모델이다. 모든 강조점은 가해자가 용서받을 자격을 갖추는 데 있다. 가해자가 충분한 회개와 배상 행위로 용서를 얻어 낼 때 비로소 피해자는 분노를 버린다.

은혜 없음   아예 용서하지 말아야 한다는 모델이다. 용서를 완전히 배제하고 피해자를 위해 정의를 추구한다.

세 가지 모델의 공통점은 용서의 수직적 차원이 결여되어 있다는 것이다. 이 모두와는 대조적으로 성경에 전제된 값비싼 은혜의 용서 모델에는 수평적 차원과 수직적 차원이 공존한다.

여러 장에 걸쳐 이 성경적 모델을 살펴보기에 앞서, 용서에 대한 이 세 가지 접근법을 떠받치는 우리 문화의 배후 신념과 전제를 인식하는 것이 중요하다.

심리치료 문화

우리〔현대 서구〕 문화는 심할 정도로 개인의 내면에 치우쳐 있다. 다른 문화들은 공동체의 중요성을 강조했기 때문에 개인의 정체성을 형성할 때 공동선에 부합하도록 절충해야 했다. 반면 모더니즘이 강조한 것은 내면을 들여다보며 각자의 갈망을 바탕으로 정체성을 형성한 뒤, 밖으로 나가 사회를 향해 개인의 이익을 존중하라고 요구하는 것이다.

현대의 심리치료는 일정한 기준을 내세워 죄책감을 유발하는 공동체나 외부의 영향에 맞서 개인을 보호하기 위한 것이다. 프로이트는 불안감이나 수치심을 일으키는 모든 통상적 규범이나 신념을 '분석'해서 해체했다. 진정한 개성이란 자신이 선택하거나 만들어 내지 않은 일체의 규범에서 해방된다는 뜻이다.

이런 심리치료 지향 문화의 단적인 예가 있다. 최근 〈글로벌 히어로즈Global Heroes〉 잡지에 다음과 같은 한 여배우의 인터뷰가 실렸고, 〈월 스트리트 저널The Wall Street Journal〉도 같이 이 인터뷰를 소개했다. "주변 세상의 발전을 위해 누구나 선택할 수 있는 한 가지 좋은 일은 무엇일까요?"라는 질문에 그녀는 "매사에 의문을 품으세요. …… 남의 진리를 흉내 낼 게 아니라 자신만의 진리를 찾아 그 진리대로 살아야 돼요"라고 답한 뒤 이렇게 덧붙였다. "제게 중요한 일은 관객에게 …… 그들의 낡은 신념에 대한 …… 의문을 심어 주는 겁니다."[23] 그래서 그녀는 팬들에게 "날마다 …… '오늘 내게 필요한 게 뭐지?'라고 물은" 뒤 가서 그것을 얻으라고 조언한다. 그것은 "심리치료나 식단 변화나 이혼이나 요가 수련이나 물론 때로는 약물 치료일 수 있지요. …… 그 문으로 들어갈 수 있는 사람은 자신뿐입니다.

힘이 나지 않나요?"

심리치료 문화의 모든 강조점은 개인이 공동체의 전통과 의무와 책임이라는 속박에서 떨어져 나와 자신만의 동경과 갈망을 추구하는 데 있다.

몇 년 전에 기독교 신자인 한 학생이 하버드대학교에서 '상담 방법론' 수업을 청강했다. 실력 있는 교수가 제시한 사례 연구 속의 환자는 상담을 받다가 자기 내면에 어머니를 향한 심한 적대감이 숨어 있음을 깨달았다. 그런 기제, 즉 내면의 분노와 각종 부정否定을 지적해 준 것이 그 환자에게 큰 도움이 되었다. 청강하던 이 기독교 신자는 그럴 때는 심리 상담사가 환자가 어머니를 용서하도록 어떻게 도와줄 수 있느냐고 질문했다. 그러자 교수는 그건 상담사가 할 일이 아니라고 답했다. "내담자는 적대감을 품고 살아가는 법을 배워야 합니다. 다만 거기에 지배당하지는 말아야지요."

예수님을 믿지 않는 일부 비신자 수강생이 흥미롭게도 이 기독교 신자의 편에 서서 용서가 왜 그토록 문제가 되느냐고 질문했다. 교수의 답변은 "용서에 관한 여러분의 가치관을 …… 환자에게 강요하지 마세요"였다. 그에 따르면, 심리치료의 핵심은 세상에 맞서도록 환자를 지원하는 것이지 용서에 대한 도덕적 부담이나 '가치관'을 떠안기는 게 아니며, 후자는 어떤 의미에서 그 사람을 자신이 원하지 않는 관계 속으로 도로 떠미는 것이다.[24]

L. 그레고리 존스는 이런 심리치료 지향 문화와 "서구 문화의 심

리학에 속박된 교회"가 어쩌면 "현대 서구 문화에서 용서에 대한 이해와 실천이 지금처럼 빈곤해진" 최대 원인일 수 있다고 지적했다. "개인의 자율만 떠받든다면 공동체를 촉진하고 유지하기 위한 용서와 화해는 그다지 중요하지 않다."[25]

존스의 말대로 오늘날 용서는 피해자에게 도덕적 부담을 강요한다는 이유로 아예 배제되거나,'용서란 없다' 모델 기껏해야 "자신의 미움을 치유해" 내면의 감정을 더 편안하게 하는 자구책 정도로 제시된다.'무조건 용서해야 한다' 모델[26] 하지만 존스는 교회야말로 예수님의 주권 아래서 미래 세계의 사랑과 온전한 공동체의 예고편을 보여 주어야 한다고 역설한다.[27] 우리의 행동은 죄성 탓에 수시로 관계를 약화시키고 망가뜨린다. 그러나 성령으로 말미암아 우리도 미래의 그런 아름답고 기쁜 관계를 웬만큼현세에는 결코 완전하지 못하지만 그래도 일부나마 실현할 수 있으며, 그게 가능하려면 지금 용서와 화해를 훈련하고 실천해야 한다.

그러나 관계를 치유하고 공동체를 굳건히 할 자원을 심리치료 문화가 몰아내고 있다.

새로운 '수치와 명예의 문화'

현대에 용서의 실천이 빈곤해진 두 번째 요인은 새롭게 뒤바뀐 '수치와 명예의 문화'다. 일각에서는 이를 새로운 세속 종교라 칭해 왔다. 브래들리 캠벨과 제이슨 매닝은 이 새로운 문화를 학술 논문에 다루었고 나중에 책으로도 펴냈다.[28] 그들에 따르면 서구 문화도 본래는 다른 사회와 마찬가지로 명예의 문화였다가 "존엄성"의 문화로 변모했는데, 이제 다시 신종 수치의 문화가 출현하고 있다. 이 새로운 문화는 과거의 명예의 문화와 비슷하되 심리치료 문화에서 새로운 반전을 차용했다.

현대 문화는 개인의 정체성을 존중받고 인정받고자 당당하게 요구하는 것이 우리의 주요 관심사여야 한다고 가르친다. 이런 면에서 현대 문화는 존중과 명예를 중시하던 옛날 이교 문화와 닮아 있다. 과거 이교 문화의 사람들처럼 요즘 사람들 역시 조금만 불쾌한 일을 겪어도 격노하는 것을 당연하게 여긴다.

그런데 오늘날에는 다른 점이 있다. 현대의 심리치료 문화는 개인이 사회의 기대와 역할과 구조에 억압받고 지배당한다고 여긴다. 그래서 사회나 다른 권력자에게 종속되어 있는 피해자일수록 더 큰 명예와 도덕적 품성을 부여받는다. 기존의 사회 위계에서 아래로 내려갈수록 명예가 더 커질 수 있다. 이렇듯 우리는 역설적으로 "피해를 떠받드는 수치와 명예의 문화"를 만들어 냈다.

캠벨과 매닝의 비평에 따르면 이렇게 새롭게 뒤바뀐 명예 문화, 일명 "배척 문화"는 결국 힘 대신 허약함을 중시한다. 또 지극히 사소한 문제로도 늘 선악으로 대치하는 사회를 낳는다. 사람들은 피해자의 지위 또는 피해자를 옹호하는 지위를 얻고자 경쟁한다. 이 문화는 사랑으로 허물을 덮어 주는 역량을 위축시킬 뿐 아니라,^{"사랑은 허다한 죄를 덮느니라"-벧전 4:8} 무엇보다도 용서와 화해의 개념 자체를 말살해 버린다. 이제 용서는 완전히 불공정하고 비현실적인 것으로 치부된다. 사람들이 피해자를 두둔하려 해도, 피해자가 용서해 버리면 명예와 덕성을 얻을 수 없다는 것이다.[29] 그래서 이 문화에는 망가져서 이미 회복 불능인 관계가 부지기수로 널려 있다.

그 밖에도 여러 사람이 잘 논증했듯이, 이 문화는 정치를 신종 종교로 둔갑시켰으나 다만 그 종교에는 구원이나 용서를 얻을 방도가 없다.[30] 이제는 다른 사람들의 실수조차 무조건 이단자의 악으로 간주된다. "이단자와는 말을 섞기는 고사하고 그에게 눈길조차 주어서는 안 된다."[31]

이런 신흥 세속 종교가 불가피한 이유를 일각에서는 도덕적 진리에 대해 상대주의적인 서구 문화가 사람들에게 도덕적 공허감과 소외감을 남기고 필연적으로 사회 분열을 낳기 때문이라고 본다. 프랑스의 사회학자 에밀 뒤르켐에 따르면, 그 어떤 사회도 "집합 의식"이 없이는 연대를 이룰 수 없다. 집합 의식이란 신성한 것에 기초해 우리를 하나로 묶는 공동의 도덕규범이고, 어떤 대가를 치르더라도 의심 없이 고수하고 수호해야 할 가치 체계의 마지노선이다.[32] 뒤르켐은 집합 의식이 으레 종교라는 통상적 방법을 통해 형성되어 왔는데, 세속 문화는 사람들을 연합할 만큼 의심의 여지없이 강력한 무언가에 도덕적 신념의 기초를 두기 어렵다고 보았다.[33]

그러니 세속의 진보적 가치관을 종교처럼 신성화하는 것도 놀랄 일은 아니다. 인권, 빈민 구제, 사회정의 등 서구 사상이 성경의 신앙에 깊은 뿌리를 두고 있기 때문에 그리스도인은 인종과 경제 정의를 위해 활동하는 비신자와 대체로 협력할 수 있다.[34] 그러나 도덕 규범의 뿌리가 성경의 하나님께 있다는 말은 우리의 근간이신 하나님이 거룩하고 정의로우실 뿐 아니라 또한 자비롭게 용서하시는 분이라는 뜻이다. 그래서 우리의 반대자와 정중히 교류하고 가해자를 용서하는 것이 교회에서는 신앙의 일부다. 하지만 고대든 현대든 수치와 명예의 문화에는 그런 특성이 들어설 자리가 없다. 이런 세속 종교에서는 규범에서 벗어나면 결코 용서받을 수 없다.

SNS는 이런 운동을 은혜 없는 문화 쪽으로 더 가속시켰을 뿐이다. 앨런 제이콥스는 이렇게 썼다.

인간의 정체성에 대한 기독교적 관점을 버리는 사회는 도덕주의가 약해지는 게 아니라 훨씬 더 심해진다. 어설픈 정의감은 그대로인데, 용서를 주고받을 길은 없기 때문이다. 우리 시대의 특히 심각한 도덕적 위기는 많은 동료 그리스도인이 생각하는 성적 방종이 아니라 복수심이다. SNS는 도덕주의자에게 마약과도 같다. 악인을 벌하는 것만큼 짜릿한 쾌감은 없다. 그러나 모든 중독처럼 여기에도 냉혹한 한계효용체감의법칙이 타격을 가한다. 그래서 남을 벌하려는 광기는 가라앉을 새가 없이 오히려 악화된다.[35]

요약하자면 새로운 수치와 명예의 문화는 가혹한 재판 방식의 "취득적 용서"를 낳거나 아니면 사람들을 유인해 아예 용서를 버리게 만든다.

복수로 넘쳐 나는 비참한 인류사

'값싼 은혜'라는 용서 모델은 오직 피해자가 내면의 정서적 치유와 상처를 '벗어나고 넘어서는' 데만 초점을 맞출 뿐, 결국 가해자는 책임을 면제받는다. '인색한 은혜' 모델과 '은혜 없음' 모델은 기본적으로 복수를 추구한다. 따라서 피해자와 가해자 사이에 보복하고 보복당하는 악순환이 끝없이 되풀이될 수 있다. 이 모든 세속 모델에는 수직적 차원의 용서가 가져다주는 변화된 동기가 결여돼 있다.

하나님의 용서를 경험하면 깊은 치유가 일어나며, 치유의 근거는 우리를 용서하려고 값비싼 희생을 치르신 예수님을 믿고 바라보는 데 있다. 이 믿음은 다른 모든 사람들처럼 우리도 자비가 필요한 죄인임을 일깨워 주면서, 또한 우리 마음의 잔을 그분의 사랑과 인정認定으로 넘치게 한다. 그리하여 우리는 가해자를 용서할 수 있고, 우리가 할 수 있는 한 정의와 화해를 이루려고 가해자와 대화할 수 있다. 다만 이제는 자신을 위해서가 아니라 정의를 위해서, 하나님을 위해서, 가해자를 위해서, 미래의 잠재적 피해자들을 위해서 그렇게 한다. 행동의 동기가 완전히 달라진 것이다.

우리 사회는 용서 없이는 살아갈 수 없다. 용서가 없다면 그 결과는 처참하다. 도시 곳곳에서 일어나는 셀 수 없이 많은 충격 살해는 갱단끼리의 보복이거나 심지어 가족 간의 복수극이다. 이런저런 명칭이 붙은 수많은 총기 난사도 결국 범인의 원한에서 비롯한 공격이다. 카풀 멤버들과 사이가 틀어져 그중 여섯을 치밀하게 쏘아 죽인 남자는 검거 과정에서 경찰에게 부상당해 죽어 가면서도 왜 자신이 그들에게 원한을 품었는지를 차분히 설명했고, 마지막 사람을 살해한 것에 대해서만 유감을 표했다.[36]

역사적 불만과 원한의 산물로 인류 대대로 복수의 악순환을 낳았다. 사람들에게 많이 알려지지 않은 대량 학살도 엄청나게 많다. 우크라이나의 홀로도모르,^{공포의 대기근} 쿠르드족을 살육한 이라크의 안팔 작전, 나이지리아의 이보족 대학살이나 부룬디와 르완다의 후투족 대학살 등이 그런 경우다.

유고슬라비아연방이 해체되고 발칸반도가 분쟁에 휩싸였을 때 세르비아의 한 병사가 코소보 해방군에게 사로잡혔다. 방송 기자와 인터뷰하면서 그는 자기네 부대가 알바니아인을 줄곧 살해했다고 서슴없이 시인하면서 "우리의 복수라는 걸 …… 알아야 합니다!"라고 말했다.[37] 코소보 해방군도 똑같은 이유로 세르비아인과 집시들에게 폭력을 휘두른 죄가 있다. 한 알바니아인은 그것을 "이해할 만한 복수심"이라 표현했다.[38]

인류의 수면 아래에 잠겨 있는 분노와 원한이 빙산이라면, 이런 사례는 빙산의 일각 중에서도 아주 작은 조각에 불과하다. 이는 새 커리가 말한 "복수는 악할 수 있으나 전적으로 지극히 자연스럽다"는 진리를 생생하게 증언해 준다.[39] 그런 쉬운 해법이야말로 인간의 너무도 자연스러운 본성의 일부다. 구조적·정치적 해법 따위는 간데없으니 말이다. 용서하는 법을 배워 우리 자신에게서 구원받으려면 우리 내면에 막강한 자원과 도움이 필요하다.

20세기에 지독히 압제받은 집단을 대표하는 인물인 한나 아렌트와 마틴 루서 킹 주니어, 데즈먼드 투투는 단호하고도 끈질기게 용서를 촉구한다. 독일 태생의 유태인 정치철학자 한나 아렌트는 유태인 대학살 이후에 이렇게 썼다.

> 용서받고 우리가 저지른 일의 결과에서 벗어나지 못한다면, 우리의
> 행동 역량은 이를테면 단 하나의 행위로 국한되어 평생 거기서
> 헤어나지 못할 것이다. 우리는 영원히 그 결과의 피해자로 남을 것이다.
> 마법사의 조수가 마법에서 깨어날 주문을 모르는 것과 다를 바 없다.[40]

마틴 루서 킹 주니어는 "용서할 능력이 없는 사람은 사랑할 능력도 없다. …… '당신을 용서하겠지만 당신과 더는 상관하지 않겠다'라고 말해서는 결코 안 된다. 용서는 화해하고 다시 화합한다는 뜻이다"라고 썼다.[41]

이 사상가들이 설득력 있게 예증하듯이, 건강한 사회 즉 깨진 관

계가 회복될 수 있는 사회가 되려면 우리는 용서를 배워야 한다.

아렌트와 킹과 투투로 대변되던 시절에는 역사상 끔찍한 구조적 압제 앞에서 진실과 정의는 물론 사랑과 용서로도 대응해야 했다. 그러나 이런 '큰 용서' 때문에 우리가 날마다 절실히 배워야 하는 작은 용서가 흐려져서는 안 된다. 우리는 냉대와 실망과 본의 아닌 상처에 파묻혀 살아간다. 사람들이 날마다 고의로 우리에게 입히는 온갖 자잘한 피해는 말할 것도 없다. 그래서 우리는 언제 말없이 용서하고 언제 문제를 거론할 것인지를 배우고, 상대가 잘못을 인정하려 들지 않을 때도 용서할 줄 알아야 한다. 그렇지 않고는 아무도 살아갈 수 없다. 용서 없이는 사랑할 수 없듯이, 용서 없이는 살아갈 수도 없다.

용서의 공동체

용서의 필요성도 명백하고 용서하라는 촉구도 설득력이 있다. 하지만 용서는 실현 가능한 일인가?

2006년 10월, 총을 든 남자가 펜실베이니아주 니켈 마인즈에 있는 아미시 공동체의 학교에서 인질극을 벌였다. 교실이 하나뿐인 이 작은 학교에서 7-13세의 아이 열 명이 그 남자가 쏜 총에 맞아 그중 다섯이 사망했고, 가해자도 자살했다. 그런데 몇 시간이 지나지 않아 아미시 공동체 사람들은 살해범의 부모 등 직계가족을 찾아가

조의를 표했다. 또 그들은 범인과 그의 가족을 용서한다고 한결같이 말했다. 총격범 일가에 베풀어진 용서와 사랑은 많은 사람을 충격에 빠뜨렸고, 아미시를 본받아 더 용서해야 한다고 미국인들에게 촉구하는 목소리도 높아졌다.

그러나 4년 후 세 학자가 그 사건에 대해 책을 썼는데, 그저 더 용서하라는 호소는 우리 문화에서 마이동풍이 되리라는 게 그들의 결론이었다.[42] 그들에 따르면 우리 세속 사회는 아미시 사람들처럼 복수 없이 고난을 소화할 줄 아는 사람을 더는 배출하지 못한다. 미국인은 자아실현과 자기주장에 몰두해 있으며 권리 의식이 강하다. 그래서 자신의 행복과 이익과 욕구가 늘 먼저라고 믿는다.[43]

반면 아미시 사람들의 핵심 가치 중 하나는 '자기 부인'이며, 용서도 자기 부인의 한 형태다. 즉 가해자에게 복수할 권리를 버리는 것이다. 이와 극명하게 대조되는 미국 문화는 자아실현과 자기희생을 대척점에 놓고 모든 부당 대우에 복수나 배척으로 반응한다. 저자들은 "복수를 부추기고 은혜를 비웃는 문화가 우리 대다수를 빚어냈다"라고 결론지었다.[44] 이런 문화에서는 용서가 자기혐오로 비치고 복수와 분노가 진실한 반응으로 간주된다.

아미시 사람들이 용서할 수 있었던 힘은 두 가지 요인에 기초를 두고 있다. 하나는 외형이고, 하나는 비전이다.

우선 아미시 사람들은 진짜 공동체로 살아간다. 관계가 개인의 사사로운 이익보다 우선하는 공동체다. 아미시는 '평화'를 종교개혁의 기치로 걸었던) 재세례파 전통에서 나온 가지다(1690년대 재세례파에서 메노나이트가 분리되어 나왔고, 아미시는 메노나이트의 분파다). 아미시의 많은 공동체는 메노나이트와 재세례파의 신앙 진술인 도르트레히트 신조(1632년)를 지금도 고수하고 가르친다. 세례 후보자는 이 신조 내용을 받아 공부한 뒤 입교일에 그 내용에 동의한다. 전통에 충실한 도르트레히트 신조에는 다음과 같이 복수하지 말라는 내용에 집중한 조항도 있다.[45]

> 우리가 믿고 고백하는 대로 주 그리스도는 제자들과 따르는 이들에게 모든 복수와 앙갚음을 금하셨고, 악을 악으로 저주를 저주로 갚지 말고 칼을 칼집에 꽂고 선지자들의 예언대로 칼을 쳐서 보습을 만들라고 명하셨다. 마 5:39, 44; 롬 12:14; 벧전 3:9; 사 2:4; 미 4:3; 슥 9:9-10
> 이를 통해 알 수 있듯이 그러므로 우리는 그분을 본받아 누구에게도 고통이나 피해나 슬픔을 주지 말고, 모든 사람의 최고 행복과 구원을 도모해야 하며, 필요하다면 재산을 빼앗기더라도 주님을 위해 한 도시나 나라에서 다른 데로 피해야 한다. 아무도 해치지 말고, 뺨을 맞으면 복수하거나 앙갚음하는 대신 다른 뺨도 돌려 대야 한다. 마 5:39
> 나아가 우리는 원수를 위해 기도하고, 원수가 주리거든 먹이고 목마르거든 마시게 하며, 그리하여 선행으로 그들을 설복하고 모든 무지를 극복해야 한다. 롬 12:19-20[46]

공동체로서 이처럼 단호하게 복수를 물리치는 것은 추상적인 신학 원리가 아니었다. 복수를 금하신 분은 바로 "주 그리스도"시다. 또 그들은 단지 앙갚음을 삼가는 게 아니라, 가해자의 최고 행복을 추구한다. 왜 그럴까? "그분을 본받아" 행동해야 하기 때문이다. 아미시 사람들이 예배하는 분은 "원수"를 위해 죽으신 분이다. 이것이 그들의 신앙과 문화의 핵심이다. 이렇게 자기를 희생하신 그리스도를 그들은 공동의 실천을 통해 끊임없이 이야기하고 찬송하고 노래하고 믿고 경축한다. 예수님이 목숨을 내어 주시고 가해자들을 용서하신 것은 엄청난 사랑의 행위였다. 영적으로 강력하고 지극히 아름다운 그 행위가 아미시 공동체의 모든 구성원의 마음과 생각에 각인되어 있다.

이 아름다움을 직접 목격한 사도 베드로는 그것을 이렇게 생생하게 요약했다.

> 욕을 당하시되 맞대어 욕하지 아니하시고 고난을 당하시되 위협하지
> 아니하시고 오직 공의로 심판하시는 이에게 부탁하시며 친히 나무에
> 달려 그 몸으로 우리 죄를 담당하셨으니 이는 우리로 죄에 대하여
> 죽고 의에 대하여 살게 하려 하심이라 그가 채찍에 맞음으로 너희는
> 나음을 얻었나니 …… 악을 악으로, 욕을 욕으로 갚지 말고 도리어 복을
> 빌라 이를 위하여 너희가 부르심을 받았으니 이는 복을 이어받게 하려
> 하심이라.
> 베드로전서 2장 23-24절; 3장 9절

바로 이런 공동체에서 용서가 피어나고 관계에 치유가 일어난다. 앞으로 우리는 어떻게 이런 공동체를 세울 것인가?

3   용서의 역사

'타인을 존중하는 윤리'의 시작, 기독교 신앙

원한이란 자기가 독을 마시고선
상대가 죽기를 기다리는 것과 같다.
—캐리 피셔[1]

우리 문화에서 용서가 실종된 것은 참으로 우려스러운 현상이다. 그런데 여기서 의문이 생긴다. 우리의 용서 개념은 본래 어디에서 왔을까? 어떻게 그것을 유지하거나 되찾을 수 있을까?

한나 아렌트가 내놓은 답이 있다. "인간사의 영역에서 용서의 역할을 발견한 사람은 나사렛 예수였다. 그는 용서를 종교적 정황에서 발견해 종교적 언어로 표현했지만, 그렇다고 그것이 지극히 세속적인 의미에서 용서를 조금이라도 덜 중요하게 취급할 이유가 되진 않는다."[2] 그녀의 말대로 우리는 세상의 용서 개념을 창시하신 예수님의 가르침으로 돌아가야 한다.

고전고대 시대, 용서는 큰 미덕이 아니었다

아렌트의 주장에 전제되어 있듯이 고대 문화에서는 용서를 중시하지 않았다. 아무리 훌륭하고 세련된 문화였더라도 마찬가지다. 이는 현대 학계에서도 대부분 인정하는 사실이다.

고전학자 데이비드 콘스턴은 "고전고대, 즉〔서구 문명에 가장 큰 영향을 미친〕그리스·로마에는 현대의 용서 개념이 존재하지 않았다. 이 단어에 내재된 풍부한 의미의 용서 개념은 없었다. 어쨌든 고대 사회의 윤리 사상에서 용서는 아무런 역할도 하지 못했다"라고 기술했다.[3] 찰스 L. 그리스월드는 용서에 관한 현대의 철학적 고찰 중에서도 뛰어나다고 호평받는 책을 썼다. 거기서 그는 "고대 그리스의 철학자들이 용서를 덕목으로 보지 않았다는 사실은 뜻밖이면서도 시사하는 바가 많다고 이야기했다."[4]

그렇다고 고대 그리스인이 연민의 덕을 조금도 인정하지 않았다는 뜻은 아니다. 하지만 그것은 우리 현대인이 알고 있는 용서에는 턱없이 못 미친다. 그들의 기본 덕목이었던 지혜와 정의와 용기와 절제는 모두 자비와 애정 같은 다감한 정서를 배제하거나 적어도 만류하는 경향이 있다. 고대인은 "신들을 인간적인 존재로 보았기 때문에 신들에게도 질투와 앙심과 복수 같은 감정을 부여했고, 따라서 값없이 너그럽게 용서를 베푼다는 숭고한 개념을 이해할 수 없었다."[5]

호메로스의 서사시 《일리아스*The Iliad*》의 줄거리는 거의 대부분 유혈의 정의와 복수를 꾀하는 내용이다. 그 책은 "사람의 심중에 연기처럼 차올라 꿀방울보다 훨씬 더 달게 변하는 쓰디쓴 분노"를 말하는 책이다.[6] 제21권과 제22권에서 막역한 친구 파트로클로스가 죽은 뒤 트로이인과 싸우기 위해 아킬레우스가 돌아오면서 이야기는 절정에 이른다. 아킬레우스는 헥토르를 죽이고 시신을 훼손한 후에야 헥토르의 아버지인 프리아모스왕을 접견한다. 프리아모스는 한밤중에 목숨을 걸고 홀로 아킬레우스의 천막을 찾아가 아들의 시신을 달라고, 아킬레우스더러 그의 아버지를 생각해서라도 자기를 불쌍히 여겨 달라고'엘레이손' 애원한다.제24권 503-5 아킬레우스는 결국 동정을 베풀어 아들 헥토르의 시신을 제대로 매장할 수 있도록 프리아모스에게 돌려준다.

그런데 헬라어 '엘레이손'연민과 '성그노메'관대한 심판에는 긍휼이나 동정심 때문에 형벌이나 심판을 덜 엄하게 한다는 의미밖에 없다. 반면 성경의 용서에 해당하는 단어 '아피에미'는 단지 처벌을 경감하는 게 아니라 법적으로 무죄를 선언하거나 빚을 탕감한다는 뜻이다. 아킬레우스가 자신과 그리스인을 해친 헥토르나 트로이인이나 그들의 왕을 용서했다는 조짐은 없다.[7]

마찬가지로 고대 그리스 철학에서도 용서는 조금도 중시되지 않았다. 아리스토텔레스가 "사면"pardon이라는 단어를 사용했지만, "악행의 이유가 누구도 견딜 수 없을 만큼 인간의 한계를 벗어나는 사정 때문"인 경우에 한해서였다.[8] 즉 고대 그리스인에게 '성그노메'pardon는 용서가 아니라 양해였다. "이것은 악이지만 내가 용서한다"가 아니라 "그 상황에서는 어쩔 수 없었겠다"라는 말이다. 양해는 행동 자체가 악했을지라도 정상을 참작해서 행위자에게 책임을 묻지 않는다. "충분히 동정할 만한 본의 아닌 잘못"이었으니 양해한다는 식이다.[9]

이것은 용서가 아니라 정상 참작이다. 아리스토텔레스는 "당신을 용서한다"가 아니라 "당신을 양해한다"라고 말한 것이다. 마태복음 6장 12절에서 예수님이 제자들에게 가르치신 기도와는 극명하게 대조된다. "우리가 …… 사하여 준 것같이 우리 죄를 사하여 주시옵고." 여기에 그분이 쓰신 단어 '아피에미'는 법적으로 무죄를 선언하거나 빚을 면제해 준다는 뜻이다. 요컨대 아리스토텔레스가 덕으로 여긴 '관용' 내지 '아량'에 정상 참작과 사면이라는 개념이 있기는 하지만, 그가 말한 것은 오늘날 우리가 말하는 용서가 아니다.

왜 용서가 무시되었을까?

그리스월드는 고전고대에 용서가 큰 미덕으로 간주되지 않은 이유를 두 가지로 꼽는다.

우선 덕인은 도덕적으로 훌륭한 사람이므로 용서받을 필요가 없다. 용서는 "모자란 사람"에게만 필요하다. 그런 사람을 덕인이 왜 용서해야 한단 말인가? 아리스토텔레스의 주장에 따르면 훌륭한 사람은 가해자를 용서할 게 아니라 경멸해야 한다. 용서하면 가해자의 비중이 너무 커진다 덕이란 "대중의 행동에 분개할 것조차 없는 높은 차원"이다.[10] 가해자가 저지른 일이 당신에게 하찮아질 때까지 그들을 멸시하라. 가해자가 덕인의 발밑에 있듯이 분개심도 그래야 한다.

여기에 명백하게 결여되어 있는 것은 도덕적 선인조차 흠 많고 부족한 죄인이라서 용서가 필요하다는 기독교적 개념이다. 그리스월드는 용서가 다음과 같은 인간관에만 어울린다고 썼다.

> 인간의 보편적 본성이 구제 불능이며 유한하고 흠투성이라는 개념을
> 강조하는 인간관이다. …… 용서가 덕이 되는 배경에는 인간 본성에 대한

특정 서사가 있다. …… 이 서사는 우리가 숙명적으로 부족하고 …… 서로 상처받기 쉽고 …… 죽을 수밖에 없으며 …… 이 사회에는 고난이 편만해 있음을 받아들인다. …… 이렇게 우리는 본질적으로 불완전하다.[11]

비슷하게 고대 그리스인에게는 만인이 인종이나 문화나 도덕성을 떠나 평등하게 존엄하다는 개념도 없었다. 그리스월드는 "이 귀족주의 체제에는 …… 인간 고유의 존엄성이라는 개념이 결여된 것 같다. …… 용서가 내포된 체제에서는 …… 서로 정중한 대우를 요구할 만한 우리의 품위를 인정한다"라고 썼다.[12]

고전 사상에서 용서가 무시된 두 번째 이유는 그리스인의 우주관 자체에 있다. 그들은 근본적으로 우주에 인격성이 없다고 보았다. 평민은 세상이 그저 운명에 지배당한다고 생각했지만, 철학자들은 우주의 배후에 로고스가 있다고 주장했다. 그들에게 로고스란 우주와 역사를 주관하는 합리적인, 그러나 비인격체인 초월 원리였다. 어느 경우든 우주는 완고해서 당연히 용서를 몰랐다. 이 우주에 별의별 신들이 다 존재하지만, 어느 학자가 그 신들에 관한 고대의 온갖 이야기와 기록을 읽고 나서 말했듯이 "그리스의 신들은 우리에게 용서를 명하지 않았을 뿐 아니라 …… 그들의 용서도 눈에 띄지 않는다. …… 그리스인에게는 조건 없이 용서하는 신이나 메시아의 본이 없었기 때문에 그들은 타인을 용서하려는 종교적 충동도 느끼지 못했다."[13]

그리스월드가 아리스토텔레스를 고찰한 후 플라톤과 스토아학
파를 살펴봤더니, 그들은 사면 개념에 대해 아예 그 정도도 주의를
기울이지 않았다. 그러니 용서에 대해서는 말할 것도 없다. 여기 한
가지 이유가 있다. 용서와 화해에는 타인의 관점에 대한 동정이 뒤
따르는데, 앞서《일리아스》에서 보았듯이 동정의 개념은 고대 문학
에는 종종 등장하지만 고대의 도덕철학에서는 무시되었다.[14] 그리
스월드의 결론처럼 고대 철학은 "완벽주의적"이었다. 즉 완벽에 가
까운 도덕성을 요구하면서 거기에 못 미치는 이들에게는 조금도 동
정을 베풀지 않았다. 그가 결론지었듯이 이런 고대 문화에서는 "용
서가 덕이 아니다. 완성된〔도덕적인〕영혼은 피해를 받거나 입힐 일
이 거의 없기 때문이다."[15]

기독교가 서구 사회에 미친 영향

처음부터 기독교의 교회는 보복 없는 용서를 강조하고 실천한다
는 점에서 눈에 띄었다. 신약학자 래리 허타도에 따르면, 기독교는
처음 3세기 동안 로마제국 내에서 가장 많이 박해받은 종교였다. 그
리스도인이 되려면 친척과 이웃에게 버림받고, 수입이나 직장을 잃
고, 괴롭힘과 폭력을 당하는 등 사회적으로 큰 대가를 치러야 했다.
정치적·사법적 대가가 뒤따를 때도 많았고, 극단적인 경우엔 처형
되기도 했다.[16] 그럼에도 불구하고 기독교는 급성장했다. 왜일까?

케네스 스콧 라두렛은 이 물음에 답하고자 많은 요인을 꼽았는데, 그중에 이런 내용도 있다.

> 다시 중요하게 상기해야 할 점은 교회는 박해자들에게 복수하려 하지 않았다는 것이다. 그 시대의 기독교 문헌에서는 신도를 색출하던 이들을 향한 앙심이나 복수심을 거의 혹은 전혀 찾아볼 수 없다. …… 우리가 아는 한 박해자들을 저주하는 기도도 드려진 바 없다.[17]

3세기의 기독교 주교 키프리아누스가 "인내의 유익에 대하여"라는 제목으로 했던 설교가 지금까지 전해져 내려온다. 그는 신자들이 만인에게 닥치는 재정적 어려움과 질병과 죽음 같은 개인적 위기뿐만 아니라, 그리스도인이라는 이유로 토지 몰수, 투옥, 칼, 짐승, 불, 처형의 위협까지 겪는다고 지적했다.[18] 그럼에도 불구하고 그리스도인은 복수해서는 안 된다. 그가 솔직하게 인정했듯이 불어닥친 박해 때문에 일부 그리스도인은 "신속한 응징이 임하기를 바란다. …… 당장의 피해가 막심해서일 수도 있고 자기를 공격하는 이들이 원망스러워서일 수도 있다."[19] 그러나 키프리아누스는 그리스도인은 복수하지 않으며, 그럴 필요도 없다고 말한다.

그리스도인이 그래서는 안 되는 이유는 예수님이 원수를 사랑하고 한쪽 뺨을 맞으면 다른 뺨도 돌려 대라고 가르치셨으며 스스로 본을 보이셨기 때문이다. 그런데 키프리아누스는 아주 인상 깊은 말을 덧붙였다. 그리스도인이 "굳게 참고 견디며 최종 복수의 날을 기다려야" 한다는 것이다.[20] 예수님은 처음에는 이 땅에 고난당하는 종으로 오셨고, 그런 주님을 우리도 뒤따라야 한다. 그러나 재림 때는 그분이 재판장으로 오셔서 모든 악을 바로잡으실 것이므로, 우리는 소망으로 인내하며 그 날을 기다려야 한다.

이 설교에서 주목할 만한 부분은 그리스도인에게 복수하지 말고 인내하며 원수를 사랑하라고 촉구하면서도, 그리스도인을 상대로 자행된 불의를 축소하지는 않는다는 것이다.

기독교가 서구 문화에 미친 영향을 이해하기 위해, 플로리다대학교에서 가르친 영국사 학자 C. 존 소머빌이 학생들에게 설명한 내용을 같이 숙고해 보자. 그는 이렇게 설명했다. "영국의 앵글로색슨족은 기독교를 받아들일 때 …… 자신들이 무엇을 받아들이는지를" 몰랐다. 과거의 그리스인과 로마인처럼 "(그들이) 으레 자명하게 여긴 …… 가치는 …… 명예의 개념이었다." 즉 힘을 보이되 때로는 무자비한 힘까지 휘둘러서 "타인의 존중을 얻어 내고 주장한다는 뜻이다."[21] 사회적으로 더 높은 명예를 얻어 낸 사람은 존중받을 자격이 있었지만, 노예나 여자 등 사회적 명예가 없는 사람은 그렇지 않았다. 반면 유럽의 여러 이교 부족을 그리스도께로 인도한 기독교 선교사들에게 분명한 가치는 섬김과 용서와 "남을 최대한 잘되게 한다는 뜻의 자비"였고, 이런 가치의 근거는 모든 인간이 하나님의 형상대로 창조되었기에 존엄하며 마땅히 이웃으로 사랑받아야 한다는 개념에 있었다.

개개인의 존엄성을 인정하는 문화의 시작

소머빌은 학생들에게 그 차이점을 보여 주려고 이렇게 주문했다. 캄캄한 밤길에 힘없는 노파가 옆구리에 큼직한 가방을 끼고 당신 쪽으로 오고 있다고 상상해 보자. 당신이 가방을 낚아채서 그 안에 있는 것을 전부 가져가도 분명히 노파는 당신의 얼굴조차 볼 수 없다. 처벌받을 가능성이 전혀 없다는 뜻이다. 당신이라면 그 일을 저지르겠는가?

고대 앵글로색슨족의 전사라면 하지 않을 것이다. 체면상 불가능하다. 당시 노인은 나이만으로 존중받을 자격이 있었고, 무엇보다 여자를 상대로 강도짓을 한다는 것은 스스로 보기에도 명예를 더럽히는 짓이었다. 게다가 행여 누가 보기라도 한다면 그들 앞에서도 명예를 잃는다. 소머빌은 당신이 앵글로색슨족이라면 "당신은 전적으로 자신과 자신의 명예나 평판을 생각할 뿐, 왜소한 노파를 생각하지 않는다"라고 해설한다.[22]

하지만 당신이 만일 이렇게 생각한다면 그때는 어떨까? '강도가 덮친다면 할머니는 얼마나 무섭고 속수무책이며 마음에 충격을 받을까?' 또 당신은 그녀의 돈에 다른 사람들의 생계가 달려 있을 수 있음을 인식한다. 노인의 가방을 훔치면 그들까지 고생할 수도 있기에 당신은 강도짓을 하지 않는다. 이유가 무엇인가? "타인을 배려해 최대한 잘되게 하고 싶어서다."[23] 수치와 명예의 문화의 윤리 체계는 자기를 존중하고 자아를 실현하는 윤리지만, 기독교 신념에 기초한 윤리 체계는 "타인을 존중하는" 윤리다. 상대의 유익을 도모하되 나를 위해서가 아니라 상대를 위해서 그렇게 한다.

자아실현의 문화에서는 당연히 용서가 거의 무의미하다. 피해를 입었으면 가해자에게 복수하고 망신을 주어야만 자신의 명예가 회복될 수 있기 때문이다. 소머빌이 밝혔듯이 "명예에서 중시되는 것은 겸손 대신 자존심, 섬김 대신 지배, …… 수수함 대신 공명심, 모든 사람을 존중하는 마음 대신 (소속 부족과 계파를 향한) 충절, 평등 대신 친구에게(만) 베푸는 관용", 용서 대신 복수다.

그러나 기독교 세계관의 용서는 내면이 약하다는 표시가 아니라, 오히려 도덕적으로 가장 고결하고 강하다는 표시다. 소머빌은 덧붙이기를, 칠판에 '이교의 명예 문화'와 '기독교의 존엄성 문화'라는 대조적 가치를 제시할 때마다 학생들이 기독교가 자신의 도덕 성향에 얼마나 깊은 영향을 주었는지를 즉각 깨닫는다고 했다. 설령 그들이 기독교 교리와 신앙을 거부하더라도 말이다.[24]

그러나 언뜻 봐도 알 수 있듯이 서구 사회는 결코 철저한 기독교 문화로 변모하지는 않았다. 앵글로색슨족에게 용서 개념은 그 자체로 위험해 보였다. 분명히 사회 질서의 기초는 힘을 존중하는 데 있었다. 다른 사람에게 피해를 입히면 추격과 복수를 당한다는 것쯤은 누구나 알아야 하는 개념이 아니던가? 이렇듯 서구 국가들은 기독교의 영향력을 제한적으로만 허용했다. "그들은 하나님의 명예를 보호한다는 명분으로 기독교를 비틀어 십자군을 정당화했다. 중세의 노동 분업을 보면 자선과 관계된 덕목은 모두 여자와 노예와 수도사가 전담했다."[25] 또 다른 예로 수치와 명예의 문화의 명백한 잔재인 결투는 19세기 초가 되어서야 근절되었다.[26]

그럼에도 불구하고 기독교의 사랑 윤리는 혁명적 사상이었고, 이에 힘입어 유럽은 아주 느리고 불완전하게나마 모든 개인의 평등한 존엄성과 권리를 공언하는 최초의 문화가 되었다. 집단을 앞세워 계층과 가문이 '높을수록' 더 큰 지위를 부여하던 수치와 명예의 문화와는 대조적이다. 명예의 문화에서는 각 개인이 자신이 명예를 얻어 내야 하며, 그렇지 않으면 멸시당했다. 그러나 기독교의 영향을 입은 문화에서는 모든 개인에게 존엄성이 있으므로 굳이 존엄성을 얻어 내기 위해 애쓸 필요가 없었다. 존엄성 문화에서는 분쟁을 해결할 때도 직접 공격해서 폭력을 행사하는 것이 아니라 법원이나 행정 관청에 맡겼다.

결국 한나 아렌트의 말이 옳았다. 그녀는 주장하기를 비록 예수가 용서를 "종교적 정황에서" 말했더라도 "세속적 정황에서" 용서를 심각하게 취급하지 않을 이유는 없다고 했다.[27] 그런데 니콜라스 월터스토프는 아렌트의 권고에 중요한 경고를 서둘러 덧붙인다.

그러나 여태 보았듯이 …… 용서가 깃들 수 없는 사고의 틀도 여전히 많다. 용서가 세상에 들어올 때, 하나님과 인간의 가치를 인정하는 것과 …… 권리와 의무와 죄책을 인정하는 것도 함께 딸려 왔다. 이런 것을 인정하지 않는 곳에서는 용서가 불가능하다.[28]

오늘날 벌어지고 있는 일이 그것일까? 그렇게 생각하는 사람이 많다.

용서의 끈질긴 생명력

우리 문화에서 용서의 개념이 그냥 사라져 버릴 수 있을까? 사랑과 자비 대신 정의와 명예를 새롭게 강조하는 달라진 현실 앞에서 말이다. 나는 그럴 리 없다고 생각한다. 이 사회에서 용서의 신학적·문화적 자원은 줄어들고 있지만, 그렇다고 용서가 사라지지는 않을 것이다. 하나님과의 수직적 관계를 배제하는 세속 문화에도 용서의 중요성과 위력에 대한 인간의 직관은 강하게 남아 있다. 그 직관이 전도서 3장의 신기하고 놀라운 짤막한 본문에 설명되어 있다. 그것은 "영원을 사모하는 마음"에서 비롯한다.

하나님이 인생들에게 노고를 주사 애쓰게 하신 것을 내가 보았노라

하나님이 모든 것을 지으시되 때를 따라 아름답게 하셨고 또

사람들에게는 영원을 사모하는 마음을 주셨느니라 그러나 하나님이
하시는 일의 시종을 사람으로 측량할 수 없게 하셨도다.

전도서 3장 10-11절

여기 "영원"으로 번역된 원문 히브리어는 끝이 없거나 시간을 초
월한다는 뜻이다. 시간 너머에 존재하는 실재를 우리가 느끼고 동
경한다는 의미다. 우리는 이별 없는 삶과 사랑, 악에 대한 최종 승리
등 이 세상이 줄 수 없는 많은 것들을 동경한다. "시간 속에 매몰되
어 있는 동물들과 달리 우리는 어떻게든 〔삶의 사건과 사실을〕 전체적
인 정황에서 보려 한다. 〔어쩔 수 없이〕 영원을 어렴풋하게나마 알기
때문이다."²⁹ 이 세상이 전부라면, 또 자연이 늘 약육강식의 법칙에
불과했다면 왜 악이 우리에게 조금이라도 거슬리겠는가? 왜 우리는
절대 도덕이란 존재할 수 없다고 되뇌면서도 그것의 실재를 절감하
는가? 왜 다른 사람이 절대 도덕을 어길 때는 벌을 받아 마땅하다고
느끼면서 자신이 어길 때는 용서를 바라는가?

전도서의 답은 우리가 하나님과 영원을 아는 지식에서 벗어날
수 없다는 것이다. 머리로는 "해 아래"의 세상 말고는 아무것도 없다
고 부정할 수 있다. 말로는 삶의 의미도 없고, 절대 도덕도 없고, 영
혼도 없다고 얼마든지 주장할 수 있다. 하지만 우리는 그렇게 살 수
없다. 마음속 깊은 곳에서 우리는 결코 "해 아래"의 삶이 전부라고
믿지 않는다.

흔히들 지적하듯이 모차르트 오페라의 중심 주제 중 하나는 용서다. 〈후궁 탈출Abduction from the Seraglio〉의 두 남자는 각자 자기 연인을 제후의 궁에서 구해 내려다 체포된다. 경찰서장은 그들을 기어이 벌하려 하지만, 파샤[터키의 제후]가 너그럽게 둘을 사면한다. 〈이도메네오Idomeneo〉에서는 바다의 넵튠이 막판에 주인공들에게 용서를 베푼다. 〈여자는 다 그래Così fan tutti〉의 두 여자도 자신의 약혼자에게 정절을 어기지만 용서받는다. 그러나 모차르트가 묘사한 용서 가운데 가장 잘 알려진 대목은 단연 〈피가로의 결혼The Marriage of Figaro〉의 결말부다.

하인 피가로는 하녀 수잔나와 약혼한 사이다. 둘은 함께 알마비바 백작과 로지나 백작 부인 밑에서 일한다. 백작은 역정을 잘 내는 불행한 남자인데, 수잔나에게 마음이 끌린다. 백작 부인은 하녀에게 접근하는 남편을 보며 슬퍼한다.

마지막 막에서 수잔나와 백작 부인은 서로 옷을 바꿔 입는다. 백작을 속여 다시 부인과 사랑에 빠지게 하려는 속셈에서다. 백작은 수잔나에게 구애를 펼치는데, 사실은 자신의 아내다. 그러다 백작은 피가로와 백작 부인사실은 수잔나의 밀회를 보고 격노한다. 그들 둘이 함께 용서를 구하지만, 백작은 뿌리친다.

결국 백작은 수잔나사실은 백작 부인가 끼고 있는 반지를 보고 자기가 아내를 유혹하려 했음을 알아차린다. 불현듯 다른 사람들의 눈으로 자신을 본 그는 자신의 행동이 얼마나 해롭고 악한지를 깨닫는다. 그래서 괴로워하며 아내를 일으켜 세운 뒤 그 앞에 무릎을 꿇는다. 이제 그는 합리화와 자기 연민을 다 버렸고, 더는 자신의 행위를 남 탓으로 돌리지도 않는다. 그가 "부인, 용서하시오!"라는 뜻의 〈콘테사, 페르도노Contessa, perdono〉를 노래하자 백작 부인은 "예"라고 화답하고, 주위 모든 사람은 "이제 우리 모두 행복하리라!"라고 합창한다.

그러나 이 장면이 그토록 유명해진 것은 음악 자체 때문이다. 긴 세월 청중들이 느껴 왔듯이 왠지 이 음악은 아름답고 기억에 남을 뿐 아니라 용서의 독특한 감미로움과 아름다움을 전달해 준다. 새 출발, 억눌린 마음의 해소, 관계의 재창조, 정체성의 변화 등을 가능하게 하는 용서의 초자연적인 위력을 담고 있다. 그래서 참회하는 마음으로 들으면 이 음악이 일종의 사면을 가져다준다고 고백하는 이도 많다. 이 백작 또한 아내의 용서한다는 말을 듣고는 마침내 내면의 어둠이 걷힌다.

하지만 용서의 수직적 또는 초월적 차원을 부정하는 세속의 관점에서 보면, 이 장면과 음악의 위력을 도무지 설명할 수 없다. 이언 파워도 백작의 아리아 〈콘테사, 페르도노〉에 대한 글을 쓰면서 똑같이 느꼈다. "모차르트의 이 곡은 말이 안 되는 수준을 넘어 어쩌면 악하기까지 한데, 왜 나를 울리는 걸까?"[30]

볼티모어대학교에서 음악을 가르치는 파워는 피가로 이야기가 계층을 지어 압제를 일삼던 노예사회의 산물이라고 썼다. 이 오페라는 지독히도 불공정한 사회상을 하나도 질타하지 않고 오히려 경축하고 지지한다. 게다가 귀족에게 타인의 도덕을 심판하고 용서할 권한이 있다는 개념은 그 자체가 이미 전통적인 압제 구조의 일부다. 그런데 파워의 이런 생각과는 모순되게 이 장면에서 그는 이루 말할 수 없는 감동을 느꼈다.

> 내게 문제가 되는 것은 마지막 장면이 정말 말이 안 된다는 것이다. ……
> 이 부유한 개X식은 열심히 바람을 피우려다 고작 실패한 것 때문에
> 부인에게 사과하고, 부인은 자신이 더 훌륭한 사람이니 다 괜찮다고
> 대답하고, 주위의 무리는 20분 동안 "이제 잊어버리자"라고 노래한다.
> 그런데 이 따위 노래가 왜 나를 울리느냐는 것이다.

파워는 혹시 음악 자체가 워낙 훌륭하고 정교해서 감정을 직접 건드리는 게 아닐까 자문해 본다. "가슴이 미어질 정도로 단순한 3부 화음 때문일까? 마음을 홀리는 리듬 때문일까? 서서히 눈에 들어오는 숲속의 나뭇잎처럼 밀회의 분위기 속에 슬그머니 끼어드는 합창 때문일까? 최대한 드러나지 않게 화성을 바꾸는 현악기 때문일까?"

하지만 파워는 이런 답을 완전히 거부한다. "아무런 정황도 없이 감정에 영향을 미치는 힘, 나는 음악에 그런 힘은 없다고 본다. …… 틀림없이 가사의 의미 중에 뭔가 내게 와닿는 부분이 있을 것이다."

우리가 음악에 "슬프다, 행복하다, 신중하다, 달콤쌉쌀하다"와 같은 수식어를 붙이는 것은 음악을 삶의 실제 경험과 연결시키기 때문이다. 음악이 유의미한 이유도 인간의 경험에 특별한 의미가 있기 때문이다.

그런데 파워의 생각처럼 만일 이 장면의 연기가 "그 문화를 지탱하던 노예제도와 공포 심리"의 단면이요, 단지 "봉건적 압제를 떠받칠" 뿐이라면, 그런 연기가 그를 감동시킨 이유는 무엇일까?

결국 그는 이렇게 말할 수 밖에 없었다. "감정을 고찰할 때는 그것이 '실재여야 하는지' 여부와 무관하게 실재라고 전제해야 한다." 어떤 면에서 파워는 연극이자 영화인 〈아마데우스*Amadeus*〉에 나오는 인물 살리에리의 뒤를 잇고 있다. 살리에리는 모차르트를 미워하면서도 이 곡에 경탄했다.

> 나는 극장 가득히 울려 퍼지는 참된 용서의 음악을 들었다. 그
> 음악은 객석에 앉아 있던 모든 사람에게 온전한 사면을 베풀었다.
> 이 작은 사람을 통해 하나님이 온 세상을 향해 노래하고 계셨다.
> 불가항력이었다.[31]

예일대학교의 사회학자 필립 고르스키의 말처럼, 매사에 유물론적 원인이 있어야만 한다는 세속의 전제는 도덕을 진화생물학의 산물이나 문화의 구성이라는 개념으로 전락시킨다. 둘 다 늘 권력 계

층을 떠받치기 위해 존재한다. 둘 중 어느 경우든 도덕은 상대적이며, 절대 도덕은 없다.[32] 이런 세계관에서는 자백과 용서가 늘 허구로 치부된다. '무엇이 죄인지를 누가 정하는가? 내가 원해서 하는 일에 왜 죄책감을 느껴야 하는가? 당신이 대체 누구이기에 내가 용서받았는지 아닌지를 선언하는가?'

〈콘테사, 페르도노〉 속의 용서 행위가 "말이 안 되다 못해 어쩌면 악하기까지" 하다는 이언 파워의 판단은 그의 세계관과 지적으로 일치했다. 그런데도 그는 그 행위가 훌륭하다는 느낌을 떨칠 수 없었다. 레너드 번스타인이 기독교 신앙이 없음에도 베토벤의 음악을 들으며 "천국"과 "하나님"이 실재라고 느꼈듯이[33] 파워도 모차르트의 음악을 들으며 용서가 실재라고 느꼈다.

과연 용서는 실재다.

4 용서의 원천

성경, '용서의 원리와 실제'가 살아 숨 쉬는 교본

여호와께서 그의 앞으로 지나시며 선포하시되
여호와라 여호와라 자비롭고 은혜롭고
노하기를 더디 하고
인자와 진실이 많은 하나님이라
인자를 천대까지 베풀며
악과 과실과 죄를 용서하리라
그러나 벌을 면제하지는 아니하고
아버지의 악행을 자손 삼사 대까지 보응하리라.
— 출애굽기 34장 6-7절

용서를 되찾으려면 먼저 용서의 근원으로 가야 한다. 한나 아렌트의 말처럼 그 원천은 성경 전반에 걸쳐 있으며, 특히 예수님의 가르침이다. 사실 용서는 기독교의 핵심 메시지이며, 성경 전체에 배어 있다고 말할 수 있다.

성경에 그 단어가 그리 많이 나오지 않는다?

성경이 용서를 강조하지 않는다고 주장하는 비평가들이 있다. 한 작가는 "문제는 신약성경에 '용서'forgiveness가 별로 언급되지 않는다는 것이다. 용서가 기독교의 핵심이라는 신학자들의 주장을 감안하면 이는 뜻밖이다"라고 썼다.[1] 하버드대학의 성경학자 크리스터 스텐달은 용서에 해당하는 가장 보편적인 헬라어 '아페시스'와 '아피에미'가 바울 서신에 "유난히 없다"라고 말했다.[2] 이런 주장은 모두 용서가 사회 통념과 달리 성경에 그다지 등장하지 않는다는 수정주의 사상을 퍼뜨리기 위한 것이다.

그러나 용서를 뜻하는 어휘 중 하나가 본문에 없다고 해서 용서 개념이 부재하다는 뜻은 아니다. 오히려 바울이 그 단어를 쓸 때는 그것이 자신의 신학 사상 전체에 얼마나 중요한지를 보여 준다. 예컨대 골로새서 1장 14절에서는 그리스도께서 우리를 위해 이루신 일과 우리에게 베푸신 것의 정수가 그 단어로 요약된다. 그분은 우리를 흑암에서 건져 내 하나님 나라로 옮기셨는데, 이것은 모두 우리에게 "죄 사함"을 베푸시기 위해서다.

복음서에서 예수님은 자신이 죄를 용서하실 수 있다고 선언하시는데, 엄청난 논란을 불러일으킨 이 선언은 자신이 하나님이라는 예수님의 주장에서 빼놓을 수 없는 부분이다. ^{마 9:2-6; 막 2:7-10} 또 그분은 우리가 "죄 사함"을 얻게 하려고 자신이 피를 흘린다고 말씀하셨다. ^{마 26:28} 앞서 보았듯이 다른 사람을 용서하는 것은 주기도문에서 예수님이 유일하게 반복하고 힘주어 강조하신 대목이다. ^{마 6:14-15}

이렇듯 단어가 쓰인 횟수와 관계없이 용서라는 개념은 성경^{신구약} 전체의 의미와 그리스도인의 신앙에서 핵심에 해당한다.

구약성경에 용서의 의미로 쓰인 히브리어 어근은 세 가지다. 하나는〔כפר〕 죄를 덮는다는 뜻으로, 으레 동물 제사와 연관되어 쓰였다. 다른 하나는〔נשׂא〕 사면하거나 남 탓을 그만둔다는 뜻이며, 이 역시 제사와 연관되어 있다. 걷어 내거나 치워 버린다는 뜻의 또 다른 어근은〔רחק〕 죄를 우리에게서 멀리 옮긴다는 은유적 표현이다. ^{시 103:12} 이 마지막 어근은 하나님의 용서만이 아니라 인간의 용서를 표현할 때도 쓰였다. ^{삼상 25:28; 창 50:17}

요컨대 용서의 개념은 특정한 단어가 쓰이지 않을 때도 성경에 자주 등장한다. 주의 깊게 읽으면 창세기의 거의 모든 주요 본문에서 용서를 찾아볼 수 있다.

모세오경에 나타난 용서

창세기 2장 17절에서 아담과 하와는 선악을 알게 하는 나무의 열매를 먹는 "날에는", 즉 그날로 "반드시 죽으리라"라는 말씀을 들었다. 그런데 실제로 열매를 먹고도 계속 살아 있었다. 아우구스티누스는 그것을 이렇게 설명했다.

> 〔창세기 2장 17절에서〕하나님이 인간에게 선고하신 죽음이 몸의 죽음인지 영적 죽음인지 둘째 사망인지 묻는다면 답은 전부다. 그분이 생각하신 것은 영혼이 하나님을 잃는 첫째 …… 사망만도 아니고, 다 끝난 뒤의 영원한 둘째 …… 사망만도 아니라 …… 전부였다. [3]

아담과 하와는 하나님과의 관계를 잃고 아우구스티누스가 말한 "영적 죽음"을 맞이했다. 하나님에게서 소외되고 나무 사이에 숨었다 서로에게서 소외되었다. 무화과나무 잎으로 가렸다 그러나 그들이 죄를 짓던 날, 하나님은 아담과 하와에게 "몸의 죽음"과 "영원한 사망"의 벌은 내리지 않으셨다. 그분이 정하신 대로라면 아담과 하와는 마땅히 그 모든 벌까지도 당해야 하는데 말이다. 왜 그러셨을까? 바로 이것이 하나님의 은혜와 자비다. 그분의 이 두 가지 속성은 모든 용서의 근간이 된다.

가인이 동생 아벨을 죽인 뒤에도 똑같은 일이 벌어진다. 가인은 죄를 회개하기는커녕 이제 사람들이 자기를 만나면 죗값을 물어 자기를 죽일 거라고 하나님께 불평한다. ^{창 4:13-14} 놀랍게도 하나님은 가인에게 "표" 내지 문신^{"낙인이 아닌 안전 통행증"4}을 주셨고, 덕분에 그는 미지의 방식으로 보호받아 천수를 누린다. 한 주석가의 말처럼 "이는 회개하지 않은 사람이 누릴 수 있는 자비의 극치다."⁵

아브라함의 믿음을 하나님이 "그의 의로 여기"셨다는 말씀^{창 15:6}은 그의 죄가 온전히 사함을 받았다는 뜻이다. 이 창세기 본문에도 '용서'라는 단어가 명시되지는 않지만, 바울은 로마서 4장 1-16절에서 이 사실을 분명하게 밝혔다.

노아 홍수 이야기는 언뜻 보면 하나님이 죄를 심판하시는 기사로만 보인다. 그러나 본문을 살펴보면 하나님이 홍수 이전에 "사람의 죄악이 세상에 가득" 참을 보시고 "마음 아파하셨다"고 되어 있다. ^{창 6:5-6, 새번역} "마음 아파하셨다"로 번역된 히브리어는 분노와 슬픔이 결합된 상태를 가리킨다. 성경의 서두에서부터 우리는 하나님이 죄를 어떻게 보시는지에 대해 놀라운 통찰을 얻을 수 있다.

분노하시거나 슬퍼하시는 것 둘 중 하나만 하나님의 모습이 아닌 까닭은 그분의 성품이 거룩하심이나 자비로우심 둘 중 하나만이 아니기 때문이다. 그분은 모든 것을 뒤틀어 변질시키는 죄 자체에는 분노하시지만, 동시에 하나님이 사랑하시는 창조세계와 인류에게 미치는 죄의 악영향에는 애통해하신다. 우리가 여기서 중요하게 알아야 할 게 있다. 성경에 죄가 여러 방식으로 묘사되지만, 죄는 특히 하나님을 마음 아프게 한다. 데렉 키드너는 창세기 6장 6절을 보며 "이미 하나님은 인간 때문에 고통당하신다"라고 아주 예리하게 짚어 냈다. 이 구절을 장차 그분이 우리 죄 때문에 십자가에서 자진해서 당하실 고난의 전조로 본 것이다.[6]

죄는 하나님을 격노하시게 할 뿐 아니라 마음 아프게 하기 때문에 우리는 그분의 양면적인 모습을 볼 수 있다. 그분은 악과 불의를 벌하실 수밖에 없지만, 또한 자신의 사람들이 타락했음에도 여전히 그들을 사랑하신다. 하나님의 거룩하심과 사랑 사이에는 분명 긴장이 있다. 그분은 죄를 벌하셔야 하지만, 죄인을 구원하기 원하신다. 바로 이 긴장이 하나님이 용서를 뜻하시고 이루시고 우리에게 베푸시는 근거다. 이 긴장은 정의와 자비를 똑같이 존중한다.

죄가 하나님을 마음 아프게 한다는 개념에는 삶과 습관의 변화를 원하는 이들을 위한 심오한 실제적 의미도 담겨 있다. "내가 이 습관을 끊어야 하는 이유는 그게 나를 고생시키기 때문이다"라고 말한다면, 당신이 정말 슬퍼하는 것은 죄 자체가 아니라 죄의 대가와 결과다. 당신이 후회하는 가장 큰 이유는 하나님을 마음 아프게 해서가 아니라 자신이나 다른 사람을 아프게 해서다. 그렇다면 습관적인 죄가 더는 고생을 야기하지 않으면 그때부터 당신은 그 죄를 문제 삼지 않을 것이다. 하지만 당신이 자기 죄가 하나님께 미치는 영향을 인식하고 사무치게 느낀다면, 당신은 더 깊고 영속적인 동기로 죄 자체에서 돌아설 것이다.

성경 전체에서 용서가 처음 명시된 곳은 창세기의 요셉 이야기다. 요셉을 노예로 팔았던 형들은 그에게 용서를 구한다. 창 50:17 여기에 쓰인 히브리어 '나사'는 죄를 멀리 보내서 용서한 사람이 가해자에게 더는 그 죄를 문제 삼지 않는다는 뜻이다. 명확하게 "용서합니다"라고 말하지는 않지만, 요셉은 복수하지 않는다. 그리고 형들을 사랑할 것을 약속하는데, 이는 용서의 매우 중요한 요소다.

창세기를 벗어나면 용서의 개념이 더 자주 언급된다. 모세는 백성을 위해 하나님께 용서해 달라고 기도로 간구하고 용서받는다. 출 32:32; 34:9; 민 14:19-20 가장 확실한 예는 성막의 예배 제도 전체가 하나님이 용서를 베풀기 위해 제정되었다는 것이다. 동물 제사도 죄 사함을 위한 것이다. 레 4:20, 26, 31, 35; 5:10, 13, 16, 18; 민 15:25, 26, 28 성막을 대신할 성전을 건축한 솔로몬은 하나님께 이 성전을 통해 백성의 기도를 들으시고 그들을 용서해 달라고 기도한다. 솔로몬의 기도와 그가 이해한 성전의 개념에 용서라는 주제가 분명하게 드러난다. 왕상 8:30, 34, 36, 39, 50; 대하 6:21, 25, 27, 30, 39 이렇듯 구약의 모든 예배의 핵심에 용서가 있다. 용서가 없다면 하나님과의 관계도 있을 수 없다.

시편에 나타난 용서

구약성경에서 하나님의 용서의 특성과 하나님께 용서받는 방법이 가장 잘 표현되어 있는 곳은 시편일 것이다. 시편 6, 32, 38, 51, 102, 130, 143편 같은 이른바 참회의 시에는 하나님께 용서받고자

할 때 회개하며 나아가는 법이 기록되어 있다. 그러나 사죄의 부르짖음은 이런 자백의 시에만 국한되지 않고, 성경의 기도서인 시편 전체에 산재해 있다. 시 19:12; 25:11, 18; 65:3; 78:38; 85:2; 99:8; 103:3

한 예로 참회의 시인 시편 130편을 보자.

> 여호와여 내가 깊은 곳에서 주께 부르짖었나이다 주여 내 소리를 들으시며 나의 〔자비를, ESV〕 부르짖는 소리에 귀를 기울이소서 여호와여 주께서 죄악을 지켜보실진대 주여 누가 서리이까 그러나 사유하심이 주께 있음은 주를 경외하게 하심이니이다 나 곧 내 영혼은 여호와를 기다리며 나는 주의 말씀을 바라는도다 파수꾼이 아침을 기다림보다 내 영혼이 주를 더 기다리나니 참으로 파수꾼이 아침을 기다림보다 더하도다 이스라엘아 여호와를 바랄지어다 여호와께서는 인자하심과 풍성한 속량이 있음이라 그가 이스라엘을 그〔들〕의 모든 죄악에서 속량하시리로다.

"깊은 곳"이라는 은유는 사람이 바다나 웅덩이에 깊이 빠져 허우적거리는 모습에서 착안한 것이다. 이 깊은 곳은 어디일까? 답은 3절에서 밝혀지지만, "자비를 부르짖는 소리"라는 시편 기자의 말에 이미 실마리가 들어 있다. 흔히 깊은 웅덩이에 빠진 사람이 부르짖는 것은 자비가 아니라 구조해 달라는 것이다. 그러므로 이 깊은 곳은 죄책감과 수치심을 가리킨다. 시편 기자는 "사유하심" 즉 용서를 구한다.⁴절 이 기도 전체는 우리에게 용서를 보는 구약성경의 관점 몇 가지를 가르쳐 준다.

우선 이 기도는 용서가 모든 사람에게 필요하다는 사실을 가르쳐 준다. 시편 기자는 주께서 "죄악을 지켜보실진대", 즉 우리의 죄와 악을 다 기억하실진대 "누가 서리이까"라고 반어적으로 여쭙는다. 물론 답은 아무도 서지 못한다는 것이다. 이 구절을 시편 1편 5절, 5편 5절과 비교해 보라. '서다'라는 표현의 영적인 의미는 하나님께 온전히 받아들여지거나 '심판'을 견딘다는 뜻이다. 따라서 이 가르침은 단지 모든 사람이 죄인이라는 게 아니다. 그 사실이야말로 누구에게든 새로울 게 없다.

이 가르침은, 그래서 모든 사람이 영적으로 하나님에게서 소외되어 있다는 뜻이다. 거룩하신 하나님의 존전에 설 만큼 선한 사람은 아무도 없다. 바울도 "의인은 없나니 하나도 없으며"롬 3:10라고 가르칠 때 시편 14편 2-3절의 다윗의 말을 인용했다. "여호와께서 하늘에서 인생을 굽어살피사 지각이 있어 하나님을 찾는 자가 있는가 보려 하신즉 다 치우쳐 …… 선을 행하는 자가 없으니 하나도 없도다." 로마서 3장 10-18절에서 바울은 시편 130편을 인용해서 세상이 천국에 갈 만한 '선인'과 그렇지 못한 '악인'으로 나뉘지 않음을 논증한다. 모든 사람이 하나님께 잃어버린 존재가 되었다. 심판 날의 시험에 통과할 만큼 기본적으로 선하고 단정한 사람은 아무도 없다. 우리의 죄 때문에 아무도 "서지" 못한다.

또 이 시는 용서의 난점을 가르쳐 준다. 용서가 어려운 이유는 죄가 기록책임이나 의무의 잔재을 남기기 때문이다. 예컨대 누가 당신의 물건을 훔쳤거나 당신에게 막심한 피해를 입혔다가 잡힌다면, 그는 "그건 지난주에 있었던 일입니다. 다 과거지사란 말입니다"라고 말할지 모른다. 그러나 당신에게는 그 죄가 유발한 부채나 책임이나 의무가 시간이 지나도 소멸되지 않고 여전히 유효하다는 게 피부로 느껴질 것이다. 가해자가 당신에게 진 빚은 현재 진행형이다. 죄는 그냥 공중으로 증발하지 않고 기록을 남긴다. 그래서 시편 기자는 우리 죄가 하나님께도 기록을 남겨 우리가 심판 날에 "죗값을 치러야" 한다고 말한다. 그때 우리는 모두 유죄로 판결 나 구원을 잃을 것이다. 누적된 죗값의 상환 만기일이 되어 모두 멸망할 것이다.

이 시는 하나님의 용서가 확실한 사실임을 가르쳐 준다. 시편 기자는 '사유하심이 주께 혹 있을까 함은'이라 하지 않고 "사유하심이 주께 있음은"이라고 말한다. "죄의 기록이 모든 사람을 정죄하겠으나 그래도 주께서 용서할 길을 내십니다"라는 말과 같다. 그런데 이 사실이 그에게는 경이롭기만 하다! 하나님의 용서가 이해할 수 없는 충격으로 다가온 것이다. 하나님이 어떻게 속량을 이루시는지가 시편 기자에게는 완전히 수수께끼다.

하지만 십자가에서 죽으신 그리스도를 아는 우리에게는 그렇지 않다. 롬 3:25-26 한 구약학자는 이렇게 썼다. "여기서 우리는 그 시대에 속죄의 확신이 전반적으로 얼마나 미미했는지를 볼 수 있다. 그리스도인이라면 느슨한 결산을 〔바라기〕보다는 온전한 속량에 의지했을 것이다. 시 종결부에서 기자도 그렇게 하긴 하지만 …… 속량의 근거는 그에게 아직 밝혀지지 않았다."[7]

이 구절은 하나님의 용서가 이루어 내는 내적 결과에 대해서도 일부 가르쳐 준다. 용서와 사면과 은혜가 주님을 더욱 "경외하게"두려워하게 한다는 시편 기자의 말이 눈길을 끈다. 이 말은 무슨 뜻일까? 주를 경외함은 구약성경에서 경건한 성품을 묘사할 때 사용되는 가장 기본 개념 중 하나다. 하나님은 욥을 칭찬하실 때 "네가 내 종 욥을 주의하여 보았느냐 그와 같이 …… 하나님을 경외하며〔fear, NIV〕악에서 떠난 자는 세상에 없느니라"라고 말씀하신다. 욥 1:8 현대의 독자들은 성경에 되풀이되는 이 표현을 보면 대체로 무서워서 벌벌 떠는 사람을 떠올리곤 한다. 그만큼 이 단어는 기본적으로 부정 의미로 해석된다. 하지만 이 구절에는 그 의미가 새롭게 밝혀져 있다.

물론 잠언 28장 14절"항상 경외하는 자는 복되거니와"과 시편 19편 9절"여호와를 경외하는 도는 정결하여 영원까지 이르고" 등 다른 구절에도 그 의미가 표현되어 있다. 다만 주님을 경외한다는 것의 참뜻을 가장 확실히 보여 주는 곳은 바로 이 구절이다.

물론 "경외하다"라는 단어에서 적어도 뭔가에 압도되어 겸허해진다는 의미를 빼놓을 수는 없다. 하지만 알고 보면 주님을 경외한다는 것은 단지 무서워하는 게 아니다. "굽실거리는 두려움은 용서받고 나서 더 커지지 않고 오히려 줄었을 것이다. …… 구약성경에서 '주를 경외함'의 참뜻은 …… 관계를 암시한다."[8] 그래서 이 단어는 "위대하신 초월자 하나님을 향해 품는 즐거운 외경과 경이"라고 정의하는 것이 가장 좋다. 하나님을 경외한다는 것은 그분의 성품과 행하심에 깊은 영향을 받는다는 뜻이다.

특히 흥미로운 것은 이 경외가 역설적이라는 사실이다. 은혜와 용서와 사랑을 더 많이 경험할수록 우리는 자신에게서 더 벗어나며, 그제야 비로소 경탄과 경이에 젖어 하나님 앞에 엎드려 위대하신 그분께 복종한다. 자신이 용서받았음을 진실로 깨달으면 대충 살거나 독자적으로 행세하지 않고 그분의 주권에 공손히 순복하게 된다. 물론 시편 기자의 즐거운 경외는 십자가의 용서를 아는 오늘날의 우리만큼 클 수는 없었다.

존 뉴턴은 그것을 이렇게 표현했다.

다 함께 놀라며 사랑하고
구주의 이름을 찬송하세.
율법의 뇌성을 잠재우고
시내산 불꽃을 끄신 주님
그 피로 우리를 씻으시어
하나님 곁으로 이끄셨네.

은혜와 정의가 한데 만나

자비로 향하니 놀랍도다.

주 은혜 믿는 자 모두에게

정의의 요구를 이루신 주

그 피로 우리를 씻으시어

하나님 자녀로 삼으셨네.

하나님의 용서는 자신감과 겸손이라는 역설적 결과를 낳는다. 받을 자격이 없는 사랑을 받았으니 우리는 한편으로 한없이 높아지면서, 또한 하나님을 향한 경외심에 젖어 한없이 낮아진다.

시편 130편에서 우리는 하나님의 용서의 최종 목표도 배울 수 있다. 시편 기자는 자신이 여호와를 기다린다고 말한다. 그가 결국 구하는 것은 단지 형벌의 유예나 면제가 아니다. 그의 목표는 오직 하나님 그분이다. 그의 "영혼"은 다시 임하실 주님을 바라보며 교제와 소통을 열망한다. 온전한 성경적 의미의 용서는 단지 사면이나 경감을 구하는 게 아니라 늘 관계의 회복을 추구한다. 목표는 그저 내면의 고통에서 벗어나는 치료가 절대 아니다. 첫째로 하나님과의 관계를 회복하는 것이며, 둘째로 그분과의 교제가 깊어지는 것이다. 본문의 "기다리나니"라는 말은 영혼이 하나님을 다시 볼 때까지 회개하며 기다린다는 뜻이다.

우리는 적어도 세 가지 방식으로 하나님의 용서를 기다릴 수 있다. 첫째, 기대하는 마음으로 기다린다. "아침"을 기다리는 "파수꾼"

의 은유는 의미심장하다.⁶절 밤이 아무리 길어 보여도 아침은 반드시 온다. 회개하는 영혼에게 하나님이 반드시 오신다는 뜻이다. 둘째, 순종하는 자세로 기다린다. 시편 기자는 자신이 "주의 말씀을" 바란다고 고백한다.⁵절 성경의 모든 약속과 권고와 명령에 온전히 따른다는 뜻이다. 하나님을 기다리려면 자신의 감정과 무관하게 오직 전적으로 순종해야 한다. 셋째, 공동체로 기다린다. 7-8절에서 그는 온 백성을 부르면서 "그〔들〕의 모든 죄악"⁸절에 "풍성한 속량"⁷절이 준비되어 있다고 말한다. 여기에는 어떤 의미가 있는가? 그는 믿음의 형제자매 앞에서, 그들과 함께 하나님을 찬송하고 있다. 개인적 신앙만이 아니라 공동체적 신앙을 실천하고 있다. 다른 사람들에게 하나님을 전하고 있다.

끝으로 희미하게나마 하나님의 용서의 기초를 볼 수 있다. 시편 기자는 "그가 이스라엘을 그〔들〕의 모든 죄악에서 속량하시리로다"라고 말한다.⁸절 어떻게든 하나님이 실제로 오셔서 죗값을 치러 주실 것이다. 그 일이 어떻게 이루어졌는지 우리는 안다! 세례 요한의 아버지 사가랴는 그리스도에 대해 이렇게 노래했다. "찬송하리로다 주 이스라엘의 하나님이여 그 백성을 돌보사 속량하시며."눅 1:68

인간 대 인간의 용서에 대한 정보는 신약성경에 훨씬 많이 기록되어 있지만, 하나님의 용서를 구하고 받는 법에 대한 교훈이라면 구약성경 시편에 나오는 참회의 시들을 따라갈 만한 게 없다. 아우구스티누스는 침상 곁의 벽에 이 참회의 시들을 써 붙여 두고 자리

에 누워 시편들, 특히 시편 51편을 읽고 울며 기도하다가 숨을 거두었다고 한다. [9]

선지서에 나타난 용서

구약성경의 마지막 부분은 대선지서와 소선지서로 이루어져 있는데, 여기에도 하나님의 용서가 두드러지게 나타난다. 선지서의 주요 역할은 하나님의 백성을 상대로 그분의 '언약 소송'을 제기하는 것이었다.

구약성경의 네 부분을 이해하는 방법 하나를 소개하자면 이렇다. 모세오경에는 하나님과 그분의 백성 사이의 언약이 기술되어 있고, 그 속에 용서 규정도 들어 있다. 지혜서에는 하나님의 백성이 삶 속에서, 즉 매일의 행실잠언 등은 물론 내면의 문제인 마음과 예배시편 등에서 그 언약을 어떻게 실천해야 하는지 자세히 설명되어 있다. 반면 역사서에는 서글픈 퇴조의 이야기가 나온다. 이 백성이 하나님과 맺은 언약을 오랜 세월 지키지 않은 것이다. 끝으로 선지서에서 하나님을 대변하는 선지자들이 피해자 측 변호사로 나타나 언약을 저버린 백성에게 임할 결과를 설명한다. 아울러 그들은 더 많은 복을 가져다줄 위대한 새 언약과 미래의 구원도 말한다.

모세오경	언약 체결	용서를 베푸심
지혜서	언약 실천	용서를 받음
역사서	언약 위반	용서를 거부함
선지서	언약 위반의 결과 및 언약 갱신	용서를 새로 베푸심

선지서의 주된 임무는 언약에 불충실한 그 백성에게 임할 혹독한 결과를 알리는 것이었다. 그 결과는 다음과 같다. 사회가 퇴조하고 부패할 뿐 아니라 그들이 외세의 침략에 패해 속국이 되고 포로로 끌려갈 것이다. 그럼에도 불구하고 하나님은 여전히 그 백성을 용서하시며 이 형벌을 통해 오히려 더 큰 구원의 길을 닦으실 것이다. 자기 백성을 향한 사랑을 잊으실 수 없기 때문이다. 호 11:8 백성중 남은 자들이 회개하고 사 4:3; 6:13; 7:3 이하 믿음으로 살 것이다. 합 2:4; 사 7:9; 28:16; 30:15 하나님은 그들과 새 언약을 맺어 모든 죄를 용서하고 새 마음과 새 영을 주실 것이며, 그리하여 마침내 그들이 변화되어 사랑과 순종으로 하나님과 동행할 것이다. 렘 24:7; 31:31 이하; 32:37 이하; 겔 11:19 이하; 36:24 이하 하나님의 백성은 더 거룩해져서 더욱 헌신하여 그분께 순종할 뿐 아니라"내가 나의 법을 그들의 속에 두며 그들의 마음에 기록하여"-렘 31:33 또한 완전한 용서를 누릴 것이다. "내가 그들의 악행을 사하고 다시는 그 죄

이 모든 일이 어떻게 이루어질까? 이 미래를 우리에게 가장 많이 말해 주는 선지자는 이사야다. 그 일은 왕이면서^{사 11장} 고난당하는 종이신^{사 52:13-53:12} 메시아를 통해 이루어진다. 이 종은 이스라엘에게만 구원을 베푸시는 게 아니라 이방인까지 불러들이신다.^{사 42:1} 우리 죄는 기억되지 않을 것이다.^{사 43:25} 그분이 세우실 새 하늘과 새 땅 곧 새 예루살렘에서 모든 민족이 용서받을 것이다.^{사 33:24}

이스라엘의 죄와 임박한 심판을 알리도록 부름받은 선지자들이 그와 동시에 하나님의 은혜와 자비도 한없이 감동적으로 말할 수밖에 없었으니, 이보다 더 놀라운 사실은 없다. 요약하자면 선지서의 메시지는 인간이 아무리 악하게 반항하더라도 기어이 우리에게 임하는 하나님의 용서를 결국 막을 수 없다는 것이다.

복음서에 나타난 용서

신약성경의 복음서에 이르면 용서가 한층 강조되면서 초점도 더 또렷해진다. 거의 전적으로 하나님의 용서^{수직적 용서}에 주목했던 구약성경과 달리 복음서에는 인간의 용서, 그리고 인간의 용서가 어떻게 화해와 공동체의 치유를 이루어 낼 수 있는가에 대한 교훈도 나온다. 끝으로 상징적인 동물 제사를 넘어서는 용서의 근거^{하나님의 용서가 어떻게 가능한가}에 대한 설명이 등장한다. 그 근거를 알면 하나님의 은혜와 자비에 얼마나 큰 희생이 따르는지를 무한히 깊이 이해하게 된다.

신약성경에서 용서의 개념을 표현하는 데 쓰인 헬라어는 주로 두 가지다. '카리조마이'는 '카리스'은혜라는 어근에서 알 수 있듯이 사람을 마냥 계산적으로 대하지 않고 너그러이 베푼다는 뜻이다. 그러므로 용서란 자격이나 공로를 갖추어 얻어 내는 게 아니다. 다른 모든 선물처럼 용서 또한 은혜와 사랑으로 주어지는 것이며, 다만 베푸는 쪽의 희생이 따른다. 바울은 이 단어를 즐겨 썼다.

다른 단어 '아페시스'는 '면제, 사면' 즉 "사람을 법적인 …… 의무나 부채에서 벗어나게 한다"라는 뜻이다.[10] 이는 용서의 의미로 신약성경에서 가장 자주 쓰인 단어이며,약 40회[11] 복음서와 야고보서와 요한 서신에도 가장 많이 나온다. 사면의 개념에 암시되어 있듯이 용서에는 늘 대가가 따른다. 빚을 탕감해 주는 채권자는 채무자 대신 자신이 빚을 갚거나 부담해야 한다. 그래서 용서에는 가해자 몫의 형벌이나 부채를 피해자가 감당한다는 의미가 따른다.

복음서는 시작부터 메시지의 초점이 이미 용서에 있다. 마태복음 1장 21절에서 요셉에게 주어진 약속은 메시아가 오셔서 자기 백성을 죄에서 구원하신다는 것이고, 누가복음 1장 77절에서는 사가랴에게 그리스도께서 우리에게 "죄 사함으로 말미암는 구원을 알게" 하신다는 약속이 주어졌다. 예수님의 길을 예비한 세례 요한도 "죄 사함을 받게 하는 회개의 세례"를 전파했다.막 1:4

예수님도 친히 이 땅에 오셔서 전파하고 가르치실 때, 우리가 하나님의 용서를 알 수 있고 그 결과로 우리 역시 가해자를 용서할 수 있다고 거듭 선포하셨다. 앞서 보았듯이 그것이 주기도문의 핵심이다. "우리가 우리에게 죄지은 자를 사하여 준 것같이 우리 죄를 사하여 주시옵고."마 6:12

예수님은 "너희가 사람의 잘못을 용서하면 너희 하늘 아버지께서도 너희 잘못을 용서하시려니와 너희가 사람의 잘못을 용서하지 아니하면 너희 아버지께서도 너희 잘못을 용서하지 아니하시리라"라고 덧붙이셨다. 마 6:14-15 언뜻 보기와는 달리, 이 말씀은 우리가 남을 용서해야 그 대가로 또는 그에 근거해 하나님께 용서받을 수 있다는 뜻이 아니다. 용서에 해당하는 헬라어 단어들에는 그런 의미가 없을뿐더러, 용서하지 않은 종의 비유에도 하나님께 받는 용서가 우리가 다른 사람을 용서하는 근거동기와 원동력라고 분명히 나와 있다. 마 18:23-35 1장에서 보았듯이 이 명품 비유에는 모든 기독교적 용서의 양대 차원 즉 '하나님의 용서'와 '인간의 용서'를 이해할 수 있는 포괄적 틀이 담겨 있다.

예수님은 죄를 용서하실 때 하나님의 아들이라는 자신의 신성을 밝히셨을 뿐 아니라, 용서가 삶을 변화시킨다는 사실도 증언하셨다. 한 여자를 용서하실 때 예수님은 다음과 같이 말씀하셨다.

이러므로 내가 네게 말하노니 그의 많은 죄가 사하여졌도다 이는 그의 사랑함이 많음이라 사함을 받은 일이 적은 자는 적게 사랑하느니라.

누가복음 7장 47절

여기서도 용서의 두 가지 차원을 확인할 수 있다. 하나님께 용서받았다는 증거는 다른 사람을 사랑하고 베풀고 용서하는 역량이 자란다는 것이다. 자신이 용서받았다는 인식이 없으면 다른 사람에게 은혜나 용서를 베풀 역량도 줄어들거나 아예 없어진다.

용서의 근거, 예수의 피

복음서는 죄 사함의 선포로 시작되고 끝난다. 십자가에서 예수님은 자신을 대적하는 이들을 용서해 달라고 기도하신다.^{눅 23:34} 부활하신 후에는 제자들에게 죄를 용서받는 법을 세상에 나가 알리라고 명하셨다.^{눅 24:47; 요 20:23}[12]

무엇보다 의미심장한 장면은 예수님이 죽음을 앞두고 교회에 성만찬이라는 성례를 제정해 주시는 모습이다. 이때 예수님은 이 잔은 "죄 사함을 얻게 하려고 많은 사람을 위하여 흘리는 바 나의 피 곧 언약의 피"라고 말씀하신다.^{마 26:28} 구약성경에서 제기된 모든 의문이 드디어 여기서 풀린다. 그런 의문은 특히 출애굽기 34장 7절에 하나님이 모세에게 자신을 계시하실 때 "죄를 용서하리라 그러나 벌을 면제하지는 아니하고"라고 말씀하신 뒤로 늘 해결되지 않은 채였다.

어떻게 그것이 가능할까? 용서란 곧 벌을 면제한다는 뜻이 아닌가? 어떻게 그분은 모든 죄를 벌하면서도 우리를 용서하실 수 있을까? 동물 제사에 답이 있는 듯했으나레 17:11 이 역시 부분적이었다. 그런 제사는 희생이 따르기는 했지만, 끝없이 반복돼야 한다는 한계가 있었다.

죽으시기 전날 밤 예수님은 우리에게 모든 수수께끼의 답을 주셨다. 용서의 객관적 근거는 십자가에 달리신 예수 그리스도의 속죄의 죽음이다. "흘리는 바 나의 피"로 상징되는 그분의 죽음 덕분에 우리는 용서받을 수 있다. 바울은 그것을 이렇게 요약했다. "우리의 모든 죄를 사하시고 우리를 거스르고 불리하게 하는 법조문으로 쓴 증서를 지우시고 제하여 버리사 십자가에 못 박으시고."골 2:13-14

이를 누구보다도 명확히 말한 사람은 히브리서 기자일 것이다. "제사장마다 매일 서서 섬기며 자주 같은 제사를 드리되 이 제사는 언제나 죄를 없게 하지 못하거니와 오직 그리스도는 죄를 위하여 한 영원한 제사를 드리시고 하나님 우편에 앉으사."히 10:11-12

요컨대 십자가에서 예수님은 가장 지혜롭고 경이롭고 영화로운 방식으로 하나님의 정의와 사랑을 둘 다 충족시키셨다. 다음 장에서 그 내용을 살펴볼 것이다.[13]

C. S. 루이스의 짤막한 글 "용서에 관하여"를 보면 그가 그리스도인이 된 지 얼마 안 되었을 때 깨달은 내용이 나온다. 자신이 하나님

께 용서를 구할 때 사실은 변명을 받아 주시기를 기도했다는 것이다.

> 하지만 용서와 변명은 천지 차이다. 용서한다는 것은 "맞다, 당신
> 잘못이다. 그렇지만 내가 당신의 사과를 받아들이고 다시는 이 일을
> 문제 삼지 않겠다. 우리 둘 사이는 모든 것이 이전과 똑같다"라는
> 뜻이다. 그러나 변명을 받아 준다는 것은 "당신으로서도 어쩔 수
> 없었거나, 고의가 아니었다. 정말 당신 잘못이 아니다"라는 뜻이다.[14]

그는 우리 대다수가 교회에서 "죄를 사하여 주시는 것〔을〕 ……
믿사옵니다"라고 사도신경을 외우지만 사실은 그렇게 믿지 않는다고
지적한다. 대신 우리는 자신의 죄가 무난한 수준임을 입증하지 않으
면 "하나님이 나를 다시 받아 주시지 않을" 거라고 생각한다. 하지만
그것은 용서가 아니다. "진정한 용서란 …… 변명의 여지없이 …… 죄
를 그 속의 모든 섬뜩함과 더러움과 비열함과 악의까지 똑바로 응시
하되, 그럼에도 불구하고 가해자와 온전히 화해한다는 뜻이다."[15]

인간이 외부의 도움 없이 그렇게 하기는 너무나 어렵고, 어쩌면
불가능하다. 그러나 우리는 복음 안에서 초자연적인 도움을 받을
수 있다.

루이스는 이렇게 설명한다.

> 그러나 일상생활에서 줄기차게 가해 오는 도발을 매번 용서하려면

어떻게 해야 할까? …… 자신의 처지를 기억해야만 가능하다. ……
그리스도인이라면 변명의 여지없는 죄를 용서해야 한다. 하나님도
변명의 여지없는 당신의 죄를 용서하셨다.[16]

Part 2.

용서를
이해하다
— 용서, 왜 해야 하는가

forgive

5   사랑과 진노의 하나님

거룩하고 정의로운 분이 어떻게 용서할 수 있는가

하나님이 세상을 이처럼 사랑하사
독생자를 주셨으니 이는 그를 믿는 자마다
멸망하지 않고 영생을 얻게 하려 하심이라
하나님이 그 아들을 세상에 보내신 것은
세상을 심판하려 하심이 아니요 그로 말미암아
세상이 구원을 받게 하려 하심이라
그를 믿는 자는 심판을 받지 아니하는 것이요
믿지 아니하는 자는 하나님의 독생자의 이름을
믿지 아니하므로 벌써 심판을 받은 것이니라.
— 요한복음 3장 16-18절

기독교적 용서의 열쇠는 그리스도의 십자가다. 십자가가 용서의 근거인 이유는 십자가 덕분에 하나님이 그분의 정의를 타협하지 않고도 우리를 용서하실 수 있을 뿐 아니라, 우리에게도 이 십자가가 가해자를 용서할 동기와 모델이 되기 때문이다. 성난 피해자인 우리가 어떻게 용서할 수 있는지를 깨달으려면 최고의 피해자이신 하나님이 어떻게 용서하셨는지를 봐야 한다. 그분이 용서하시는 방식이 바로 십자가다.

구약성경의 배경

구약성경에서 용서를 구하는 수많은 기도는 풀리지 않는 큰 의문을 남겨 놓았다. 알다시피 하나님은 거룩하고 정의로우신 분인데, 도대체 어떻게 용서가 가능하단 말인가?

하인리히 하이네는 죽을 때 "하나님이 나를 용서하실 것이다. 그게 그분의 임무다"라고 말했다고 한다. 그러나 구약성경의 분명한 메시지는 그분의 용서를 당연한 것으로 여겨서는 안 된다는 것이다. 우주의 하나님은 공의로우시므로 거룩하다 일컬음을 받으신다.^{사 5:16} 그분이 산에 강림하시면 산이 거룩해져서 아무도 접근할 수 없으며 그분에게 가까이 가는 사람은 죽는다.^{출 19:23-24}

"거룩하심은 곧 완전하심이다. 도덕적 의미에서만 아니라 ······ 종교적·윤리적 ······ 내적·외적 등 포괄적 의미에서 그렇다."[1]

하나님이 죄를 벌하시는 것은 그분이 거룩하시기 때문이다. 레 11:44-45; 19:2; 20:7; 왕상 9:3-7 하나님의 의 또는 정의도 거룩함과 직결된다. 그분은 늘 정의로우시므로 창 18:25; 시 119:137; 129:4 불의한 자와 악을 행하는 자를 반드시 징벌하신다. 느 1:3 이하; 출 20:7; 겔 7:4, 9; 8:18; 9:10 하나님의 진노는 분풀이가 아니라, 악을 재판하시는 거룩하심이다. 시 6:1; 38:1; 렘 10:24

구약성경에 이보다 더 확실한 것은 없거니와, 하나님은 정의를 행하시며 어떤 죄나 악도 대충 넘어가거나 묵과하거나 무시하실 수 없다. 헤르만 바빙크는 "용서가 하나님께 당연한 것이라는 얄팍한 사상"을 반박했다. [2] "구약성경에 하나님의 용서를 억지로 쥐어짜 내거나 뇌물로 매수한다는 개념은 없지만", 동시에 그분의 "용서는 기정사실이나 …… 당연지사가 아니다. 주께서 죄를 사하지 않으신다는 본문이 많다. 신 29:20; 왕하 24:4; 렘 5:7; 애 3:42 용서받을 때마다 그것을 …… 경외심을 갖고 경이롭게 여겨야 한다."[3]

그러나 하나님이 분명 의로우시고 그 의를 양보하지 않으심에도 불구하고, 구약성경에는 그분이 용서하시는 하나님이라는 주장과 약속이 가득하다. 민 14:18-20; 삼상 25:28; 왕상 8:30-33; 시 25:11; 32:1-2, 5; 103:3; 130:4; 143:2 이사야가 높이 들리신 거룩하고 거룩하고 거룩하신 하나님을 뵙고 고뇌 속에서 자신의 철저한 죄성을 자백했을 때, 하나님은 즉시 그의 죄를 사해 주셨다. 사 6:7 이렇듯 구약성경은 하나님이 용서하시는 분이며 그 용서가 신기하고 이해할 수 없는 선물이라고 가르친다.

구약성경의 계시의 핵심에 놓여 있는 이 외관상의 역설은 출애굽기 34장 6-7절과 민수기 14장 18-20절에 가장 극명하게 표현되어 있다. 민수기 14장을 보면 "여호와는 노하기를 더디 하시고 인자가 많아 죄악과 허물을 사하시나 형벌받을 자는 결단코 사하지 아니하시고"18절라고 되어 있다. 또 시내산에서 하나님은 자신의 이름을 모세에게 이렇게 선포하셨다.

> 여호와께서 그의 앞으로 지나시며 선포하시되 여호와라 여호와라
>
> 자비롭고 은혜롭고 노하기를 더디 하고 인자와 진실이 많은 하나님이라
>
> 인자를 천대까지 베풀며 악과 과실과 죄를 용서하리라 그러나 벌을
>
> 면제하지는 아니하고.
>
> 출애굽기 34장 6-7절

히브리어 성경에서는 그 의미가 더욱 강하게 드러난다. 직역하면 절대로 하나님이 유죄인 사람을 마치 무죄인 양 취급하지 않으신다는 것이다.

긴장이 팽팽하다. 어느 쪽인가? 그분은 죄인을 용서하시는 사랑의 하나님인가, 아니면 죄인을 벌하시는 공의의 하나님인가? 양쪽 다 그분이다. 하지만 그것이 어떻게 가능한가? 답은 신약성경에 이르러서야 밝혀진다. 하나님은 사랑의 하나님인 동시에 진노의 하나

님이시다. 이 양면이 어떻게 모순되지 않고 서로 협력해 세상을 구원하는지를 우리는 십자가에서 볼 수 있다.

우리의 왜곡된 하나님관

요한복음 3장 16절은 틀림없이 성경에서 가장 유명한 구절일 것이다. '기분 좋은' 구절이지만, 문맥에서 떼어 낼 때만 그렇다. 바로 다음 구절에는 심판정죄이 언급되고, 좀 더 뒤로 가면 요한복음 3장 36절에 그 단어가 이렇게 매섭게 정의되어 있다. "아들을 믿는 자에게는 영생이 있고 아들에게 순종하지 아니하는 자는 영생을 보지 못하고 도리어 하나님의 진노가 그 위에 머물러 있느니라."

현대인은 정죄하시는 진노의 하나님이라는 개념을 어려워하지만, 성경에는 이렇게 정죄에 대한 구절과 사랑에 대한 가장 유명한 구절이 나란히 배치되어 있다. 다시 말해서 성경은 하나님의 사랑과 분노를 결코 대립 개념으로 보지 않는다. 사실 성경에서 그분의 이 양면은 긴장 관계도 아닐뿐더러, 오히려 서로 떨어져서는 무의미하며 실제로 서로를 굳건하게 한다.[4]

사랑이신 하나님이 또한 격노하신다. 어떤 날은 사랑하다가 어떤 날은 진노하는 이중인격이라는 뜻이 아니다. 그분의 진노와 사랑이 서로 조화되는 이유는 우리와 달리 그분의 진노와 사랑은 둘 다 완전히 거룩하고 선하기 때문이다. 우리가 노하는 이유는 대개 자신이 가장 사랑하는 것들이 위협받기 때문이다. 그런데 우리의 궁극적 사랑의 대상에는 우리의 대외 이미지나 자존심, 삶에 만족을 가져다줄 것 같은 소중한 계획 등이 포함될 때가 많다. 바로 죄 때문이다. 그래서 우리는 그런 것들이 위협받으면 분노해서 종종 사람을 해치고 일을 망친다.

성경에 언급된 하나님의 모든 진노를 보면서 우리는 본능적으로 그분의 분노도 우리와 같을 거라 생각하고 몸을 사린다. 그러나 우리와 달리 하나님의 분노는 상처 입은 자존심이 아니다. 하나님은 자신이 사랑하시는 것들 즉 그분의 영광과 우리의 행복을 위해 지으신 창조세계와 인류를 해치는 악에만 노하신다.

하나님은 단순히 사랑의 하나님이 아니며, 진노의 하나님만도 아니다. 둘 다이시다. 당신의 하나님관에 양쪽의 개념이 모두 포함돼 있지 않다면 현실에 대한 당신의 전반적인 인식, 특히 용서를 보는 관점이 왜곡될 수밖에 없다.

아무것도 거부하지 않으시는 사랑의 하나님만 보거나 아무것도 승낙하지 않으시는 분노의 하나님만 본다면 우리 삶이 비뚤어진다. 그것은 삶 전반을 보는 관점과 살아가는 방식에 영향을 미친다. 어떻게 결정하고, 다른 사람을 어떻게 대하고, 자신을 어떻게 생각하고, 주변 세상과 어떤 관계를 맺을지가 다 거기에 영향을 받는다. 지나치게 단순한 말일지 모르지만, 그래도 아주 그런 건 아니다 사랑의 하나님만 믿는 사람은 응석받이처럼 살아가고 진노의 하나님만 믿는 사람은 학대당한 아이처럼 살아갈 것이다.

하나님의 사랑과 격노를 함께 보여 주는 자리로 그리스도의 십자가만 한 것이 없다. 십자가에서는 하나님의 사랑과 진노가 둘 다 충족되고, 둘이 만나 맞물린다. 응석받이나 학대당한 아이처럼 살아가지 않으려면 그리스도께서 십자가에서 이루신 일을 깨닫고 즐거워해야 한다.

하나님의 진노는 사랑의 표현이다

사람들이 무엇을 어떻게 믿는지와 상관없이 온전히 옳다고 여겨지는 절대적인 도덕 기준이 있으며, 그 기준을 어기는 이들을 하나님이 벌하신다는 개념은 이제 서구 문명의 지식층에서 소멸되고 있다. 많은 이들이 그런 개념에 반감을 느낀다. 그러나 보라! 예수님이 요약하신 하나님의 율법은 제대로, 균형을 이루어, 온전히 사랑하라는 명령이다.마 22:36-40 사랑하지 않는 사람은 창조세계와 다른 사람들과 자신의 마음, 즉 하나님이 지으셨고 사랑하시는 모든 것을 파괴하는 것이다. 그래서 하나님의 율법에 불순종하는 것에 대한 그분의 진노는 곧 사랑하라는 명령이자 그분의 사랑 표현이다.

C. S. 루이스의 유명한 글에도 있듯이, 진노의 신이 없다면 사랑의 윤리도 심어 줄 수 없다. 그분은 사랑의 본을 보이실 뿐 아니라 사랑 없는 행동을 벌하신다. 도덕적 상대주의를 배워 온 학생들에

게 인성을 길러 주려는 현대 도덕 교육의 헛수고를 루이스는 이렇게 기술했다. "우리는 중요한 장기臟器를 섬뜩하리만치 간단하게 제거하고서 그 기능이 필요하다고 우긴다. 사람들을 냉혈 인간으로 만들어 놓고는 그들에게 덕과 바른 정신을 기대한다. 신의를 비웃어 놓고는 혹시라도 배반자가 나오면 경악한다. 거세해 놓고는 그 거세당한 동물에게 새끼를 낳으라 한다."[5]

모든 도덕적 가치가 상대적이고 사회적 구성 요소일 뿐이라면, 누구나 타인을 착취하지 말고 사랑으로 대해야만 한다는 주장이 어떻게 가능한가? 우주의 배후에 사랑으로 구원하시는 하나님이 없다고 말해 놓고 어떻게 사람들로부터 정의 실현에 필요한 희생을 끌어낼 수 있겠는가? "그래야 세상이 더 잘 돌아간다"라는 말로 그들의 사리私利에 호소할 것인가? 그것이야말로 이기심에 호소하는 게 아니고 무엇인가? 도덕적 주장을 정당화할 길이 그것밖에 없다면, 누구든 이기적인 선택으로 실리를 취하지 못할 까닭이 무엇인가?

절대자가 사랑의 인격신이라는 개념은 기독교 고유의 것이다. 사랑의 하나님이라는 독창적인 개념은 어디에서 왔을까? 신문에서 세계정세를 살피다가 우리 입에서 "아, 하나님은 사랑의 하나님이신 게 아주 분명해"라는 말이 자연스레 튀어나왔을까? 아니다. 이 개념은 거기서 오지 않았다. 그렇다면 인류 역사를 읽다가 절로 나온 말이 "역사를 읽어 보니 하나님이 사랑의 하나님이신 게 아주 확실하군"이었을까?

다른 종교의 경전은 어떤가? 거기에 우리의 목자, 친구, 친밀한 아버지, 형제, 신랑 되시는 사랑의 인격신이라는 개념이 등장하는가? 아니, 이 개념은 거기서 온 것도 아니다.

바빙크가 《개혁교의학Reformed Dogmatics》에서 지적했듯이, 동양의 많은 종교는 우리가 현세에 경험하는 모든 불평등이 "전생에 품고 발하고 저지른 생각과 말과 행위"의 결과라고 가르친다. 그래서 "업보라는 불변의 법칙이 도덕 세계를 지배한다. 용서는 없고 응보뿐이다."[6] 사랑의 하나님이라는 개념이 그런 종교에서 왔을 리 없다.

그렇다면 우리는 하나님이 사랑이시라는 개념을 자연과 그 아름다움을 보고 깨달았던가? 언뜻 보면 그럴듯하지만, 자세히 보면 그렇지 않다. 현대 진화론을 생각해 보라. '환경에 적응하는 생물'만 살아남을 정도로 살벌하기 짝이 없다. "자연은 용서를 모르며, 겸손함과 죄의 자백을 일고의 가치도 없는 것으로 취급한다."[7] 퓰리처상 수상작인 애니 딜라드의 *Pilgrim at Tinker Creek*팅커 개울 순례이라는 책에는 그녀가 산속에 살면서 근처의 작은 개울에서 관찰한 자연의 폭력성이 담겨 있다.[8] 그러니 사랑의 하나님 개념은 자연에서 온 것도 아니다.

사랑의 하나님이라는 개념은 성경에서 시작됐고, 대단히 희한하고 이상하게 여겨졌다. 인간 사회는 복종을 요구하거나 서슴없이 사람을 멸해 버리는 진노 위주의 신은 이해할 수 있었지만, 우리 모두를 자신의 형상대로 지으시고 잘못한 이들을 용서하시는 사랑과 자비의 하나님만은 정말 이해할 수 없었다. 인간 사회는 한쪽 뺨을 맞으면 다른 뺨도 돌려 대고 모든 사람을, 심지어 가장 약한 자들까지도 무한히 귀한 존재로 대하라는 사랑의 윤리를 달가워하지 않았다. 앞서 보았듯이 고대 이교도들은 기독교적 관점의 자비와 용서를 처음 들었을 때 불쾌해하면서 그것을 위험하고 쓸데없는 것으로 여겼다! 그러나 많은 지역에서 기독교적 관점이 우세해지면서 세상을 바꾸어 놓았다.

예일대학교 박사 과정 학생이던 내 친구에게 이런 말을 들은 적이 있다. 현대인은 노예제도를 생각하며 "도대체 사람들은 어떻게 그런 괴기한 것을 받아들일 수 있었을까?"라고 말하지만, 역사가들은 그렇게 생각하지 않는다. 그들은 이렇게 묻는다. "모든 사회는 하나같이 우리가 약자를 공격해 노예로 삼을 권리가 있다고 믿었고, 실제로 누구나 늘 그렇게 해 왔다. 그래서 역사적 관점의 진짜 의문은 이것이다. 왜 누군가에게 그게 잘못이라는 생각이 들었는가? 그 생각을 처음 한 사람이 누구인가?" 이어서 내 친구는 자신의 질문에 이렇게 답했다. 4, 17, 18, 19세기에 각각 노예제도 철폐를 제일 먼저 부르짖은 사람들은 모두 그리스도인이었다는 것이다. 이 정의를 부르짖은 그리스도인들은 사랑의 하나님이 계셔서 우리에게 이웃_모든 이웃을 우리 자신같이 사랑하라고 명하셨다고 믿었다.

하나님의 진노는 사랑의 하나님이 인간에게 서로를 향한, 그리고 그분을 향한 사랑을 정당하게 요구하시는 표현이다.

거룩한 사랑, 거룩한 진노

하나님의 분노는 궁극적으로 사랑 때문이며, 그래서 그분의 사랑은 종종 진노로 표현된다. 레베카 피펏은 *Hope Has Its Reasons*희망에는 이유가 있다에서 이렇게 묻는다. "사랑하는 사람이 무분별한 행동이나 관계 때문에 망가져 갈 때, 그것을 보는 우리의 심정이 어떤지 생각해 보라. …… 그럴 때도 우리는 점잖게 받아 주기만 하는가?" 그녀는 자신의 두 친구가 재능이 뛰어난데도 마약을 남용해 파멸로 깊이 빠져드는 것을 보았다며 이렇게 말했다. "그들과 함께 있으면 나는 화가 치솟는다. 이렇게 말하고 싶어진다. '안 보이니? 너희가 어떤 문제를 자초하고 있는지 모르겠어? 볼 때마다 너희는 자기다운 모습을 점점 더 잃어 가고 있다고!'"

그녀는 또 이렇게 썼다. "참사랑은 우리를 파멸로 몰아가는 기만과 거짓과 죄에 대항한다. 인간이 경험하는 분노와 사랑은 떼어 낼 수 없는 관계로 묶여 있다. [자아에 도취된] 흠 많은 죄인인 나도 다른 사람의 상태 때문에 이렇게 고통과 분노가 깊을 수 있다면, 그들을 지으셨고 도덕적으로 완전하신 하나님의 마음은 어떻겠는가? 분노는 사랑의 반대가 아니다. 사랑의 반대는 미움이며, 미움의 극한은 무관심이다."[9] 흠 많은 인간인 우리 안에서도 이처럼 사랑과 분노는 대립 개념이 아니며, 오히려 상호 의존적일 수 있다.

그것을 성경 도처에서 볼 수 있다. 성경에 확언되어 있듯이 하나님은 당연히 죄와 악을 대적하신다. 그런데 또 한편으로는 그런 주님이 죄 때문에 눈물 흘리신다. 죄 때문에 그분의 "마음에 고통이 가득하다."창 6:6[10] 하나님은 그분의 긍휼을 말씀하시면서 이스라엘의 죄 때문에 눈물을 흘리신다.호 11:8 예수님도 악한 예루살렘 때문에 눈물을 흘리신다.눅 19:41-44 하나님은 냉혹한 신이 아니시지만, 그렇다고 죄와 타협하지도 않으신다.

성경에 계시된 그분은 진노의 하나님만도 아니고 사랑의 하나님만도 아니시다. 사랑과 진노의 하나님이시다. 그분이 거룩하시기 때문이다. 그래서 그분의 사랑도 거룩하고, 그분의 진노도 거룩하다. 이는 악을 대적하신다는 그분의 철칙이 내 삶에도 작용하고 있다는 뜻이다. 하나님의 법을 거스르면 곧 나 자신을 거스르는 것이다. 그분이 우주의 이치를 그렇게 정해 놓으셨다. 우리는 죄를 짓고도 빠져나갈 수는 있겠지만, 그 죄의 결과에서 벗어날 수는 없다. 이 또한 그분의 사랑에서 비롯된 조치다.

십자가에서 드러난 하나님의 영광

그럼에도 불구하고 세상에서 그리고 우리 마음속에서도 사랑과 분노가 서로 불화하다 보니, 우리가 하나님을 바로 알려면 도움이 더 필요하다. 우리는 '보수' 신앙과 '진보' 신앙 중 어느 한쪽으로 치우치는 경향이 있다. 보수 신앙은 엄혹하며 그 뿌리가 엄하신 하나님께 있고, 진보 신앙은 상대주의적이며 하나님을 무엇이나 다 받아 주시는 분으로 인식한다. 어떻게 하면 양쪽 왜곡을 모두 피할 수 있을까?

하나님은 참으로 사랑과 진노의 하나님이시며, 그분의 실체가 극대치로 드러난 곳은 십자가다. 우리의 인식을 바로잡고 둘로 나뉘지 않은 마음을 받으려면 바로 거기로 가야 한다.

호라티우스 보나르는 스코틀랜드 자유교회 소속 목사로, 평생 다양한 주제로 140여 곡의 찬송가를 작사했다. '시인의 영혼'을 지녔다는 그가 가장 마음을 많이 쏟은 주제는 바로 그리스도의 십자가가 어떻게 우리를 구원하는가였다.[11] 한 책에 그는 이렇게 썼다.

> 하나님은 아버지이시지만, 동시에 재판장이시다. 재판장이 아버지에게 양보하셔야 할까, 아니면 아버지가 재판장에게 양보하셔야 할까? ······ 죄인을 사랑하는 마음을 억누르고 죄를 미워하셔야 할까, 아니면 죄를 미워하는 마음을 억누르고 죄인을 사랑하셔야 할까? 악인의 죽음을 기뻐하지 않으신다고 맹세하신 하나님이젤 33:11 또한 범죄하는 영혼은 반드시 죽으리라고 맹세하셨다.젤 18:4 두 맹세 중 어느 쪽이 지켜져야 할까? 하나가 다른 하나에 양보해야 할까?

보나르는 이렇게 성경의 두 진리와 해당 구절을 줄줄이 짝지어 병렬하는데, 이 모두가 "죄를 용서하리라 그러나 벌을 면제하지는 아니하고"라는 모순 같은 말씀의 다른 버전이자 메아리다. 출 34:7 그는 이렇게 요약했다. "율법과 사랑 …… 하나가 다른 하나에 양보할 수 없다. 둘 다 건재해야지 그렇지 않으면 우주의 기둥이 흔들린다."[12] 바로 이 긴장이 여러 면에서 성경 전체의 줄거리를 이끈다. 그런데 해법은 단순히 그리스도의 죽음이 아니라, 삼위일체 하나님의 제2의 위격이신 그분이 자원해서 우리 대신 죽으셨다는 것이다.

이 교리의 대표적 약술이 존 스토트의 《그리스도의 십자가*The Cross of Christ*》에 더할 나위 없이 간단명료하게 나와 있다.

> 그러므로 대신한다는 개념이 죄와 구원, 둘 다의 핵심이라 할 수 있다. 죄의 본질은 인간이 하나님을 대신한 것이고, 구원의 본질은 하나님이 인간을 대신하신 것이다. 인간은 감히 하나님께 맞서 그분께만 합당한 자리로 올라섰고, 하나님은 인간을 위해 희생해서 우리에게만 합당한 자리로 내려오셨다. 인간은 하나님의 특권을 찬탈했고, 하나님은 인간의 형벌을 받으셨다.[13]

바울도 "하나님이 그의 피로써 …… 자기도 의로우시며 또한 예수 믿는 자를 의롭다 하려 하심이라"라고 했다. 롬 3:25-26 의로우신 그분이 또한 용서하신다.

> 사랑과 율법은 둘 다 승리했다. 하나가 다른 하나에 양보하지 않았다. 각자 한 치도 물러서지 않았고, 오히려 각자 …… 명예롭고 영화롭게

되었다. 하나님의 이런 사랑처럼 크고 높고 치열하고 희생적인 사랑은 그 어느 때도 없었고, 율법이 이토록 순수하고 넓고 영화롭고 냉혹한 적도 없었다.

타협은 없었다. 율법과 사랑은 둘 다 본분에 한껏 충실했고, 일점일획도 꺾이지 않았다. 하나는 극도로 엄격했고, 다른 하나는 극도로 자애로웠다. 둘이 하나로 합쳐진 이때보다 더 사랑이 사랑다운 적도 없었고 율법이 율법다운 적도 없었다.[14]

바울은 이것을 묵상할 때면 찬송이 터져 나오곤 했다. "하나님의 지혜와 지식의 풍성함이여, 그의 판단은 헤아리지 못할 것이며 그의 길은 찾지 못할 것이로다 …… 이는 만물이 주에게서 나오고 주로 말미암고 주에게로 돌아감이라."롬 11:33, 36

십자가는 그저 정죄를 일시적으로 유예하는 게 아니다. 성경은 그리스도께서 우리의 대언자, 즉 변호사로 아버지 앞에 계신다고 증언한다. 요일 2:1; 히 7:25; 롬 8:33-34 이는 한때 우리의 원수로서 우리에게 벌이 임해야 한다고 요구하던 율법이 이제 우리의 친구가 되어 우리가 받아들여져야 한다고 요구한다는 뜻이다.

어떻게 그럴 수 있을까? 예수님이 우리 대신 율법을 완전히 충족시키셨으므로 이제 하나님이 우리를 정죄하신다면 불의한 처사가 된다! 어떤 죄로든 우리를 벌하신다면 하나님은 예수님이 이미 지불하신 동일한 빚을 두 번 받아 내시는 셈이다. 아버지 앞에 계신 예수님은 어떤 의미에서 이제 우리를 위해 자비 대신 정의를 요구하신다. 그분의 율법과 사랑이 둘 다 우리 편이다. 우리가 이보다 더 안전할 수는 없다.

요한은 "만일 우리가 우리 죄를 자백하면 그는 미쁘시고 〔정〕의로우사 우리 죄를 사하시며"요일 1:9라고 썼다. 보다시피 요한은 하나님의 용서가 그분의 자비 때문이라고만 말하지 않는다. 물론 하나님은 자비로우신 분이지만, 이제 그분이 우리를 받아들이시는 것은 정의의 문제이기도 하다. 하나님은 이미 내 죗값을 전액 다 받으셨기 때문에 이중 상환을 요구하시는 것은 불의하다.

찬송가 작사가 어거스터스 톱레이디는 그것을 이렇게 표현했다.

주께서 내 죄 사하시고
하나님의 모든 진노
은혜로 대신 당하셨으니
대속의 피로 치른 죗값
하나님이 다시 내게
갚으라 하실 수 없겠네.[15]

보나르의 결론은 이렇다.

십자가에서 재판장과 아버지가 만나시니 …… 율법은 사랑의 샘과

물줄기가 되었고 …… 사랑은 율법을 충족시켰다. 죄인을 대적하던
율법이 이제 죄인 편으로 돌아섰다.[16]

하나님은 가혹하신 분인가

이제 하나님의 진노는 당신을 대적하지 않고 그분의 사랑과 함
께 십자가에서 당신을 위해 불타오른다. 양쪽이 서로 어우러져 똑
같이 당신을 위해 빛을 발한다. 당신을 위해 당신 대신 이루신 예수
그리스도의 대속을 신학적·실존적으로 이해하지 못하면 영적으로
당신은 응석받이나 방치된 아이처럼 된다. 이 진리를 깨닫고 내 것
으로 삼았는지 알아볼 수 있는 두 가지 질문이 있다.

어떤 사건을 계기로 당신의 죄가 스스로 쳐다보거나 인정하고
싶지 않을 정도로 아주 명백하게 드러날 경우 당신은 하나님과 멀어
지는가, 아니면 그분께 더 다가가는가? 하나님과 기도와 교회를 계
속 피하고 싶다면, 이는 예수님이 당신에게 해 주신 일을 당신이 모
른다는 증거다. 그것을 안다면 당신과 하나님의 내적 대화는 아마
이쪽에 가까울 것이다. "주님, 주님이 저를 위해 죽으셨고 저를 받아
주신다는 것을 전에도 알았지만 제가 이 정도로 미련하고 악한 줄은
미처 몰랐습니다. 그래서 이제 주님의 사랑이 생각보다 크다는 것
을 깨닫습니다. 주님의 자비는 제가 생각했던 것보다 더 한량없고
과분합니다!" 십자가를 깨달으면 자신의 삶에서 새로운 깊이의 약

점과 허물과 악이 발견될수록 주님과 더 멀어지는 게 아니라 오히려 더 가까워진다.

결핍감과 수치심에 시달리는 사람이 많다. 이런 사람들에게 내면의 음성은 늘 바보나 멍청이나 패배자라 힐난하는 것 같다. 그 소리는 길을 가는 중에도 들릴 수 있다. "사람들에게 사랑받기를 바란다고? 이러고도 네가 그리스도인이야? 네가 한 짓을 봐." 이럴 때 당신은 어떻게 대처하는가? 방치된 아이는 변명하려 한다. 그 음성을 당신은 혹시 이렇게 반박하는가? "일진이 나빠서 그런 거야." "물론 잘한 건 아니지만 엄마 때문에……." 혹시 당신은 그 누구도 그 어떤 일도 당신을 죄책감에 빠뜨릴 권리가 없다고 말하는 그런 책을 찾아 읽는가? 그래도 다 소용없다. 그 음성은 계속된다.

그러나 예수님이 십자가에서 당신에게 해 주신 일을 참으로 깨닫고 즐거워하면, 당신은 그 소리를 향해 또는 그런 식으로 말하는 누구에게든 이렇게 답할 수 있다. "지금 죄책감이 드는 이 짓을 하지 않았더라도 원래 나는 하나님께 받아들여질 수 없는 사람이다. 내 힘으로는 안 된다. 누구도 불가능하다! 그러나 예수님은 하실 수 있다. 예수님은 실제로 친히 무한한 대가를 치르시고 다 이루어 주셨다. 이제 나는 그분 안에 있으니 바로 예수님이 내 지혜와 의와 성화와 구원이시다."

진노의 하나님밖에 모르고 십자가에서 이루어진 일을 잘 모른다면 당신은 늘 쫓기는 사람이 될 것이다. 착하고 반듯해지려고 열심히 노력하겠지만, 아무리 애써도 늘 자격 미달로 느껴질 것이다. 사랑의 사람으로 성장하기도 어렵다. 두려움은 사랑을 낳을 수 없기 때문이다. 사랑만이 더 많은 사랑을 낳고 키울 수 있다.

양심의 소리_{또는 사탄의 소리}가 다가와 "너처럼 형편없는 인간은 꺼져 버려야 해! 부끄러운 줄 알고 물러나야지"라고 말할 때, 당신은 십자가를 기억하며 예수님의 이런 음성을 들어야 한다. "내 사랑아, 이리 오렴. 비난이라면 내가 이미 다 당했단다."

하나님은 냉담하고 무심하신 분인가

두 번째 질문은 다른 부류의 사람에게 해당한다. 당신은 자라면서 요즘 말로 소위 계몽된 하나님관을 배웠을 수 있다. 즉 하나님을 믿지 않든지, 아니면 뭔가를 거부하거나 당신의 잘못을 지적할 수 없는 신을 믿는 것이다. 그래서 설령 당신이 신을 믿더라도 그 신은 사랑과 생명만을 지지하는 영이며, 기껏해야 당신이 정한 대로 목표 달성을 돕는 조연일 뿐이다. 당신의 삶은 신이 아닌, 당신 뜻대로다.

알다시피 부모가 자녀에게 개입하지 않고 냉담하거나 사실상 부재하면, 그것은 자녀에게 큰 해를 입힌다. 그런 부모는 자녀의 뜻에 반대하거나 자녀를 훈육하는 법이 없다. 자기 마음대로 할 수 있으니 자녀도 당장은 그것을 좋아한다. 하지만 결국은 자신이 고아처럼 느껴질 것이며, 사실상 그들은 고아나 마찬가지다. 규율도 없고 징계도 없이 자녀를 응석받이로 키우는 부모는 역설적으로 자녀를 사랑하지 않는 것이다. 이런 부모는 자녀에게 저주와도 같아서 자녀들은 평생 정서적 혼란을 겪는다. 한계와 넘지 말아야 할 선을 모르기 때문이다.

하나님과의 관계에서도 그런 사람이 많다. 그들은 "영적이지만 신앙은 없다." 그들이 원하는 신은 아무것도 정죄하지 않는 신, 지켜야 할 규율은 제시하지 않고 감동만 주는 신이다. 그들은 직업적 성공이나 연애와 섹스에서 자신이 괜찮다는 것을 확인하고 인정받으려 하지만, 거기에는 결코 만족이 없어 보인다. 그들은 누군가가 자신에게 어떻게 살아야 하는지 이야기할 때는 도덕적 상대주의자가 되지만, 자신이 타인에게 어떻게 행동해야 하는지 충고할 때는 도덕적 절대주의자다. 이 부조화를 자신도 느끼지만, 속수무책이다.

그러나 예수님이 십자가에서 당신에게 해 주신 일을 참으로 깨닫고 즐거워하면, 당신은 도덕주의 종교에 따라오는 죄책감과 수치심에서 해방될 뿐 아니라, 당신을 위해 죽으신 그분을 기쁘시게 하며 살아야겠다는 의무감도 생긴다. 이런 순종은 부담이 아니라 즐거움이다. 당신에게 넘치는 기쁨을 주신 그분께 당신도 기쁨을 드리고 싶어진다. 카우퍼는 이를 "주가 율법을 이루시〔니〕 …… 노예가 자녀로 변하고 의무도 즐거워지네"라고 요약했다.[17] 그 속에는 바울의 로마서 8장 말씀이 반영되어 있다.

무릇 하나님의 영으로 인도함을 받는 사람은 곧 하나님의 아들이라

너희는 다시 무서워하는 종의 영을 받지 아니하고 양자의 영을

받았으므로 우리가 아빠 아버지라고 부르짖느니라 성령이 친히 우리의

영과 더불어 우리가 하나님의 자녀인 것을 증언하시나니.

로마서 8장 14-16절

지금까지 말한 영적 왜곡들을 예방하려면 예수님이 십자가에서 이루신 일을 깨달아야만 한다. 바로 대속의 교리다. 이 교리를 통해서만 우리는 하나님이 대체로 거룩하신데 얼마간 사랑도 있다거나 대부분 사랑이신데 약간은 거룩한 성품도 있다는 게 아니라, 그분의 거룩하심과 사랑이 대등하며 서로 의존해 있음을 바로 알 수 있다. 이런 하나님관을 통해서만 '응석받이나 방치된 아이'가 '사랑받는 건강한 자녀'로 변화될 수 있다.

하나님과 십자가를 그렇게 인식해야만 우리도 정의와 자비에 똑같은 비중을 두어 다른 사람을 용서할 수 있다. 이 교리가 없으면 수직적 차원인 하나님의 용서가 위축되어 인간의 용서는 정서적 해방이나 일종의 복수를 위한 수단에 머무르고 말 것이다.

십자가의 교리는 놀랍고도 독특하며 삶에 변화와 해방을 가져다준다. 그래서 히브리서 기자는 "우리가 이같이 큰 구원을 등한히 여기면 어찌 그 보응을 피하리요"라고 일갈했다. 히 2:3

6 정의와 사랑, 명예와 학대

그리스도의 십자가, 정의와 사랑이 입 맞추다

정의에 호소하는 당신이 생각해야 할 게
있습니다. 정의를 따르다가는
아무도 구원을 보지 못합니다.
기도할 때 우리는 자비를 구하지요.
그 기도가 가르쳐 주듯이
우리도 모두 자비를 베풀어야 합니다.
―윌리엄 셰익스피어[1]

하나님은 진노와 사랑의 하나님이며, 양쪽 다 십자가에서 동시에 충족되었다. 정의와 사랑이 그분의 속성 안에서 완전히 통합되었으니, 얼마나 놀라운가! 그런데 우리 사회와 마음속에서는 여전히 정의와 사랑이 지독한 대립 관계로 고착되어 있는 듯하다.

'수치와 명예의 문화'를 변화시키는 '하나님의 정의와 사랑'

고대 사회는 수치와 명예의 문화였고, 그 기초는 인간의 평등한 존엄성이 아니라 명예와 사회적 지위라는 위계였다. 이 문화에서 자신의 명예를 지키려면 복수가 절대적으로 필수였다. 보복하지 않는 사람은 존중받을 자격이 없었다. 그런 문화에서는 정의도, 사랑도 중요하지 않았다.

복수해서 '충분한 명예'를 되찾을 피해자의 권리가 먼저였고, 신중하게 공정한 양형을 산정하는 일은 뒷전이었다. 당연히 기독교 이전의 과거에는 '가해자를 사랑해야' 한다는 권고도 없었다.

스토아학파가 사람들에게 복수 행위를 삼가라고 권한 것은 사실이지만, 그들의 논리를 자세히 살피면 속내가 드러난다. 원한을 극복하고 지저분한 복수 없이 되갚는 길은 가해자를 멸시하는 것이었다. "그자가 뭐라고 말하든 신경 쓸 것 없다." 그러나 이런 식의 무시는 과도한 분노에서 벗어났다 뿐이지, 사실상 상대를 벌하는 하나의 방식이었다. "스토아학파가 완고한 사람이나 곤란한 환경에 대처하던 수단은 용서가 아니라 체념이었다."² 정의나 사랑을 행해서가 아니라, 상대에 대한 마음을 거둠으로써 분노를 가라앉힌 것이다.

그러나 성경에 제시된 원리는 명예의 문화를 무너뜨린다. 잠언은 이렇게 가르친다.

> 다툼을 멀리하는 것이 사람에게 영광이거늘 미련한 자마다 다툼을 일으키느니라.
> 잠언 20장 3절

> 사람이 교만하면 낮아지게 되겠고 마음이 겸손하면 영예를 얻으리라.
> 잠언 29장 23절

이교 사회에 당당히 맞서는 혁명적 원리가 바로 여기에 있다. 자신의 명예에 급급해하지 않는 게 가장 명예롭다는 것이다. 대다수 문화에서 최고의 명예는 가장 빨리 되받아치는 사람의 몫이었지만, 잠언은 그런 일에 빠른 사람일수록 사실은 가장 미련하다고 말한다. 성경의 지혜 문학에는 미련함에 대한 가르침이 아주 풍부한데, 여기서는 이 정도의 말로 충분하다. 즉 성경이 말하는 미련한 자는 내면이 공허하고 불안해서 자기밖에 모르다가 해를 자초하는 사람이다. 성경에 따르면 자신을 변호하기에 재빠른 자일수록 강한 사람이 아니라 그만큼 더 나약한 사람이다.

반문화적 성격이 가장 깊은 구절은 잠언 29장 23절이다. 이 구절에 선포되어 있듯이 교만한 사람은 낮아지고, 겸손히 자기를 부인하는 사람만이 결국 영예와 존중을 얻는다. 동서양을 막론한 고대 문화에서 이보다 더 직관에 반하는 개념은 없었을 것이다. 이 말씀에 암시되어 있듯이 강한 사람일수록 분노를 쏟아 내지 않고 온전히 절제하는 가운데 정의와 사랑을 공히 행한다.

신이 우리 인간보다 무한히 영화롭고 크신 분이라는 관점을 고대 세계에 도입한 것은 구약성경뿐이다. 하나님 앞에서는 지극한 겸손만이 합당하다.

화해 공동체를 낳는 '하나님의 정의와 사랑'

의식 규정을 다룬 레위기의 한 유명한 본문에 이웃 사랑에 관한 혁명적 말씀이 깊숙이 숨겨져 있다. 예수님이 친히 인용하고 설명하신 레위기 19장 17-18절이다. 어느 학자의 말처럼 "이 금언의 배후 정서는 고대 세계에서 독특했으며, 구약성경의 가장 출중한 도덕 교훈 중 하나를 대변한다."[3]

너는 네 형제를 마음으로 미워하지 말며 네 이웃을 반드시 견책하라
그러면 네가 그에 대하여 죄를 담당하지 아니하리라 원수를 갚지 말며
동포를 원망하지 말며 네 이웃 사랑하기를 네 자신과 같이 사랑하라

나는 여호와이니라.

한 사람이 다른 사람에게 잘못을 범했을 때, 하나님은 신자들의 언약 공동체가 어떻게 처신하기를 원하실까? 이 두 구절에 설명되어 있다.[4]

우선 세 가지가 금지되어 있다. 원수를 갚아서는 안 된다. 상대에게 똑같이 되돌려 주지 말라는 뜻이다. 하지만 특정한 행동을 삼가는 것만으로는 부족하고, 아예 마음으로도 미워하지 말아야 한다. 본문에 '미워하다'로 번역된 히브리어는 '지위를 떨어뜨린다, 가해자를 경멸하고 멸시한다'는 뜻이다. 아울러 원망해서도 안 된다. 처음에는 부정적 감정이 드는 것을 막을 수 없을지라도, 그것을 오래도록 품고 있으면 안 된다.

이번에는 갈등 관계의 신자들이 해야 할 일이 두 가지 있다. 가해자를 견책하면서 또한 사랑해야 한다.

견책이란 단어는 상대의 잘못을 솔직하고 날카롭게 지적한다는 뜻이다. 흥미롭게도 본문에 "그러면 네가 그에 대하여 죄를 담당하지 아니하리라"라고 덧붙여져 있다. 잘못을 지적해 상대의 행동을 중단시키려 노력하지 않는다면 우리도 가해자의 죄를 함께 담당한다는 뜻이다. 다시 말해서 우리에게 마땅히 요구되는 정의를 추구하지 않으면 애초에 우리가 피해자일지라도 하나님은 우리에게도 책임을 물으신다.

원망하지 말라는 명령이 곧 용서하라는 명령임은 명백하다. 그런데 이 용서의 접근법이 놀랍도록 절묘하다. 용서와 함께 가해자의 죄를 지적해야 한다. 정의와 자비가 매끄럽게 맞물려 있다.[5]

왜 그래야 할까? 레위기 19장 18절 본문에 답이 들어 있지만, 자칫 놓치기 쉽다. 이상의 짤막한 권고는 "나는 여호와이니라"라는 단순한 선포로 이어진다. 레위기는 윤리 규정을 제시한 뒤 "나는 여호와이니라"라는 진술을 덧붙이기로 유명하다. 그 의미를 이해하는 것이 무엇보다 중요하다. 정의와 사랑이 우리에게 맞물려야 하는 까닭은 하나님께도 그 둘이 맞물려 있기 때문이다. 정의와 사랑이 맞물릴 수 있음은 그 둘을 겸비하신 하나님이 우리를 도우시기 때문이다.

구약성경의 또 다른 본문에 암시되어 있듯이, 다른 사람을 대할 때 사랑과 정의가 통합되지 않으면 결국 우리는 사랑하지도 못하고 정의롭게 행하지도 못한다. 잠언 24장 29절에 원한의 심리 구조가 잘 나타나 있다.

> 너는 그가 내게 행함같이 나도 그에게 행하여 그가 행한 대로 그 사람에게 갚겠다 말하지 말지니라.

우리 마음은 복수를 정의인 양 위장한다. "상대가 내게 피해를 입힌 대로 딱 그만큼만 갚아 주는 거니까 지극히 공정하고 정의롭다"는 것이다. 그러나 실제로 복수가 거기서 그치는 경우는 드물다. 하나님의 은총을 입은 아벨에게 분개했던 가인은 그 원한을 억제하지 못해 결국 살인으로 치달았다. ^{창 4:6-7} 당신의 분노한 마음이 처음에는 "당한 만큼만 갚아 주겠다"고 말할지 모르지만, 어느새 "그쪽에서 먼저 내게 피해를 입혔으니까 그보다는 더 당해야 마땅하지"로 바뀔 수 있다. 머잖아 소위 정의의 가면은 벗겨지고, 복수의 민낯이 드러난다.

여기에 함축된 의미는 이미 명백하다. 가해자를 용서하는 것만으로 부족하고, 그가 저지른 불의 또한 지적해야 한다. 반대로 용서 없이 정의를 추구하는 것만으로도 부족하다. 용서하지 않으면 당신은 정의를 넘어 복수로 치달을 테고, 결국 가해자에게 당한 일에서 헤어나지 못한다. 헨리 나우웬은 이렇게 썼다. "용서하지 않으면 스스로 복수심에 결박되어 자유를 잃는다. 용서받은 사람은 용서한다. '우리가 우리에게 죄지은 자를 사하여 준 것같이 우리 죄를 사하여 주시옵고'라는 기도가 바로 그 고백이다. 이 평생의 씨름이 그리스도인의 삶의 핵심이다."⁶

요컨대 정의를 추구하는 데는 두 가지 방법이 있다. 복수심으로 할 수도 있고, 사랑으로 할 수도 있다. 전자는 상대를 고생시키려는 분풀이이며, 그래 봐야 당신의 마음만 완고해지고 앞으로 당신 또한 다른 사람을 해치기가 더 쉬워진다. 게다가 이는 가해자에게 계속 당신을 통제할 권한을 내주는 꼴이다. 반대로 당신은 레위기 말씀에 암시된 대로 사랑으로 정의를 추구할 수도 있다. 가해자를 사랑하는 마음으로 잘못을 지적해 주는 것이 우리의 본분이다.^{갈 6:1} 미래의 잠재적 피해자들을 사랑하고, 인간 공동체를 사랑하고, 하나님을 사랑하는 마음으로 그리해야 한다. 그게 가능하려면 우리는 정의를 추구하는 중에도 용서해야만 한다.

정의와 사랑의 통합에 관해 신약성경에 더 많은 통찰이 나오는데, 앞으로 여러 장에 걸쳐 살펴볼 것이다. 다만 여기에서 중요하게 짚고 넘어가야 할 내용이 하나 있다. 그리스도인은 정의를 추구할 때 그리스도의 십자가를 길잡이로 삼아야 한다.

하나님은 우리가 마땅히 당해야 할 처분을 우리에게 내리지 않으셨다. 우리의 죗값을 예수님이 다 치르셨다. 우리의 악한 삶에 합당한 형벌을 그분이 당하셨기에, 그분의 완전하고 아름다운 삶에 합당한 보상이 우리에게 전가될 수 있다. 행위가 아니라 오직 믿음으로 의롭다 하심을 받는다는 교리의 이 전통적 해석은 양날의 검과도 같다. 우선 하나님이 정의의 수호를 얼마나 극진히 중시하시는지를 볼 수 있다. 그분은 인류에게 손을 흔드시며 "너희가 저지른 모든 악을 내가 용서할 테니 그냥 넘어가자"라고 말씀하지 않으셨다. 하나님은 정의를 매우 중대하게 여기셔서 삼위일체의 제2의 위격이 인간으로 이 땅에 오셔서 종으로 살다가 십자가에서 죽어 친히 정의의 빚을 갚으셨다. 그러므로 우리도 열심히 정의를 추구해야 한다!

다른 한편으로 칭의 교리가 우리에게 일깨우는 사실이 또 하나 있다. 우리도 잘못과 불의를 저지른 가해자인데 하나님이 용서하셨다는 것이다. 그래서 우리는 정의에 깊이 헌신하되, 세상에 나가 불의한 이들을 상대할 때 고자세를 취하지 않는다. 하나님의 형상대로 지음받은 그 누구 앞에서든 우리는 상대를 악마화하지 않으며, 가혹하게 또는 고압적으로 대하지 않는다. 지칠 줄 모르고 정의를 추구하되 겸손하게 임한다.

학대에 적용된 '하나님의 정의와 사랑'

체조 선수 출신인 레이첼 덴홀랜더는 미국 체조 대표 팀의 주치의 래리 나사르에게 여러 번 성폭행을 당했다. 2018년 그녀는 사건을 은폐하고 부인하기에 급급했던 체조협회의 벽을 뚫고 그를 공개적으로 고발한 최초의 여성이 되었고, 이를 계기로 결국 나사르에게 치료받았던 여성 수백 명이 각자 자신이 당했던 추행과 폭행 사례를 폭로했다.

레이첼 덴홀랜더는 기독교인인데, 그녀가 변호사로 활동하면서 자주 보았듯이 교회들은 "성폭행 혐의를 잘못 처리하기 일쑤였다. 피해자들에게 용서하고 잊으라고 권했고, 누군가의 행동에 대해 경고음이 울려도 듣지 않았으며, 많은 피해자의 증언에 따르면 범죄 수사를 부정적인 시선으로 보거나 심지어 방해하기도 했다."[7] 그녀가 접한 여러 사례의 피해 여성들이 들은 말은 딸을 학대하는 남편을 신고하지 말고 용서하라는 것이었다. 이런 풍조의 밑바닥에 깔린 교회들의 "가르침은 연합과 용서와 은혜 같은 개념 위주였고, 그 결과 학대자들은 '용서받은' 반면 피해자들은 '원한'을 품고 있다는 이유로 입막음을 당했다."[8]

이런 행태에 대한 반작용으로 많은 피해자와 변호사가 특히 학대 사건에서 용서를 배격해 왔으며, 심지어 교회 안에서 벌어지는 학대를 기독교의 속죄 교리 탓으로 돌리기까지 했다. 하나님의 아들이 십자가에서 죽어 죄에 대한 하나님의 진노를 충족시키셨다는 가르침은 '신의 아동 학대'처럼 간주된다. 대속의 교리는 안셀무스의 유명한 작품 *Cur Deus homo?*하나님은 왜 인간이 되셨는가 탓에, 우리를 폭력적인 신에게 길들인다는 이유로 "우익 극단주의로 가는 초기 약물"이라 비난받아 왔다.[9] 그래서 일각의 주장에 따르면, 하나님 "아버지께서 아들이 저지르지도 않은 죄 때문에 자기 아들을 벌하신다"는 전통적 개념은 "원수를 사랑하라는 예수님 자신의 가르침을 우롱하며"[10] 필연적으로 학대 문화를 낳는다.

2021년 말에 "마즈힐의 성장과 몰락"이라는 팟캐스트 시리즈가 폭넓은 논의를 불러일으켰다.[11] 시애틀의 마즈힐교회는 복음주의 대형 교회였지만, 마크 드리스콜 목사 밑에서 무너져 거의 하룻밤 사이에 사라져 버렸다. 많은 비판자가 마즈힐에 생겨난 유해한 독재 기조를 복음주의 신학 탓으로 돌렸다. 한 작가는 "악한 행위에는 반드시 응보의 벌이 따른다는 식의 형벌 대속이 …… 폭력적 신학"

이라서 그 교회와 오늘의 미국 전반에 "폭력적 윤리"를 부채질했다고 주장했다. 그에 따르면 하나님이 인간의 죄를 심판하신다는 개념은 본질상 위계적이며, 따라서 위계와 권력에 집착하는 교회 문화를 부추긴다.[12]

많은 학대 피해자와 변호사들이 압제에 맞서 싸우려고 전통 종교, 특히 기독교에 등을 돌렸다. 그러나 차분하면서도 치열하게 학대 피해자들을 변호해 온 레이첼 덴홀랜더는 그러지 않았다.

래리 나사르에게 당한 일이 무엇인지 인식한 뒤 그녀의 내면에 벌어진 광범위한 씨름이 회고록 *What Is a Girl Worth?*한 소녀의 가치는 얼마나 되는가?에 기록되어 있다. "래리를 용서하고 싶었지만, 누구라도 내 용서를 구실 삼아 어떤 끔찍한 일이 마치 사실은 별로 악하지 않다는 듯 행세하는 것은 싫었다. 유수한 [기독교] 교사들이 '너에게 자행된 악으로 인해 감사할 수 없다면 너는 제대로 용서하고 믿은 게 아니다'라는 식으로 말했다. 용서가 정말 그런 뜻인가? 옳지 않았다. 그런데 권위를 가진 인물들에게 그런 말을 하도 자주 들어서 비통하게도 나는 혼자라고 느껴졌다."[13]

레이첼은 자신도 다른 수많은 이들처럼 '하나님을 빼놓고 접근할까?' 생각해 보았다고 시인했다. '세상 방식대로 하면 어떨까? 그러면 용서하기 힘들어하는 것에 대한 죄책감에서 벗어나지 않을까? 온갖 종교적 걸림돌에 구애받지 않고 정의를 추구할 수 있지 않을까? 종교적 권위를 가진 인물들이 시키는 대로 하기보다 내가 이해

하는 정의와 옳고 그름에 솔직히 따르는 게 일종의 해방이 아닐까?'

그녀는 이렇게 고백한다. "내 머릿속으로 그 길을 수없이 가 보았지만 문제가 해결되지 않았다. 진실의 요건을 오직 인간이 정한다면, 나는 악이나 정의를 규정할 방도가 없었다. …… 하나님을 빼놓으면 악의 문제가 해결되기는커녕 오히려 더 악화되었다." 그녀는 "기독교 신앙에 대한 여러 비판과 씨름했고" 정황상 얼마든지 신앙을 버려도 될 것 같았다. 그러나 "어디를 보든 하나님 없이는 설명되지 않는 것들에 부딪쳤다." 여전히 답이 없는 굵직한 의문들도 있었지만, 그녀는 "신앙이 없을 때보다 신앙을 통해 얻는 답들이 더 진정한 것"임을 깨달았다.[14]

사실 레이첼이 그리스도인으로 남아 있어야 했던 이유는 바로 래리 나사르였다.

기독교를 제외한 다른 모든 종교는 …… 마치 삶이 평형 저울인 양 모종의 충분한 선행으로 악을 상쇄하는 데 의존했다. 자선을 충분히 베풀거나 기도를 제대로 하거나 순례의 양을 채우면 악의 피해가 사라질 것처럼 말이다. 하지만 그것은 정의가 아니다. 래리가 자폐 재단 설립을 도왔다는 것은 나도 알았고, 그건 당연히 좋은 일이지만, 그 선행이 내 악몽을 종식시키지는 못했다. 그가 저지른 악은 그대로 있었고, 피해는 이미 발생했다. 그 악행은 무슨 수로도 사라질 수 없었다.[15]

정의와 용서에 똑같이 헌신하신 분

2018년, 레이첼 덴홀랜더는 서던침례신학교 박사 과정 학생인 남편 제이콥과 함께 복음주의신학협회에 "정의: 학대에 대한 기독교적 접근의 기초"라는 제목의 논문을 제출했다.[16] 이 논문은 시작부터 복음주의자들의 잘못을 기탄없이 지적한다. 즉 복음주의 교회에서 성추행 사건이 자주 발생한다는 점, 그리고 걸핏하면 "그런 공동체들이 학대자 편에 서서 그들을 보호하고 암암리에 신속히 교회의 중직으로 복직시키고 처벌을 막아 주면서 그 과정에서 피해자에게 트라우마를 안겨 준다"는 점이다. 이 부부에 따르면, 이런 관행이 "노골적 부패"에서 비롯할 때도 있으나, 그보다 교회들은 "학대의 역학에 대한 부실한 신학과 잘못된 정보 때문에" 상황을 잘못 처리할 때가 더 많다.

덴홀랜더 부부가 이 "부실한 신학"의 해법으로 제시한 전통적 교리가 있다. 바로 예수님이 십자가에서 우리 죄의 형벌을 당하심으로써 우리가 용서받는다는 대속의 교리다. 그들은 이 교리를 제대로 이해하면 그것이 "피해자들에게는 위로이자 신원(伸冤)"이 될 수 있고, 또 "학대에 바르게 …… 대처하려는 …… 기독교 공동체들에게는 포괄적 지도 원리"가 된다고 보았다. 그들은 대속의 교리에서 몇 가지 원리를 도출했다.

첫째, "십자가는 피해자의 억울한 심정과 신원받으려는 욕구를 존중한다. 부정과 불의는 실재이며, 하나님은 그것을 미워하신다."

예수님은 십자가에서 죄에 대한 하나님의 진노를 감당하셨다. 텐홀랜더 부부는 플레밍 러틀리지의 말을 인용한다.

> 요즘은 하나님의 진노에 관한 말을 불쾌해하는 사람이 많지만, 이는 성경에서 외면할 수 없는 두드러진 주제다. 자고로 온 세상의 압제받는 민족들은 부정과 불의에 노하시는 성경 속의 하나님을 보며 힘을 얻었다.[17]

십자가를 보며 우리는 죄와 악이 사소한 문제가 아님을 깨닫는다. 십자가는 정의에 헌신하신 하나님을 보여 주며, 텐홀랜더 부부의 말처럼 이는 우리도 마땅히 이 땅에서 정의를 추구해야 한다는 뜻이다. 물론 현세의 정의 추구에는 늘 실망이 뒤따른다. "최악의 경우 법정은 불의를 지속시키는 도구가 된다. 최선의 결과조차 이미 손상되거나 망가진 것을 복원할 수는 없다. …… 그래도 우리는 하나님의 완전한 정의를 확신할 수 있다." 이 땅에 완전한 정의는 없고 완전한 배상과 보상도 불가능하지만, 우리는 하나님이 결국 모든 일을 바로잡으실 것을 알고 위안을 얻는다.

둘째, 십자가는 정의와 용서 둘 다에 헌신하신 하나님을 보여 준다. 이 둘은 서로 대립 관계가 아니다. 예수님이 십자가에서 죽으실 때 일거에 죄에 대한 정의가 시행되면서 용서의 문이 열렸다. 하나님은 "정의의 요건이 충족되는 것을 용서와 하나로 묶으신다."[18] 우리도 둘을 함께 추구해야 한다. 여기서 하나의 의문이 생긴다. 십자가는 어떻게 정의와 용서 둘 다에 똑같이 충실할 수 있을까?

답은 삼위일체 교리를 통해서만 나온다. 그리스도인은 신이 셋이라고 믿지 않는다. 하나님은 한 분이신데 세 위격으로 존재하시며, 각자 안에 모든 신성이 충만하게 거한다. 성부가 곧 성자는 아니지만, 성부와 성령이 성자 안에 계신다. 요 14:11, 20; 마 11:27 그러므로 십자가에서 아버지가 아들을 학대했다는 말은 터무니없는 오류다. 미로슬라브 볼프는 이렇게 썼다. "아버지가 아들을 [십자가에서] 학대한 게 되려면 …… 그리스도가 피해자인 하나님이나 그 하나님께 피해를 입힌 인류와는 별개로 제삼자여야 한다. 그러나 그리스도는 제삼자가 아니시다. …… 사도 바울은 '하나님께서 그리스도 안에 계시사 세상을 자기와 화목하게 하시며'라고 썼다. 고후 5:19"[19]

볼프의 말은 이렇게 이어진다. "그리스도가 진노의 하나님을 악한 세상과 화목하게 하신 것도 아니고[보수 기독교의 전형적 오류], 그리스도가 악한 세상을 사랑의 하나님과 화목하게 하신 것도 아니다[진보 기독교의 전형적 오류]. 하나님이 그리스도 안에서 '세상을 자기와 화목하게' 하셨다." 삼위일체 교리는 존 스토트의 말대로 십자가에서 "하나님이 친히 우리를 대신하셨다"라는 뜻이다.[20] 하나님이 친히 오셔서 형벌을 받으시고 우리가 갚아야 할 빚을 갚으셨다.

덴홀랜더 부부는 "채무자의 융자금을 제삼자가 대신 상환하면 은행이 빚을 탕감해 주었다고 말할 수 없지만, 은행이 채무자 대신 직접 상환하면 〔정의의〕 변제와 용서가 〔한번에〕 둘 다 이루어진다"라고 썼다.[21] 십자가에서 "악의 실재성과 정의의 필연성이 확증된다. 따라서 하나님의 형벌이 악을 저지른 당사자에게 내려지든지 아니면 그분이 직접 그것을 감당하시든지 해야 한다."[22]

셋째, "하나님이 십자가에서 보이신 모본은 압제와 학대에 작용하는 권력의 역학을 뒤집는다." 이 내용은 워낙 중요하므로 길게 인용한다.

학대의 영향이 참담한 것은 대부분 학대가 인간관계의 여러 필수 개념을 뒤엎기 때문이다. 학대자들[23]은 대개 그루밍 수법, 선물 공세, 순수한 신체 접촉, 친절한 행위 등을 통해 피해자를 학대하기 쉽게 길들인다. 대개 가해자들은 안전하고 믿을 만한 사람이나 심지어 피해자를 돌보는 희생적인 사람으로 비쳐진다. 가해자는 신뢰, 안전, 안심, 긍휼, 돌봄 같은 개념을 거꾸로 무기처럼 휘둘러서 더욱 손쉽게 가장 깊은 차원의 유린을 자행한다. 서로 건강한 관계를 유지하려고 우리 인간이 의지하는 모든 개념이 이제 위험하게 변질되어 해악을 부추기는 도구로 탈바꿈한다. 실제로 대다수 학대자가 성추행을 하는 이유는 단순히 성욕을 해소하기 위해서가 아니라, 자신이 행사할 수 있는 통제권과 권력 불균형을 즐기기 때문이다.

학대 생존자들은 반드시 이런 개념을 정의하고 이해하고 재학습할 수 있어야 한다. 권력의 해로운 남용과 조종을 인식하지 못하는 생존자는 자꾸 새로운 학대 관계에 말려들 수 있고, 때로는 자신도 학대자가 된다. 주변 세상과 건강한 관계와 교류를 맺는 것이 어려울 수밖에 없다. 십자가는 학대자의 행동과 극명한 대비를 이루면서, 학대로 파괴되는 각 개념의 최고 모본을 보여 준다. 성자 예수님은 성육신과 십자가를 통해 신의 특권을 버리신다. 강하신 분이 약해지신다. …… 하나님은 십자가에서 이타적 행위로 악을 이기시고, 정의를 수호하시고, 속박을 풀어 주시고, 창조세계를 회복하신다. 그분은 자원해서 불의를 당하셨기 때문에 친히 자신을 피해자와 완전히 동일하게 여기신다. 권력을 가진 자의 유익과 쾌락을 위해 권력을 휘두를 수 있다는 개념을 십자가는 단호히 거부한다. 십자가에서 피해자들은 자신이 학대당하는 동안 변질되고 전복되고 조종당한 여러 개념을 제대로 정의하고 이해할 수 있는 틀과 기초를 얻는다. 그리하여 이미 발생한 피해를 치유하기 시작한다.[24]

끝으로 관계의 치유가 가능하려면 십자가를 모델 삼아 정의와 용서를 함께 추구해야만 한다. 십자가는 피해자도 용서받아야 할 존재임을 보여 주며, 덕분에 다른 사람에게 용서를 베풀기가 더 쉬워진다. 십자가에 힘입어 그리스도인은 "범죄자와 학대자를 자신과는 근본적으로 다른 '타인'으로 보지 않는다. 악은 우리 마음속에도 있기 때문이다."[25] 이렇게 겸손해지면 정의감과 회복을 통해 미래의 잠재적 피해자들을 보호하는 데까지 나아가되, 가해자의 영구 파멸을 바라는 복수심으로는 비약하지 않을 수 있다.

다른 한편으로 가해자가 자신의 죄와 자기기만을 깨닫고 달라질 수 있는 최고의 기회는 바로 죄의 결과를 당하는 것이다.

> 인간의 정의는 한시적이지만 그래도 하나님의 최종 정의의 예고편과 같다. 이를 계기로 학대자는 자기 죄의 실재성과 심각성을 직시할 수 있다. 인간의 정의는 학대자에게 회개를 촉구한다. 자신이 저지른 악을 하나님과 피해자 편에 서서 단죄하라는 것이다. 그래야만 관계가 회복될 수 있다. …… 하나님과 피해자 편이 되어 참으로 회개하는 학대자는 회개를 빙자해 인간의 정의를 회피하거나 피해자에게 뭔가를 요구하지 않는다. 참된 회개에는 자신이 입힌 피해를 인정하고 처벌을 달게 받는 것도 포함된다.[26]

레이첼 덴홀랜더는 이 절묘한 성경적 신학을 법정에서 실행에 옮겼다. 그녀는 래리 나사르를 보며 이렇게 말했다.

> 당신의 영혼이 죄책감에 무겁게 짓눌리기를, 그리하여 언젠가는 참된 회개를 통해 하나님께 참으로 용서받기를 기도합니다. 나도 당신에게 용서를 베풀지만 당신에게는 내 용서보다 그분의 용서가 훨씬 더 필요하니까요.[27]

또 다른 학대 생존자도 십자가의 위력을 증언한다. 메즈 맥커널은 여러 해 동안 계모에게 신체적·정서적으로 학대를 당했다.[28] 다음은 그가 쓴 글의 한 대목이다.

아동 학대 생존자로서 나는 그것이 여태 내 삶 전반에, 특히 사고방식에 미친 영향을 조심해야 한다. 새로운 사람을 만나면 의심부터 들고, 정당한 권력 행사도 수상해 보인다. 남을 괴롭히는 행위는 질색이고, 조종하는 이들 때문에 걱정된다. 나는 기본적으로 신뢰가 부족하다. 무죄로 입증되기 전까지는 누구나 유죄인 것 같고, 모든 낯선 사람이 잠재적 학대자로 보인다. 바람직하지 못하다. ……

그래서 십자가는 내게 반석이 되어 준다. …… 그래서 〔대속의 교리는〕 내 고통을 기쁨과 소망과 특별한 의미로 채워 준다. …… 십자가에서 하나님은 약자와 압제받는 자와 학대당하는 자를 위해 행동하신다. 악을 이기시고 정의를 수호하시고 속박을 풀어 주신다. 그분은 비열한 조종이나 권력 행사를 당한 모든 피해자와 자신을 친히 완전히 동일하게 여기신다. 그것을 십자가만큼 잘 예시해 주는 것은 이전에도 없었고, 앞으로도 없을 것이다.[29]

하나님의 어린양

하나님의 정의와 사랑을 성경의 가장 유명한 이야기 중 하나에서 볼 수 있다. 바로 출애굽 이야기다.

하나님은 애굽이집트 민족에게 이스라엘 민족을 종살이에서 풀어주라고 명하시지만, 그들은 거부한다. 수차례의 경고 끝에 하나님은 인간을 노예로 압제한 애굽의 큰 악계 18:13을 심판하기로 작정하시고 파멸의 천사를 보내신다. 정의의 형벌은 모든 집의 맏아들이 죽는 것이었다. 옛날에는 맏아들이 집안의 희망이자 힘이었고, 재산도 물려받았다. 그런데 하나님이 이스라엘 백성에게는 유월절을 지키도록 지시하신다. 그들은 어린양을 잡아서 먹고 그 피를 집 문설주에 바른 뒤 어떤 이유로든 집 밖에 나가서는 안 된다는 지시를 받았다. 여기서 두 가지 놀라운 진리를 볼 수 있다.

첫째, "멸하는 자"출 12:23 즉 하나님의 진노로 악과 죄를 처단하는 천사는 애굽 사람의 집에만 간 것이 아니다. 죄에 대한 하나님의 진노는 사람을 가리지 않고 애굽 땅 모든 집에 임했다. 모든 집이 진노를 당해 마땅했기 때문이다. 여기에 '착한' 이스라엘 사람과 '악한' 애굽 사람 따위의 위계는 없다.

마치 하나님이 이스라엘에게 이렇게 말씀하시는 것 같다. "너희는 압제받는 자고, 그들은 압제자다. 너희는 참되신 하나님을 예배하고, 그들은 우상을 숭배한다. 그러나 오늘 밤 내가 내 의로운 기준으로 너희를 심판한다면 너희도 시험에 통과하지 못한다. 사람은 다 죄인이므로 아무도 하나님의 영광에 이르지 못한다. 은혜의 구원이 필요한 잃어버린 백성인 것은 너희나 애굽 사람이나 똑같다."

바울이 제시한 순전한 은혜의 복음도 이 기본 진리에 입각한 것이었으니, 곧 "의인은 없나니 하나도 없으며"라는 진리다. 롬 3:10

둘째, 정의와 사랑을 함께 충족시킬 길은 대속이다. 모든 이스라엘 가정의 모든 맏아들은 식탁 위 접시에 담긴 어린양을 보며 "내가 죽지 않은 이유는 오로지 이 양이 대신 죽었기 때문"이라고 말할 수밖에 없었다. 앞서 보았듯이 모든 죄는 빚을 낳고, 그 빚은 결코 사라지지 않는다. 어떤 식으로든 매번 누군가가 갚아야 한다. 다른 사람이 대신 형벌을 받으면 당신은 용서받지만, 그렇지 않으면 당신이 그 벌을 직접 받아야 한다. 죗값이 저절로 소멸되는 일은 없다.

모든 사람은 죄인이며 그래서 만인에게 대속물이 필요하다는 이 두 진리를 합치면 유월절이 그 너머를 가리켜 보인다는 게 분명해진다. 주의 깊게 관찰하면 누구라도 깨달을 수밖에 없는 사실이 신약성경에 명시되어 있으니, 곧 동물의 피로는 결코 죄를 속할 수 없다는 것이다. 히 10:4 우리에게 필요한 대속물이 어린양일 리는 없다. 그렇다면 우리는 어디로 눈을 돌려야 할까?

예수 그리스도는 배반당하시던 그 밤에 제자들과 함께 머무르며 유월절 식사를 나누셨다. 그들은 유월절 집례자가 으레 말하던 대로 예수님 또한 "이것은 우리의 고통의 빵이니 우리 조상이 광야에서 고난당했으므로 우리가 자유를 얻었다"라고 말씀하실 줄로 알았다. 그런데 그분은 일어나 "이것은 내 찢긴 몸이다"라고 말씀하셨다. "이것은 내 고통의 빵이니 너희를 결국 해방할 것은 내 고난이다"라고 말씀하신 셈이다. 여느 유월절처럼 식탁에 구운 어린양 고기가 올라와 있었겠지만, 하나님의 참어린양은 그들 곁에 계셨다.

그래서 세례 요한은 예수님을 가리켜 "보라 세상 죄를 지고 가는 하나님의 어린양이로다"라고 말했다.^{요 1:29} 그는 이렇게 말한 셈이다. "이제야 알았다! 우리의 맏아들들이 구원받은 이유는 어린 동물들이 죽었기 때문이 아니라 하나님이 자원해서 그분의 맏아들을 내주셨기 때문이다." 요한복음 19장 33절에 명확하게 언급되어 있듯이 예수님의 뼈는 꺾이지 않았다. 이유가 무엇일까? 유월절 양은 뼈를 꺾지 못하게 규정되어 있었기 때문이다. 그 양은 흠 없고 점 없는 어린양이라야 했다.

십자가에서 예수님은 자신이 하나님께 버림받았다고 절규하셨다.^{마 27:46} 어느 모로 보나 가장 최고로 선하신 그분이 왜 버림받으셨을까? 우리 대신 버림받으신 것이다. 그분은 우리의 대속물이셨다.

만약 시내 광야에서 이스라엘 사람을 붙잡고 "여기는 웬일이며 어디로 가는 겁니까?"라고 묻는다면 그는 이렇게 답했을 것이다. "나는 타국에서 사형을 선고받은 이방인 신분이었는데, 어린양의 피로 구원받고 종살이에서 벗어났습니다. 비록 광야에 있으나 하나님이 나와 함께하시며 약속의 땅으로 데려가시는 중입니다."

그리스도인이 하는 말과 똑같지 않은가? 우리를 구원하기로 하신 하나님의 목적은 예수 그리스도가 하나님의 어린양이 되어 세상 죄를 지고 가신 그날에 다 이루어졌다.

7   용서의 기초

궁극적 목적, 죄를 바로잡아 공동체를 회복하는 것

인간의 죄가 보이거든 ……
늘 겸손히 사랑하기로 결심하세요.
단호히 그렇게 결단하면
온 세상이라도 정복할 수 있습니다.
겸손한 사랑은 놀랍도록 강합니다.
모든 것 중에 가장 강하며,
그런 것은 다시없지요.
—표도르 도스토옙스키[1]

기독교적 관점의 용서는 풍부하고 다차원적이며, 말 그대로 세상을 바꾸어 놓았다. 그러나 그것을 실천하려면 용서의 기본 요소부터 살펴봐야 한다. 예수님은 제자들에게 다른 사람의 잘못에 대응하는 법에 대해 두 쌍의 지시를 내리셨는데, 그보다 더 좋은 출발점은 없다.

모순된 두 가지 명령?

용서에 관한 예수님의 두 가지 지시는 언뜻 보기에 서로 모순되는 듯하다. 그러나 용서가 실제로 어떻게 이루어지는지를 이해하려면 둘을 합치는 게 매우 중요하다. 우선 마가복음 11장 25절에서 그분은 "서서 기도할 때에 아무에게나 혐의가 있거든 용서하라 그리하여야 하늘에 계신 너희 아버지께서도 너희 허물을 사하여 주시리라"라고 말씀하셨다.

당시에는 서서 기도하는 게 관행이었다. 왕상 8:14, 22; 느 9:4; 시 134:1; 눅 18:11, 13 기도하다가 누군가의 혐의를 알게 되었거나 기억나거든 즉석에서 용서해야 한다. 학자들의 지적처럼 본문의 "용서하라"헬라어로 '아피에테'라는 단어는 최고의 강조 용법인 현재 시제 명령법으로 되어 있다.[2]

예수님은 "그리하여야 하늘에 계신 너희 아버지께서도 너희 허물을 사하여 주시리라"라고 덧붙이신다. 막 11:25 다시금 기억해야 하거니와 이것은 우리가 용서해야 그 대가로 하나님이 우리를 용서하신다는 의미가 절대 아니다. 그보다 이 말씀은 용서할 마음이 없다면, 그것은 아직 당신이 하나님의 값없는 은혜를 이해하고 받아들이지 않았다는 증거라는 뜻이다.

어쩌면 당신은 하나님 앞에서 통회하고 돌이킴으로써 그분의 은총을 얻어 냈다고 생각했을지도 모른다. 자신의 가책과 수치심을 일종의 '선행'으로 내세워 그분께 당신이 생각하는 부채감을 안겨 드렸을 수도 있다. 당신이 그런 식으로 감정적 은혜만 경험하고 실제로 하나님의 값없는 용서와 자비를 받아들이지 않았다면, 그것의 확실한 증거가 바로 다른 사람을 용서하지 못하는 마음이다. 자신이 잃어버린 양의 상태임을 인정하면 겸손해지고 자신이 그리스도 안에서 받아들여졌음을 알면 기쁠 수밖에 없는데, 그 겸손과 기쁨이 전혀 없는 것이다.

자신도 똑같이 정죄받아 마땅한 존재로 보는 겸손, 그리고 자신의 신분이 그리스도께 사랑받는 존재임을 아는 기쁨, 이 두 마음이 없으면 복수심을 버리는 것이 불가능하다. "그러므로 용서와 자비를 받고도 용서와 자비를 베풀지 않는다면, 실제로는 하나님의 은혜로운 수용을 경험하지 못한 것이며 [마가복음11장] 22-24절에 하나님과의 관계의 표현으로 제시된 기도를 우롱하는 것이다."[3] 예수님의 요지는 아직 누군가를 용서하지 않았음을 깨닫거든 즉시 용서하라는 것이다.

이 본문만 따로 떼어 놓고 보면 앞서 말한 '값싼 은혜' 용서 모델을 지지하는 듯 보인다. 그 모델은 피해자의 분노를 떨쳐 버리는 것만 온통 강조할 뿐, 가해자의 변화와 관련된 대책은 없다.

그런데 누가복음에는 즉석에서 즉 기도하다 말고 용서하라는 이 명령과 모순되어 보이는 예수님의 다른 말씀이 나온다.

> 만일 네 형제가 [네게, NIV] 죄를 범하거든 경고하고 회개하거든
> 용서하라 만일 하루에 일곱 번이라도 네게 죄를 짓고 일곱 번 네게
> 돌아와 내가 회개하노라 하거든 너는 용서하라.
> 누가복음 17장 3-4절

여기 두 가지 책임이 제시되어 있다. 첫째, 어떤 사람이 '당신에게' 죄를 범하거든 경고하라. 아무의 죄나 보이는 대로 다 지적해야 한다는 뜻이 아니다. 갈라디아서 6장 1절과 데살로니가전서 5장 14절에 관련 지침이 나와 있다. 이 구절은 죄를 통틀어서 말하는 게 아니다. 예수님의 말씀은 '당신에게' 죄를 범했을 때 경고해야 한다는 것이다. "경고하고"라는 단어는 잘못을 지적한다는 뜻이다. 상대가 회개할 경우 당신의 두 번째 책임은 용서하는 것이다.

우선 이 본문에서 우리는 잘못을 지적할 책임과 용서할 책임이 똑같이 우리에게 주어져 있음을 배운다. 그런데 실제로 인간의 기질상 성령의 도움 없이는 그런 균형을 유지할 수 있는 사람은 거의

없다. 대체로 우리는 용서하기보다 지적하고 따지기에 더 빠르거나, 반대로 지적하기보다 용서하고 잊기에 더 빠르다. 아울러 여기서 우리는 예수님이 말씀하신 회개가 "하루에 일곱 번이라도" 반복될 수 있음을 배운다. 그럴 소지가 높다는 말씀이 아니라, 가해자에게 주저리주저리 장황하게 자책하는 회개를 요구해서는 안 된다는 뜻이다. 우리의 용서가 더디거나 마지못한 것이어서는 안 된다.

끝으로 우리는 용서의 목표가 내적 치유도 아니고 가해자에게 앙갚음하는 것도 아님을 배운다. 물론 용서는 내적 치유를 가져다줄 수 있고 정의 추구의 일환일 수도 있다. 그러나 용서의 궁극적 목적은 공동체의 회복이다. "여기서 용서의 목적은 죄인을 모욕하거나 이기거나 쫓아내는 게 아니라, 죄를 바로잡아 공동체를 회복시키는 것이다. 대체로 우리는 공동체 안의 죄를 못 본 척하기가 더 쉽다. 동료 신자에게 경고할 수 있으려면, 희생이 따르는 화해 과정에서 교회가 몸의 역할을 다해야 한다."[4]

많은 사람이 누가복음 17장을 마가복음 11장 25절과 따로 떼어서 읽고는, 가해자가 충분히 회개하고 배상하지 않는 한 용서가 필요 없다고 해석해 왔다. 그러나 마가복음 본문에 "아무에게나 혐의가 있거든 용서하라"라고 강조되어 있다. 거기에는 "회개하거든"이라는 말씀이 없다. 다른 한편으로 마가복음 본문은 용서가 온전히 마음속에서만 이루어져 순식간에 종결될 수 있다는 인상을 풍길 수 있다.

성공회의 39개조 신조 가운데 제20조에 "교회가 …… 성경의 한 부분을 다른 부분과 모순되게 설명하는 것은 합법적이지 않다"라는 대목이 있다.[5] 이 유서 깊은 성경 해석의 원리에 기초해서 앞의 두 본문을 어떻게 해석해야 그중 하나를 절대 기준으로 삼고 다른 하나의 비중을 상대적으로 축소하는 우를 면할 수 있을까?

답은 용서에 서로 겹쳐지는 두 가지 의미가 내포될 수 있다는 것이다. "신약성경이 말하는 용서에는 가해자 쪽의 회개가 전제될 때도 있고 그렇지 않을 때도 있다."[6] 누가복음 17장 3-4절은 전자의 예이며, 마가복음 11장 25절은 후자의 예다. 스데반은 죽어 가면서 "주여 이 죄를 그들에게 돌리지 마옵소서"라고 기도했지만, 분명히 가해자들은 회개하지 않았다. ^{행 7:60} 그가 말하는 동안 가해자들은 돌을 던져 그를 죽이고 있었다. 그런데도 스데반은 그들을 용서했다.

내적 용서와 외적 화해

이 두 지시가 어떻게 양쪽 다 진리일 수 있을까? 답은 용서라는 단어가 두 개의 본문에서 다소 다른 의미로 쓰였다는 것이다. "용서하라"라는 말씀이 마가복음 11장에서는 복수하지 않겠다는 속마음을 뜻하는 반면, 누가복음 17장에서는 상대와 화해한다는 뜻이다. 이처럼 어떤 용서는 결국 내면으로 그치고, 어떤 용서는 외부로 표출되어 관계의 화해를 모색하는 데까지 이른다. "형제와 화목하고." ^{마 5:24} "네 형제가 죄를 범하거든 가서 너와 그 사람과만 상대하여 권고하라 만일 들으면 네가 네 형제를 얻은 것이요."^{마 18:15} 어느 경우든 피해자는 속으로 용서해야 한다. 화해는 가해자가 자신의 잘못을 인정하고 회개하는지에 달려 있다. 전자를 "태도상의 용서", 후자를 "화해하는 용서"라 칭하기도 한다.⁷

이것은 용서의 두 종류가 아니라, 용서의 두 측면이자 단계다. 앞서 말한 용서는 늘 필수지만, 후자의 용서는 가능하되 항상 그렇지는 않다. 태도상의 용서는 화해 없이도 가능하지만, 화해는 태도상의 용서가 먼저 이루어지지 않고는 불가능하다. 누가복음 17장의 피해자가 속으로 용서하지 않았다면 어떻게 화해에 마음을 열겠는 가? 피해자가 화해에 마음을 열려면, 먼저 어떻게든 마음으로 용서해야 한다. 가해자 쪽에서 회개할 의사가 없다고 해서 그것이 피해자가 계속 원한을 품고 있을 구실이 되는 건 아니다. 성경에 나와 있듯이 그런 쓴 뿌리는 결국 영혼의 독소가 된다.^{히 12:15}

이 두 지시에서 두 가지 중요한 교훈을 배울 수 있다. 첫째, 기독교의 용서는 그저 개인에 머무르지 않는다. 내적 치유만 중시하는 게 아니다. 그게 최소한이지만, 반드시 그것을 훨씬 뛰어넘는다. 하나님은 공동체라는 외적 치유, 즉 사회적 치유도 중시하신다. 가해자가 원하지 않더라도 태도상의 내적 용서는 화해를 원하고 추구한다. 그래서 용서의 관건은 결코 피해자의 내적 평안만이 아니다. 그 것도 중요하지만 말이다. 용서의 세속 모델 중 심리치료 모델은 화해를 배제한다.

둘째, 기독교의 용서는 결코 정의의 추구를 저해하지 않으며 오히려 장려한다. 왜 그럴까? 내적 용서는 가해자의 고통을 바라던 데서 가해자의 유익을 바라는 쪽으로 마음의 태도를 바꾸어 놓는다. 그것이 내적 용서의 정수다. 반감이 사랑으로 돌아선다는 뜻이다. 사랑은 진심으로 상대가 잘되기를 바라며, 내 행복을 상대의 행복과 '연계'시킨다. 그래서 상대가 잘되면 나도 기쁘다. 요컨대 용서를 베풀 때의 정수는 사랑이다. 자격을 따져서 용서해야 한다는 거래적 세속 모델은 사랑을 배제한다.

그런데 정의를 행할 때의 정수도 사랑이다! 그리스도인은 왜 정의를 추구해야 할까? 불의는 우리가 사랑하는 하나님을 슬프게 하고, 우리가 사랑하는 창조세계를 훼손하며, 우리가 사랑하는 이들에게 피해를 입히고, 우리가 미워하지 말고 사랑해야 할 가해자를 해치기 때문이다. 정의를 추구한다는 것은 무엇인가? 사랑으로 진실을 말하는 것, 그리고 정당한 처벌을 막으려고 가해자를 싸고도는 행태를 버리는 것이다.

> 여기에 암시되어 있듯이 …… 도덕적 분노, 심지어 격분이 때론 사랑의 증거일 수 있다. 피해자를 사랑하고 하나님의 교회를 사랑하고 진리를 사랑하고 하나님과 그분의 영광을 사랑한다는 증거일 수 있다. 그런 경우에 격분하지 않는다면 (그리하여 정의를 추구하지 않는다면) 이는 온유함과 사랑의 증거가 아니라 오히려 사랑하지 않는다는 증거일 수 있다.[8]

그래서 우리에게 분별력과 마음의 성찰이 요구된다. 정의감과 도덕적 격분은 자칫 자만심의 도구로 전락하기 쉽다. 도덕적 고지와 내가 옳다는 우월감을 탐하기 쉽고, 못마땅한 이들에게 복수하고 싶어질 수 있다. 하나님과 창조세계와 사람들, 심지어 가해자를 사랑하는 마음에서 비롯한 도덕적 격분은 드물지만 꼭 필요하다.

정의 시행의 정수는 이웃 사랑이다. 가해자들이 그들의 마음속에서 활동하는 악에서 해방되기를 바랄 정도로 그들을 사랑하는 것이다. 그래서 정의와 용서를 함께 추구하는 게 가능하다. 복수심을 버리고도 정의를 추구하되, 자신의 정서적 만족을 위해서가 아니라 모두의 유익을 위해서 그리할 수 있다.

이처럼 용서의 두 가지 측면을 분별하는 것이 목회적으로 매우 중요하다. 그리하면 용서의 노력을 무산시키는 여러 흔한 상황을 잘 헤쳐 나갈 수 있다.

가해자가 법을 어겼다면 어떨까? 부하 직원, 배우자나 연인, 자녀 등을 학대하고 폭행한 경우가 이에 해당한다. 이럴 때는 마음으로 상대를 용서하면서도 범죄 행위에 대해서는 그가 처벌받아야 한다는 단호한 입장을 고수할 수 있다. 가해자가 당신을 만나 주지 않거나 당신의 말을 들을 의사가 없거나 계속 당신을 공격하려 한다면 어떨까? 그런 행동도 당신의 손발을 묶지는 못한다. 이때도 가해자를 용서하면서도 상대의 악이 당신의 삶과 기억과 행동을 지배하지 못하게 할 수 있다. 가해자가 이미 죽었다면 어떨까? 부모나 다른 가족에게 당했던 학대를 치유하려고 할 때 이런 경우가 많다. 이번에도 당신은 무력하지 않다. 가장 바람직한 결과는 화해를 통한 치유지만, 화해가 불가능한 경우에도 자신의 마음을 지킬 수 있다. 성장하거나 삶을 즐기는 것이 불가능할 정도로 마음이 피폐해지지 않도록 말이다.

뉴욕 경찰관이었던 스티븐 맥도널드는 1986년 센트럴파크에서 근무하던 중 열다섯 살짜리 소년이 표적 거리에서 쏜 총에 세 발을 맞았다. 기적처럼 목숨은 건졌지만, 목 아래로 전신이 마비되었다. 훗날 그는 이렇게 썼다. "총격을 당한 지 6개월 후에 아내가 아기를 낳았다. 우리는 아들 이름을 카너라고 지었다. 카너의 출생은 내게 하나님의 메시지와 같았다. 내가 죽지 말고 살되, 이전과는 다르게 살아야 한다는 메시지였다. …… 변화되게 해 달라고, 여태까지의 내가 새롭게 바뀌게 해 달라고 기도했다."[9]

첫 기도 응답으로 그는 자신을 쏘았던 아이 셔보드 존스를 용서하고 싶은 마음이 들었다. 그때 셔보드는 감옥에 갇혀 있었다. 스티븐은 우선 그에게 편지를 썼다. "처음에는 반응이 없었지만" 얼마 후 뜻밖에도 셔보드가 답장을 보냈고, 감옥에서 전화를 걸어 자신이 저지른 일을 사과하기까지 했다. 스티븐은 화해가 이루어진 줄 알았지만 "결국 연락이 끊어졌다." 셔보드가 입을 다문 것이다. 그리고 그는 1995년 출소한 지 사흘 만에 오토바이 사고로 목숨을 잃었다. 가해자와 화해하려던 스티븐의 노력이 허사였다고 보는 사람이 많았다. 그러나 비록 진정한 변화나 새로운 관계를 이끌어 내지는 못했더라도, 그런 노력 덕분에 스티븐은 원한에서 한결 벗어났다. 시야가 한층 넓어지면서 셔보드를 더 잘 이해하게 된 것이다.

> 나는 다 쓰러져 가는 지저분한 공동주택으로 월세를 받아먹는 건물주들을 방치한 행정 기관이었고, 가난한 동네를 재개발한답시고 선량한 준법 시민이든 마약 밀매인이나 범죄자든 가리지 않고 주민들을 쫓아낸 시 당국이었으며, 가정불화 현장에 출동해서도 위법 사항이 없다는 이유로 그냥 돌아온 전형적인 경찰이었다. 셔보드 존스에게 나는 원수였다. …… 그를 탓할 수 없다. 센트럴파크에서 그가 나를 만나기 오래전부터 그의 가정, 그를 책임져야 할 사회 기관들, 그의 부모를 서로 떨어져 살게 만든 사람들 등 사회가 그를 저버렸다.[10]

스티븐 맥도널드는 가해자를 변화시킬 수는 없었지만, 마음속으로 그를 용서했다. 화해하려는 노력은 다분히 수포로 돌아갔지만, 덕분에 자신의 마음이 새로워졌고 세상을 향해서는 복음의 증인이 될 수 있었다.

그런데 여기서 우리는 대중에게 인기 있는 세속적 용서 모델들의 반쪽짜리 진실의 위력을 볼 수 있다. 심리치료 모델과 자격을 따지는 거래적 용서 모델은 둘 다 옳은 부분도 있지만, 전체적으로는 틀렸다. 전자는 내면의 태도만 강조하고, 후자는 가해자의 회개만 강조한다. 그러나 예수님은 둘 다에 힘써야 한다고 가르치셨을 뿐 아니라, 양쪽이 서로 의존해 있음을 보이셨다. 스티븐 맥도널드의 경우가 좋은 예다. 이 두 모델은 세속에서 기원했음에도 불구하고 복음주의 교회를 포함해 교회 안에 꽤 만연해 있다. 데이비드 폴리슨은 이렇게 썼다.

> 남을 용서하는 데 두 부분이 서로 맞물려 있음을 알면, 기독교계에서 종종 들려오는 상반된 메시지들을 헤쳐 나가는 데 도움이 된다. 교회에는 "마음으로 용서했으면 상대에게 다가갈 필요가 없다"라고 가르치는 이들도 있고, "상대가 용서를 구하지 않는 한 용서할 필요가 없다"라고 가르치는 이들도 있다. 둘 다 반쪽짜리 진실에 집중해 잘못된 결론을 도출한다. 용서에 대한 예수님의 행적과 가르침에서 이 두 절반을 합하면 하나의 일관된 진리가 나온다.[11]

악행에 대응할 때

마태복음 5장 끝부분을 흔히 산상수훈의 백미라 한다. 가장 급진적인 부분임은 분명하다. 20절에서 예수님은 서기관과 바리새인의 의보다 훨씬 나은 "의"생활 방식를 요구하신다. 언뜻 보기에 난해한 진술이다. 바리새인은 율법을 꼼꼼하고 까다롭게 지켰으며, 심지어 하나님이 모세에게 계시해 주신 율법에 많은 규정과 규율을 추가했다. 예수님도 바리새인들의 율법주의를 비판하신 적이 있다. 그런데 어떻게 그들의 의보다 나아야 한다고 말씀하실 수 있을까?

5장 끝부분에 이 새로운 생활 방식이 어떤 것인지 설명되어 있다. 사실 그것은 고대 이교의 모든 철학과 윤리는 물론이고 구약성경의 어떤 규정보다도 수준이 높다. 예수님이 제시하시는 사랑의 삶은 친구와 '선인'만 아니라 원수와 '악인'까지도 포용한다.

그분은 이렇게 말씀하신다.

> 또 눈은 눈으로, 이는 이로 갚으라 하였다는 것을 너희가 들었으나
> 나는 너희에게 이르노니 악한 자를 대적하지[헬라어 '안티스테미'] 말라
> 누구든지 네 오른편 뺨을 치거든 왼편도 돌려 대며 또 너를 고발하여
> 속옷을 가지고자 하는 자에게 겉옷까지도 가지게 하며 또 누구든지
> 너로 억지로 오 리를 가게 하거든 그 사람과 십 리를 동행하고 네게
> 구하는 자에게 주며 네게 꾸고자 하는 자에게 거절하지 말라.
> 마태복음 5장 38-42절

거의 모든 학자와 주석가가 지적하듯이, 예수님의 이 말씀은 출애굽기 21장 24절, 레위기 24장 19-20절, 신명기 19장 21절 등에 주어진 본래의 동해同害 형법"눈은 눈으로"을 번복하신 게 아니다. "구약성경의 문맥상 이 규율이 주어진 목적은 나라의 사법제도에 형벌 공식을 마련해 특히 피의 복수를 확실히 종식시키기 위해서였다."[12] 다시 말하자면 동해 형법은 소송에서 재판관이 변상 한도를 정할 때

쓰는 일반 원칙일 뿐, 사적인 관계에서 복수해도 된다는 허가증이 아니었다. 복수는 레위기 19장 17-18절에 명백하게 금지되어 있다. 그러나 예수님 당시에는 이 원칙이 사람마다 무조건 피해를 당한 대로 되갚는 구실로 완전히 변질되어 있었다.

그래서 예수님이 천명하신 "악한 자를 대적하지 말라"마 5:39라는 원리는 충격적이다. 악한 자가 마음대로 우리를 해치도록 그냥 내버려 두라는 말씀일까? 그분이 뒤이어 제시하신 사례들을 보지 않더라도, 이 문구를 그렇게 해석할 수 없음은 분명하다. 예수님은 악에 저항하지 말라고 말씀하신 적이 없으며, 신약성경 전체를 봐도 그런 말씀은 없다. 하나님의 얼굴은 악행하는 자들을 대적하신다.벧전 3:12 우리는 마귀를 대적해야 하고,약 4:7; 요일 2:13-14 악한 사람을 용납하지 말고 우리 중에서 내쫓아야 하며,고전 5:13; 계 2:2 악에 맞서 씨름해야 한다.엡 6:12 이 모두에서 보듯이 예수님의 말씀은 악이 우리를 해쳐도 그냥 방치해야 한다는 뜻이 아니다.

그렇다면 예수님이 하시려는 말씀은 무엇일까? 존 스토트는 그것을 이렇게 지적했다.

> 그분의 가르침을 바르게 이해하기 위한 첫 단서는 본문에 쓰인 단어 '토포네로'the evil가 중성형(악)이 아니라 남성형(악한 자)이라는 점이다. ……
> 예수님은 악의 존재를 부정하지 않으신다. …… 그분이 금하시는 것은 우리의 복수다.[13]

예수님은 우리에게 악이 멋대로 행하도록 내버려 두라고 말씀하지 않으신다. 하지만 우리는 악한 자를 멸할 게 아니라 선으로 악을 이겨야 한다.^{롬 12:18 이하} 그분이 열거하신 네 가지 예시가 이런 관점을 뒷받침한다.

첫째는 오른뺨을 치는 경우다. 대다수의 사람들이 오른손잡이이므로 이는 고대 근동에서 상대를 손등으로 때려 모욕하던 행위를 가리킨다. 신체적 상해보다는 굴욕감을 주려는 목적이다. 그리스도인은 이런 식으로 대응해서는 안 된다. 둘째는 채무가 발생해 의복^{"속옷"}을 담보로 잡히는 경우다. 이에 예수님은 혹시 고발당하거든 분개해서 어떻게든 채권자를 대적할 게 아니라 다른 옷까지 자진해 내줘서라도 힘써 빚을 청산하라고 말씀하신다.¹⁴

셋째와 넷째 예시는 더욱 분명하다. "또 누구든지 너로 억지로 오 리를 가게 하거든 그 사람과 십 리를 동행하고 네게 구하는 자에게 주며 네게 꾸고자 하는 자에게 거절하지 말라."^{마 5:41-42} "억지로"라는 단어는 "징발되어"^{헬라어 '앙가류오'}로 번역하는 것이 더 좋다. 예전에는 징용이라고도 표현했다. 법적으로 로마 군대는 본인의 동의 없이 시민을 징발해서 로마 단위로 1마일 거리까지는 군수품을 운반하게 할 수 있었다. 분통 터지는 일이지만, 완전히 합법이었다. 예수님은 제자들에게 눈앞의 로마 군인을 도울 때 마지못해 고까운 자세로 하지 말라고 권고하신다. 또한 누가 돈을 꾸러 올 때인데, 모세 율법에 이미 명한 대로 이스라엘 백성은 너그러운 마음으로^{신 15:7-11;}

시 37:26; 112:5 가난한 자에게 꾸어 주고 베풀어야 했다. 출 22:25; 레 25:37; 신 23:19

이렇듯 예수님의 가르침은 악이 날뛰도록 그냥 두라는 게 아니다. 예수님이 마태복음 18장 15-18절에서 명하셨듯이 우리는 누가 우리에게 죄를 범하거든 지적해야 한다. 바울도 베드로가 중대한 과오를 범하자 공공연하게 맞서서 저지했다. 갈 2:11 이하 범죄한 사람을 책망하고 바로잡아 주라는 권고가 성경에 가득하다. 갈 6:1 신약성경에 기록되어 있듯이, 정부도 하나님이 악을 징벌하라고 세우신 것이다. 롬 13:1-8; 벧전 2:14

다만 악에 저항할 때도 그리스도인은 단지 복수할 목적으로 가해자를 겨냥해 상대나 상대의 평판을 해쳐서는 안 된다. 예수님이 일일이 예를 들어 가며 명하신 대로, 신자는 악행에 대응할 때 격분과 상한 자존심과 복수심으로 해서는 안 된다.[15]

한 그리스도인 작가는 이 본문을 이렇게 묵상했다. "아주 영적인 가르침이다. …… 자신을 올바른 태도로 대해야 한다. 피해를 입었을 때 즉각 발동하는 방어 심리, 자아의 본성인 원한과 복수심을 [바르게] 처리해야 한다."[16]

일대 혁명, 차별 없는 사랑

예수님의 마지막 문단은 더 혁명적이다.

또 네 이웃을 사랑하고 네 원수를 미워하라 하였다는 것을 너희가
들었으나 나는 너희에게 이르노니 너희 원수를 사랑하며 너희를
박해하는 자를 위하여 기도하라 이같이 한즉 하늘에 계신 너희
아버지의 아들이 되리니 이는 하나님이 그 해를 악인과 선인에게
비추시며 비를 의로운 자와 불의한 자에게 내려 주심이라 너희가
너희를 사랑하는 자를 사랑하면 무슨 상이 있으리요 세리도 이같이
아니하느냐 또 너희가 너희 형제에게만 문안하면 남보다 더하는 것이
무엇이냐 이방인들도 이같이 아니하느냐 그러므로 하늘에 계신 너희
아버지의 온전하심과 같이 너희도 온전하라.

마태복음 5장 43-48절

앞서 살펴봤듯이 레위기 19장 17-18절은 고대 세계에서 독특한
가르침이었다. 그러나 청중에게 원수를 사랑하라고 명하는 데까지
는 여러모로 미치지 못했다. 우선 그 본문에 딱히 '원수'라는 단어가
쓰이지 않았다(히브리어 원문 성경과 저자가 사용하는 영어 성경의 "복수하
지 말며"가 개역개정 성경에는 "원수를 갚지 말며"로 옮겨져 있다-옮긴이). 또한
본문에 명시되어 있듯이 이것은 이스라엘 "동포"에게 복수하지 말
라는 명령이었다. 그래서 보복을 금하는 이 규정은 신자의 언약 공
동체 안에서만 적용된다는 의미로 해석되었다.

예수님도 우선 레위기 19장 17-18절이 그렇게 해석되어 왔음을
지적하신다. "네 이웃을 사랑하고^{18절의 인용} 네 원수를 미워하라 하

였다는 것을 너희가 들었으나." 물론 이스라엘 사람들은 "이웃"이란 단어를 나라도 같고 종교도 같은 자신의 동족으로만 해석했다. 외부인은 이웃으로 여기지 않고 배제했다. 생각이 그렇다 보니 이웃을 사랑하라는 명령 또한 같은 민족, 같은 종교의 사람에게만 해당하는 것으로 받아들였다.

그러나 이제 예수님은 "네 이웃을 사랑하라"라는 명령을 그렇게 해석해서는 안 된다고 말씀하신다. 선한 사마리아인의 비유에서 예수님은 누구나 우리의 이웃이라고 가르치셨다.^{눅 10:25-37} 비유 속의 '선한 이웃'은 자신과 종교도 다르고 민족도 다른 사람을 위해 위험을 무릅쓰고 희생적인 도움을 베풀었다. 여기 산상수훈에서 예수님은 그 점을 명시하신다.

그분이 밝히 이르셨듯이 그리스도인은 종교나 민족이 다른 사람까지도 미워하지 말고 모든 사람을 사랑해야 한다. 예수님은 "형제" 즉 동족에게만 문안해서는 안 된다고 제자들에게 명확하게 말씀하신다. 이스라엘의 전통적인 인사는 대개 포용하면서 "샬롬" 하고 말하는 것이었다. 샬롬은 만사형통과 평화를 뜻하는 단어다. 따라서 예수님의 말씀은 남을 잘되게 하려는 우리의 헌신을 각자의 집단과 민족, 심지어 기독교 공동체로 국한해서는 안 된다는 것이다. 종교적·민족적·도덕적·정치적으로 우리와 완전히 다른 사람에게도 우리는 두 팔을 벌리고 마음을 열어야 한다. 그들의 샬롬을 바라야 한다. 즉 예수님은 "차별 없는 사랑의 개념을 도입하신" 것이다.¹⁷

"우리를 사랑하지 않는 이들을 사랑한다는 것은 실리적인 처세술이 아니라 하나님의 성품을 닮는다는 뜻이다. 그분은 동기나 성품과 관계없이 모든 사람에게 비와 해를 통해 비옥한 땅을 주신다."마 5:45[18] 예수님이 마지막 몇 구절에 말씀하셨듯이 그분의 제자들은 바로 이 원리에서 다른 모든 사람과 구별된다. 보통 우리 인간은 장삿속처럼 자신의 이익을 좇아 살아간다. 나를 사랑하는 자를 사랑한다. 훌륭해 보이는 사람을 인정하고 나도 그에게 인정받으려 한다. 사랑의 관계에서조차 우리는 대부분 타산적이다. 수익이 확실한 데만 투자한다. 반드시 나도 사랑받고 위신이 서겠다는 확신이 있어야 사랑을 베푼다. 상대가 사랑에 보답하지 않거나 내 바람대로 인정해 주지 않으면 우리는 그를 사랑하지 않는다.

마태복음 5장 46-47절의 반어적 물음의 배후에 두 가지 전제가 깔려 있다. 하나는 그리스도인이 마땅히 살아가야 할 사랑의 삶이 눈에 띄게 "다르고 특이하고 비범해서" 일반 사회와는 구별되어야 한다는 것이다.[19] 또 하나는 그런 삶이 가능하다는 것인데, 그 이유는 "우리가 사랑함은 그가 먼저 우리를 사랑하셨음이라"라는 말씀에 있다. 요일 4:19 바로 이것이 마태복음 5장 20절에서 말하는 서기관과 바리새인보다 더 나은 의다. 완전히 새로운 생활 방식인 이 삶의 기초는 명예와 자존심과 힘이 아니라, 존중과 은혜와 겸손과 용서다.

"너희 원수를 사랑하며"라는 단순한 문구가 폭탄처럼 터져 인류의 삶의 향방을 바꾸어 놓았다. 마 5:44 이를 두고 다방면으로 치열한 논쟁이 벌어지곤 했다. 이 말씀은 경찰력을 두어서는 안 된다는 뜻인가? 그렇지 않다. 이 말씀은 반전주의를 뜻하는가? 물론 극도로 불가피한 상황에서만 전쟁이 허용된다는 뜻이다. 하지만 가장 중요한 핵심 질문은 이것이 대인 관계에서 어떻게 나타나느냐는 것이다. 가장 평범한 기독교적 접근과 그에 따른 변화 가능성을 보여 주는 대표적인 사례가 있다.

탐 스키너는 뉴욕의 길거리에서 태어나고 자라난 흑인 전도자였다.[20] 회심한 뒤 그는 회고록 *Black and Free*해방된 흑인에 이렇게 썼다. "고린도후서 5장 17절은 진리다. 누구든지 '그리스도 안에' 있으면 새로운 피조물이다. 예수 그리스도께서 나를 찾아오지 않으셨다면 나는 죽었거나 감옥에 갔거나 더 심한 폭력으로 치달았을 것이다. …… 예수 그리스도께서 내 안에 살아 계신다. 그분 덕분에 내 삶에 새로운 의미와 목적이 생겼다. 성령의 엄청난 역사로 말미암아 변화된 내 삶이 곧 내게도 선명하게 보였다. 그분은 내 삶에서 편견과 증오와 폭력을 거두어 가셨다."[21]

회심하고 몇 주 후에 있었던 한 사건을 그는 이렇게 술회했다.

내가 그리스도의 사랑에 새로 눈뜬 지 몇 주 후, 풋볼 경기에서
그 사랑이 다시 시험대에 올랐다. 팀에서 내 포지션은 공격수인
레프트가드였다. 하프백이 공을 잡고 엔드런이나 오프태클을 시도할
때 상대 수비수를 방해하는 게 내 임무였다. 그날도 쿼터백이 엔드런을

주문하자 나는 달려 나가서 디펜시브엔드를 막아 쓰러뜨렸다. 하프백은 돌파해서 득점에 성공했다.

다시 결집하려고 다들 바닥에서 일어서고 있는데 …… 어쩌다 나한테 저지당한 아이가 벌떡 일어나 노발대발해서는 내게 달려들어 복부를 가격했다. 그의 가격으로 내 몸이 앞으로 푹 꺾이자 이번에는 등을 찍어 눌렀다. 그는 땅을 치고 있는 나를 발로 걷어차면서 "이 더러운 껌둥이 XXX! 내가 한 수 가르쳐 주지!"라고 외쳤다.

옛날의 탐 스키너였다면 이럴 때 득달같이 일어나 그 백인 아이를 가루로 만들었을 것이다. 그러나 변화된 나는 바닥에서 일어서서 …… 그에게 이렇게 말했다. "어쨌거나 널 사랑한다. 이게 다 예수님 덕분이야." ……

그 아이는 헬멧을 벗어 바닥에 던지고 경기장 밖으로 뛰쳐나갔다. 물론 남은 경기 시간에 출전할 수 없었다. 경기가 끝난 후 라커룸에서 그가 내게 다가와 말했다. "탐, 나를 사랑한다는 네 말이 내 편견을 무너뜨렸다. 네가 내 턱주가리를 날렸다면 이렇게 되지 않았겠지." [22]

여기에 중요하게 지적할 점이 있다. 스키너는 원수를 사랑하라는 예수님의 명령을 깊이 내면화했고 동시에 사회 비평가가 되어 교회 안팎에서 인종차별을 비판하고 인종 정의를 열렬히 옹호했다. 용서하는 사랑이 정의의 추구와 대립되지 않는다고 보았던 것이다. 그가 옳았다.

Part 3.

진정한 용서를
시작하다
— 용서, 어떻게 해야 하는가

forgive

8   우리에게 필요한 용서

뿌리 깊은 죄책감과 수치심, 단 하나의 해결책

엄마는 너무 죄스럽구나.
너무 멀리 나간 엄마를 너만이 구원할 수 있단다.
—아델, 〈마이 리틀 러브My Little Love〉
*남편과 이혼하면서 어린 아들에게 불러 준 노래

기독교의 용서에서 무엇과도 바꿀 수 없는 가장 중요한 차원은 앞서 말한 수직적 차원이다. 우리는 자신에게 하나님의 용서가 필요하다는 것을 깨닫고, 그 용서를 받아들여야 한다. 그리스도인은 하나님의 용서를 경험하는 것이 다른 사람을 용서하는 데 유례없이 강한 동기이자 교훈적 틀이 된다고 믿는다. 이것은 다른 사람에게 베푸는 용서의 근간인 만큼 두 장에 걸쳐 살펴보고자 한다.

예수 그리스도와 그분의 복음을 믿으면, 하나님이 우리의 죄책감과 수치심을 반드시 없애 주셔야만 하는 근본적 필요성을 이해할 수 있다. 아울러 거기에 신자들만이 누릴 수 있는 자원도 있는데, 이 자원은 하나님의 용서를 받아들이는 데도 필요하고 다른 사람을 용서하는 데도 필요하다.

죄책감과 수치심은 허구인가

윌프레드 맥클레이는 "이상하게 집요한 죄책감"에 관한 글을 썼다.[1] 그리스도인이 하나님의 용서의 중요성을 거론하면, 어떤 이들은 그러면 과거 속에 사는 것이라고 말한다. 그들에 따르면 19세기 말과 20세기 초에는 당연히 사람들이 아직 신앙의 퇴조를 안타까워하며 죄책감으로 힘들어했지만, 그것은 구시대의 잔재였다는 것이다. 프리드리히 니체는 《도덕의 계보On the Genealogy of Morals》에 주장하기를 종교와 하나님을 버리는 사람이 점점 많아짐에 따라 그런 신념의 산물인 낡은 도덕적 반사작용, 특히 죄책감과 수치심의 경험 역시 차츰 사라질 것이라고 했다.

지그문트 프로이트의 영향도 빼놓을 수 없다. 그의 정신분석 체계는 과학적 기반이 충분하지 못해 오늘날 대부분 배격되고 있지만, 정신 치료에 대한 그의 기본 개념은 문화의 일부로 녹아들어 이전 어느 때보다도 강성하다. 프로이트주의의 가르침에 따르면, 인간은 각종 "금기"로 강요되는 죄책감과 수치심에 짓눌려 있다. 여기서 금기란 가정, 민족, 종교 등 각종 숨 막히는 억압적 문화제도가 가하는 단죄와 심판을 말한다. 프로이트는 죄책감을 객관적 도덕의 실재에 전혀 근거하지 않은 순전히 주관적 개념으로 취급함으로써 죄책감을 "탈도덕화"하려 했다. 해방되려면 "분석"해야 한다. 즉 사회적 금기를 해체하고 그 〔폭탄의〕 신관을 제거해 위력을 떨어뜨려야 한다. 우리 내면의 죄의식은 정말로 우리를 자기네 권력과 영향력 아래에 묶어 두려는 이들이 덧씌운 굴레임을 깨달아야 한다는 것이다.

내적 죄책감과 수치심의 개념을 약화시킨 세 번째 사상가는 카를 마르크스였다. 그는 니체와 프로이트만큼 죄책감에 큰 관심을 쏟지는 않았지만, 이 두 사상가에게 모든 도덕적 주장을 '정말로' 사회적 지위의 산물로 보고 해체할 수 있는 도구를 안겨 주었다. 마르크스에 따르면, 모든 도덕적 주장은 권력을 가진 자들이 그 권력을 유지하고 자신에게 유리한 계급 구조를 존속시키려는 수단이다.

그렇다면 이런 유수한 철학자와 사상가가 워낙 대세가 된 데다 서구 사회의 세속화에 계속 가속도가 붙고 있으니, 당연히 니체의 예측대로 죄책감과 수치심의 경험이 사회 전반에서 사라질 만도 하다. 그나마 그런 게 남아 있다면, 드문드문 아주 종교적인 사람들 사이에나 존재해야 한다.

하지만 그런 일은 일어나지 않았다. 오히려 지난 20년 동안 수치심과 죄책감의 치유를 다룬 존 브래드쇼, 브레네 브라운 등 많은 작가의 책을 읽고 들은 사람이 수백만에 달한다. 게다가 낮은 자존감, 결핍감, 부정적 신체 이미지, 자기혐오, 자해 등 다른 용어들도 죄책감과 수치심이라는 전통적 개념과 직결되어 우리 사회에 여전히 존재하고 있다.[2] 니체가 말한 죄책감 없는 사회는 왜 아직도 이루어지지 않았을까?

맥클레이가 보여 주듯이 세속 사회는 도덕 진리의 개념을 상대화했음에도 불구하고 죄책감과 수치심에서 벗어날 수 없었다. 세속의 인간은 자신이 죄인처럼 느껴지는데, 그렇게 부르지는 못하는 묘한 입장에 처해 있다. "도덕적 사면을 통해 순수를 찾고 어떻게든 도덕적 짐을 벗으려는 욕구는 널리 가득한데, 그 사면을 찾을 하다못해 자신의 죄에 대한 책임 범위를 웬만큼 무난한 선 안에 묶어 둘 전통적 방법이 대부분의 사람들에게 더는 존재하지 않는다."[3]

우리의 새롭게 뒤바뀐 수치와 명예의 문화에서는 피해자와 소외된 자일수록 더 큰 명예를 얻는데, 맥클레이는 우리의 이 문화야말로 자신이 죄인임을 인정하지 않으면서 죄책감에서 벗어나려는 욕구에 대한 대응책이라고 설득력 있게 논증한다. "피해자라는 지위를 공적으로 인정받거나 피해자 편에 서면 …… 그 자체로 죄의 도덕적 짐을 벗고 자신의 순수를 인정받을 수 있는 대리 수단이 된다."[4] 맥클레이가 동정적 자세를 취하듯 우리도 그래야 한다. 그가 "도덕 경제"라고 표현한, 하나님과 자백 없이 죄책감 문제를 해결하려는 이 새로운 해법은 언뜻 "우리 눈에 위선으로 보이지만 그렇게 단순하지만은 않다. 오히려 이것은 두렵고 떨림으로 〔자력〕 구원을 이루려는 사람들의 이야기다."[5]

규명할 수도 없고 달랠 길도 없는 죄책감

프란츠 카프카는 오래전부터 이 모두를 내다보았다. 그의 소설 《소송*The Trial*》에 등장하는 요제프 K는 평범하게 살던 중 서른 번째 생일날 체포된다. 기소와 가택 연금과 심문에 이어 심리가 되풀이되지만, 그는 끝내 자신의 죄명을 알 수 없다. 처음에는 다 쉽게 해결될 수 있는 착오려니 생각한다. 그러나 시간이 흐르면서 삶을 돌아보니 이 모두의 원인이 될 법한 자신의 나쁜 행실이 떠오른다. 점차 자신이 의심스러워지는데, 뭐라고 딱히 짚어 낼 수는 없다. 그는 체포되어 마땅한가, 그렇지 않은가? 유죄인가, 그렇지 않은가?

결국 그는 답을 알아내지 못한다. 감옥의 간수가 그를 데리고 나가 칼로 찔러 죽이는 것으로 이야기는 끝난다. 《소송》을 필독서로 읽는 많은 대학생은 극도의 좌절을 맛본다. 따라가기 힘든 칙칙한 이야기인 데다 결말도 모호하기 때문이다. 무의미해 보인다. 그러나 존 업다이크가 썼듯이 "카프카가 탁월하게 구현한 것은 …… 불안감과 수치심을 느끼면서도 그 핵심을 규명할 수 없어 결국 달랠 길도 없는 현대인의 심리 상태다."[6]

현대 문화는 혼신을 다해 "우리는 신을 믿지 않고 천국과 지옥을 믿지 않는다. 도덕 범주도 믿지 않는다"라고 말해 왔다. 그런데 카프카는 그래 봐야 여태 부질없었다고 말한다. 오히려 사태가 더 악화되었다. 이제 우리의 죄책감을 해결할 길이 없기 때문이다. "나는 죄와 죄책감을 믿지 않는다"라고 말할 수야 있겠지만, 내면의 목소리는 그런 우리를 겁쟁이와 바보라 부른다. 우리를 부끄럽게 하고, 제대로 살고 있지 못함을 스스로 인정하게 한다. 뭔가 문제가 있다. 그것이 무엇일까? 세속 문화에는 확실한 답이 없다.

벌거벗은 상태

우리 인간에게 죄책감과 수치심이 드는 이유를 성경은 훨씬 분명하게 설명하고 있다.

이에 그들의 눈이 밝아져 자기들이 벗은 줄을 알고 무화과나무 잎을 엮어 치마로 삼았더라 그들이 그날 바람이 불 때 동산에 거니시는 여호와 하나님의 소리를 듣고 아담과 그의 아내가 여호와 하나님의 낯을 피하여 동산 나무 사이에 숨은지라 여호와 하나님이 아담을 부르시며 그에게 이르시되 네가 어디 있느냐 이르되 내가 동산에서 하나님의 소리를 듣고 내가 벗었으므로 두려워하여 숨었나이다.^{창 3:7-10}

이 유명한 사건에서 아담과 하와는 죄를 짓자마자 수치심과 죄책감을 느낀다. 그 감정이 벌거벗음이라는 느낌으로 생생히 묘사되어 있다. 그들은 자신이 노출되어 취약하게 느껴졌고, 그래서 자신의 달라진 실상을 즉시 덮어서 하나님과 서로에게 숨겨야 했다. 자신에게 뭔가 변명의 여지없는 문제가 있음이 존재의 심연에서부터 느껴졌다. 이제 그들은 은폐하기에 급급하다. 외부에 비칠 자신의 모습을 통제하고, 자신의 실상을 자신에게까지 숨겨야 한다.

장 폴 사르트르의 책《존재와 무*Being and Nothingness*》에 "시선"이라는 제목의 장이 있는데, 거기서 그는 알게 모르게 벌거벗음과 노출이라는 성경의 은유를 차용해 우리가 품고 사는 지울 수 없는 수치심과 죄책감을 담아냈다. 가상의 상황에서 그는 실내의 열쇠 구멍으로 타인을 엿본다. 그에게는 그들의 행동이 다 보이지만, 상대방은 그가 보고 있는지조차 모른다. 그는 그 사실을 좋아한다! 권력처럼 느껴지기 때문이다. 상대는 그에게 비치는 자기 모습을 감추고 통제할 수 없지만, 그는 안전하게 가려져 있다.

그러다 갑자기 다른 문 쪽에서 복도의 소음이 들려온다. 문득 열쇠 구멍으로 자신을 엿보는 사람이 있음을 깨달은 그는 견딜 수 없는 충격과 격노에 사로잡힌다. 왜일까? 몰래 다른 사람을 엿보는 자신을 누군가가 몰래 엿보고 있기 때문이다. 남을 몰래 엿보면서 좋아했던 그는 다른 누군가가 자신을 몰래 엿보는 것은 견디지 못한다. 마치 방 안의 사람들이 다 옷을 입었는데 혼자만 알몸인 것 같아서다.

사르트르가 말한 것처럼, 인간은 영적으로 덮을 게 필요한 상태다. 우리는 자신의 실상이 다른 사람들 앞에 속수무책으로 여과 없이 드러나는 것을 견디지 못한다. '날것' 그대로의 자신은 떳떳하지 못하게 느끼는 것이다. 그래서 어떻게든 덮어서 말끔한 이미지를 연출하려 한다. 하지만 인스타그램으로는 역부족이다!

"무화과나무 잎"의 한계

우리는 남에게 노출되는 자신의 모습을 스스로 통제할 수 없는 상황을 견디지 못한다. 여과하고 포장하고 해명해야 한다. 화장기 없는 민낯, 가공하지 않은 자아를 다른 사람에게 실제로 내보이는 것은 용납할 수 없다. 사르트르는 《존재와 무》또 다른 부분에서 신을 믿지 말아야 할 반론을 기발하게 전개한다. 누군가에게 몰래 엿보이는 것보다 더 비인간적인 일은 없는데, 신이 존재한다면 그 신이 바로 나를 몰래 엿보는 존재라는 것이다. 그러니 설령 신이 존재한다 해도 인간다운 인간이 되려면 신에게 맞서 저항해야 한다.

그러나 사르트르는 인간이 왜 몰래 엿보이는 것을 견디지 못하는지는 묻지 않는다. 숨길 게 없다면 두려움도 없으련만, 우리는 숨길 게 많다. 벌거벗은 듯한 느낌은 내게 뭔가 문제와 결함이 있다는 깊은 자각이다. 자신이 어딘지 부족해서 본연의 모습이 아니라는 것이다. 그래서 우리는 다른 사람에게 자신의 참모습을 내보이는 것을 견디지 못한다. 지난 48시간 동안 당신이 품었던 모든 생각을 영상에 담아 인터넷에 공개한다고 상상해 보자. 당신의 온갖 상념이 얼마나 어리석고 옹졸하고 두려움과 집착에 젖어 있는지 사람들이 본다면 어떨까? 견딜 수 없을 것이다. 그래서 우리는 평생 무슨 수를 써서라도 자신의 깊은 원초적 결핍감을 감추려 한다.

왜 수많은 사람이 성공하려고 죽도록 일하는 걸까? 왜 어떤 이들은 선을 긋지 못하고 아무에게도 거절할 줄을 모르는 걸까? 왜 어떤 이들은 냉담해서 진정한 우정이나 헌신된 연애 관계를 가꾸지 못하는 걸까? 왜 어떤 이들은 구원자가 되어 위기에 처한 사람을 늘 구해 주려 하는 걸까?

왜 어떤 이들은 평생 피해 의식에 젖어 자신을 해친 이들을 비난하기에 여념이 없는 것일까? 왜 어떤 이들은 학대 행위를 일삼으며 "남에게 당하기 전에 먼저 기선을 제압하라"는 원칙대로 살아가는 것일까?

왜 어떤 이들은 열성을 다해 상대주의를 내세우며 "아무도 내게 죄책감을 조장할 수 없다. 내 도덕 가치는 내가 정한다!"라고 말하는 걸까? 왜 어떤 이들은 종교와 도덕주의에 푹 빠져 다른 사람의 신념이 틀렸다고 단죄하는 것일까?

왜 수많은 사람이 그게 현명하거나 옳지 않다는 내면의 목소리를 무시한 채 각종 데이트 앱을 통해 헌신 없는 성관계를 즐기려 하는 걸까? 왜 수많은 사람이 신나게 남을 비방하며 험담을 퍼뜨리는 걸까? 왜 우리는 모든 지도자가 정말로 뇌물을 받으며 모든 기관이 부패했다고 믿고 싶은 걸까?

그 모든 이유는 대체 무엇일까? 이것은 다 "무화과나무 잎"이다. 당신의 완벽주의도 무화과나무 잎이고, 당신의 일도 무화과나무 잎이다. 젊음에 집착하는 것도 무화과나무 잎이고, 인정받으려는 절박한 욕구 또한 무화과나무 잎이다. 우리는 셰익스피어의 비극《맥베스*Macbeth*》에서 "이 지독한 핏자국 좀 없어졌으면! 아라비아의 온갖 향수를 뿌려도 내 손은 깨끗해지지 않겠지"라고 되뇌며 다니는 맥베스 부인과 같다. 우리 역시 그녀처럼 자신에게 악취가 난다는 것을 알기에 향수를 찾는다. 이 모두가 자신이 함량 미달이라는 의식에서 헤어나려는 우리의 필사적인 몸부림이다. 스스로 볼품없는 존재라는 의식이 모두에게 있다.

그러나 무화과나무 잎은 통하지 않는다. 실제로 무화과나무 잎으로 임시 의복을 지어 입는다고 잠시 상상해 보라. 그런 옷은 늘 솔기가 터지게 마련이며, 실제로 그렇다.

나는 지금까지 두 교회에서 목회를 했다. 블루칼라 노동자가 많은 작은 동네에서 9년간 사역했고, 지금은 28년째 뉴욕 맨해튼 중심부에서 일하고 있다. 양쪽 교회에서 겪은 두 가지 비슷한 사례를 통해 무화과나무 잎의 깊은 심리적·영적 문제점을 더 잘 이해하게 되었다.

첫 교회에서 나는 거의 비슷한 상황에 처한 두 교인을 상담했다. 둘 다 아들아이 한 명을 둔 엄마였는데, 양쪽 집의 10대 아들들이 공부는 게을리한 채 법을 어겨 말썽을 일으켰다. 아빠 역할을 제대로 하지 않는 냉담한 남편을 탓하는 것까지도 둘 다 정당했다. 나는 둘에게 남편을 용서하라고 똑같이 조언했다. 한 여성은 용케 남편을 용서하고 기분 좋게 대화한 결과 남편과 아들의 삶이 달라졌지만, 다른 여성은 용서는커녕 말할 때마다 매몰차게 남편을 밀어냈고 결국 가정이 깨졌다.

무엇이 달랐을까? 후자에게는 엄마 노릇이 주된 영적 은폐 장치였다. 아들이 탈선하면 그녀는 아들에 대해서만 슬퍼하고 고뇌한 게 아니라 자신의 근간마저 흔들렸다. 엄마로서 성공해서 자신의 결핍감과 함량 미달을 덮으려던 영적 전략이 이미 무너졌다는 뜻이었다. 그녀는 신앙을 고백하는 그리스도인이었지만, 깊은 수치심과 죄의식을 해결하는 부분에서 예수님과 그분이 이루신 일을 의지할 줄을 몰랐다.

지금의 교회에서는 배우가 되려고 뉴욕으로 이주해 온 두 청년을 상담했다. 그 분야로 뚫고 들어가 좋은 배역을 따내는 데는 둘 다 실패했다. 한 청년은 그냥 눈물로 실망을 받아들이고 다른 일로 넘어갔지만, 다른 청년은 자신의 실패를 인정하지 못했다. 배우로 성공하는 게 그의 영적 은폐 전략이었는데, 무화과나무 잎으로 지은 그 옷의 솔기가 터진 것이다. 많은 사람의 훌륭한 조언에도 불구하고 그는 우울증과 중독에 한없이 빠져들었다.

이런 '벌거벗은' 느낌의 기원에 대한 성경의 가르침을 한사코 듣지 않으면, 또한 자기 삶 속의 무화과나무 잎을 인식하지 못하면 우리도 덫에 갈힐 것이다.[7] 그러면 우리는 시도 때도 없이 인터넷에 다른 사람들의 죄를 폭로할지도 모른다. 그렇게라도 해야 약간의 권력과 통제권을 얻고, 도파민의 분출로 잠시나마 기분도 좋아질 테니 말이다. 또는 다른 필사적인 몸부림으로 넘어가 그것으로 자신을 덮거나 일각의 표현대로 "의를 땜질할" 수도 있다. 창 3:7; 빌 3:9-10 자신이 실제로 얼마나 나약한지를 자신까지 포함해 그 누구에게도 알리지 않으려고 안간힘을 쓰는 것이다.

'겸손'과 '기쁨'이라는 영적 자원

기독교가 우리에게 주는 세 가지 영적 자원이 있는데, 그것이 있어야만 하나님의 용서를 받아들일 수 있고, 또 다른 사람에게 용서를 베풀 수도 있다. 그중 두 가지는 요셉과 그의 채색옷 이야기의 유명한 결말부에 나온다.

요셉의 형제들이 그들의 아버지[야곱]가 죽었음을 보고 말하되 요셉이

혹시 우리를 미워하여 우리가 그에게 행한 모든 악을 다 갚지나

아니할까 하고 요셉에게 말을 전하여 이르되 당신의 아버지가

돌아가시기 전에 명령하여 이르시기를 너희는 이같이 요셉에게 이르라

네 형들이 네게 악을 행하였을지라도 이제 바라건대 그들의 허물과

죄를 용서하라 하셨나니 당신 아버지의 하나님의 종들인 우리 죄를

이제 용서하소서 하매 요셉이 그들이 그에게 하는 말을 들을 때에

울었더라 그의 형들이 또 친히 와서 요셉의 앞에 엎드려 이르되 우리는

당신의 종들이니이다 요셉이 그들에게 이르되 두려워하지 마소서 내가

하나님을 대신하리이까 당신들은 나를 해하려 하였으나 하나님은

그것을 선으로 바꾸사 오늘과 같이 많은 백성의 생명을 구원하게

하시려 하셨나니 당신들은 두려워하지 마소서 내가 당신들과 당신들의

자녀를 기르리이다 하고 그들을 간곡한 말로 위로하였더라.

창세기 50장 15-21절

여기에 나오는 요셉의 말과 행동은 길고 중요한 이 이야기의 대미다. 이야기의 발단은 야곱이 자기 아버지 이삭에게 아주 고통스럽게 당했던 것과 똑같은 편애로 가정생활을 망친 데 있다. 그는 다른 열 아들 대신 가장 사랑했던 아내 라헬이 낳은 요셉과 베냐민을

노골적으로 편애했다. 그 결과 요셉이 자아도취에 빠진 응석받이로 자랐고, 다른 아들들은 적개심을 품고 잔혹한 짓도 서슴지 않는 인간이 되었다. 그들은 요셉을 노예로 팔아 버리고는 요셉이 들짐승에게 찢겨 죽은 것처럼 꾸며 아버지를 속인다.

애굽에서 낮아지고 변화된 요셉은 점차 하나님을 의지해 힘을 얻는다. 그는 어느 부유한 집안의 집사로 높임을 받지만, 안주인의 모함을 받아 감옥에 갇힌다. 그러나 요셉은 감옥에서도 절망하지 않고 하나님을 의지해 결국 풀려났고, 하나님께 받은 통찰력으로 바로에게 앞일을 알려 준다. 마침내 그는 애굽에서 왕 다음으로 높은 통치자가 되었다.

그 후에 대기근이 닥쳐와 요셉의 형들은 목숨을 부지할 양식을 사려고 애굽에 와서 요셉 앞에 선다. 20년이 흐른 뒤라 그들은 요셉을 알아보지 못하지만, 요셉은 형들을 알아본다.

처음에 요셉은 자신의 정체를 밝히지 않고 오히려 그들을 정탐꾼으로 몰아세워 시험해 본다. 긴 과정을 거쳐 형들의 진정한 회개가 드러나고, 유다는 가족들을 살리기 위해 종이 되겠다고 나서기까지 한다. 그제야 요셉은 형들을 제외한 모든 사람을 둘러보며 "물러가라" 하고 외친다. 모두 나가고 형들만 남자 그는 울면서 "내가 요셉입니다"라고 고백한다.

이 권력자가 자신들이 20년 전에 팔았던 동생이라는 사실이 차츰 받아들여지자 형들은 "무서워서" 말문이 막힌다.^{창 45:3, NIV} 달이

가고 해가 가면서 하나님이 언젠가는 자신들의 행위를 벌하시리라고 생각했는데, 드디어 그 심판이 임하는 것 같았다. 구덩이를 파고 요셉을 던져 넣었던 그들이 바로 그 구덩이로 추락하고 있었다. 그들은 유죄 선고를 기다렸다.

하지만 정죄는 없었다.

과분한 호의와 배려와 애정이 있었을 뿐이다. 요셉은 형들과 입맞추며 안고 울었다. 창 45:15 구약성경 주석가 데렉 키드너는 이렇게 결론지었다. "요셉의 대응이 처음부터 끝까지 얼마나 큰 효력이 있었는지는 완전히 새로워진 형들의 태도에서 볼 수 있다. 냉탕과 온탕을 오가는 사이에 그들도 하나님께 마음이 열렸다."[8]

요셉 이야기에서 진정으로 멋진 결말부는 야곱이 죽은 뒤의 일이다. 형들은 요셉이 자신들을 정말 용서했는지 의심한다. 아버지를 생각해서 복수를 그냥 미룬 것이라 여긴다. 형들의 이 의심을 알게 된 요셉은 운다. 자신의 깊은 사랑을 아직도 믿지 못하는 그들 때문에 운다.

우리도 그리스도인이 된 뒤 대체로 이런 과정을 거친다. 관계 초기에는 그리스도 안에서 하나님의 용서를 받아들인다. 그러나 아직 마음 깊은 곳에서는 그분의 사랑을 의심하고 있음이 머잖아 삶에서 드러난다. 드러나는 방식은 무수히 많다. 우리는 무리하게 애써 자신의 가치를 입증하려 하고, 실패하면 계속 속으로 자학하고, 하나님께 용서받은 사실이 가물가물해져 남을 용서하지 않는다.

우리가 그렇게 행동할 때 예수님이 슬퍼하신다는 말은 지나친 말이 아니다. 요셉이 형들의 말을 전해 듣고 슬퍼했던 것처럼 말이다. 이번 장에서 배운 모든 내용이 요셉의 유명한 답변 속에 압축되어 있다. 창 50:19-21 그는 재차 용서한다고 말하되, 놀라우리만치 하나님 중심으로 용서를 표현했다. 형들에게 베푸는 수평적 용서의 근거를 철저하게 하나님의 수직적 용서에 둔 것이다. 용서하기가 힘들거든 당신도 이 방법대로 해 보라.

첫째, 그는 "내가 하나님을 대신하리이까"라고 말한다. 창 50:19 요셉은 충분히 겸손했기에 용서할 수 있었다. 만약 용서하기가 힘들다면 그건 우리 자신이 하나님이 아닌 죄인임을 망각한 탓이다. 요셉의 말은 이런 뜻이다. "내가 노여움을 풀지 않으려면, 당신들의 재판관이 될 자격이 있다고 자신해야만 합니다. 하지만 나는 그런 자격이 없어요."

이 부분에서 우리는 신중해야 한다. 시편에서 보듯이 하나님은 우리가 상처 입었을 때 그분께 부르짖기를 원하신다. 그런 적나라한 감정이 정의를 구하는 부르짖음과 함께 시편에 즐비하다. 그럼에도 불구하고 누구든 계속해서 원한을 품는 사람은 "내가 하나님을 대신한다. 나는 심판할 권리가 있다"라고 말하는 셈이다.

둘째, 그는 "당신들은 나를 해하려 하였으나 하나님은 그것을 선으로 바꾸사"라고 말한다. 창 50:20 요셉은 충분한 기쁨이 있어서 용서할 수 있었다. 히브리어 성경을 직역하면, 그는 "당신들은 악을 꾀하였으냐"라고 말한 것이다. 용서하려고 "형들이 한 일은 그렇게까지 나쁜 짓은 아니었어요"라고 얼버무린 게 아니라, "당신들의 행위는 악했습니다"라고 단언한다. 진실을 말한 것이다. "당신들의 악한 행위에도 불구하고 하나님이 나를 사랑하여 세워 주셨고 모든 것을 합력하여 선을 이루셨습니다."

악한 사람들은 아주 악한 짓을 저지를 수 있다. 그리고 우리는 고통의 표현과 당연한 애통을 억누르지 않도록 조심해야 한다. 성경의 많은 기도에서 보듯이 그것은 건강하고 정당한 반응이다. 하지만 역시 거기에 매여 있어서는 안 된다. 당신도 요셉처럼 하나님이 범사에 그분의 뜻대로 선을 이루심을 안다면, 가해자를 보며 이렇게 말할 수 있다. 롬 8:28 "당신은 결국 나를 해칠 수 없다. 하나님의 보호와 사랑에서 나를 끊을 수 없다."

끝으로 그는 "당신들은 두려워하지 마소서 내가 당신들과 당신들의 자녀를 기르리이다 하고 그들을 간곡한 말로 위로"했다. 창 50:21 이것은 행동의 단계다. 요셉은 악을 선으로 갚는다. 용서는 마음으로 느껴지기 이전에 베풀어야 할 때가 많다. 대개가 그럴 것이다. 다른 사람을 용서할 때 우리는 "내 분노가 다 사라졌다"라고 말하는 게 아니라, 이렇게 말하는 것이다. "이제부터 나는 하나님이 나를 대하시듯이 당신을 대하겠다. 당신의 죄를 더는 기억하지 않겠다. 당연히 그 죄가 생각날 때도 있겠지만, 거기에 입각해서 행동하지는 않겠다는 뜻이다. 내 삶을 주관하는 실재는 그 죄가 아니다."

당신의 삶을 주관하는 실재는 무엇인가? 역사를 주관하시는 하나님의 은혜와 사랑이다.

요셉은 비범한 인물이었다. 그래서 당신은 이렇게 말할지도 모르겠다. "아! 옛날에는 그런 대단한 인물들이 있었지. 하지만 나한테는 무리야. 나는 그렇게 못 해." 이 논리의 문제점은 요셉에게 없었던 것이 당신에게는 있음을 망각하는 데 있다. 요셉은 예수님을 몰랐다.

그리스도의 십자가는 하나님이 악으로 선을 이루신 궁극의 본보기다. 십자가 앞에서 당신은 요셉보다 훨씬 더 겸손해질 수밖에 없다. 우리 인간이 얼마나 악한 존재인지를 요셉보다 더 밝히 보기 때문이다. 요셉은 하나님이 자신을 구원하기 위해 죽기까지 하셔야 한다는 것을 몰랐다. 반면 당신은 십자가 앞에서 요셉보다 더 든든한 확신을 얻는다. 예수 그리스도께서 기꺼이 당신을 위해 행하신 일을 보라. 범사에 선을 이루시는 하나님에 대해 무슨 확신이 더 필요하겠는가? 그리스도 안에서 우리는 요셉보다 더 겸손해지고 더 깊은 확신을 가질 수 있는 자원을 받았다. 그러니 굳이 비교하자면 주변 사람을 용서하고 화해를 이루는 일도 마땅히 우리가 더 잘해야 한다.

'그리스도의 희생적인 사랑'이라는 영적 자원

이렇듯 그리스도인은 겸손과 기쁨을 받았기에 용서가 가능하다. 기독교가 우리에게 주는 자원이 하나 더 있다. 바로 구원하시는 예수님의 사랑에 따른 큰 희생이다.

> 이에 말씀하시되 내 마음이 매우 고민하여 죽게 되었으니 너희는 여기 머물러 나와 함께 깨어 있으라 하시고 조금 나아가사 얼굴을 땅에 대시고 엎드려 기도하여 이르시되 내 아버지여 만일 할 만하시거든 이 잔을 내게서 지나가게 하옵소서 그러나 나의 원대로 마시옵고 아버지의 원대로 하옵소서 하시고.
>
> 마태복음 26장 38-39절

> 제구시쯤에 예수께서 크게 소리 질러 이르시되 엘리 엘리 라마 사박다니 하시니 이는 곧 나의 하나님, 나의 하나님, 어찌하여 나를 버리셨나이까 하는 뜻이라.
>
> 마태복음 27장 46절

지옥과 영원한 심판이라는 개념에 질색하는 사람이 많다. 그것까지는 이해할 만하지만, 그런 거부에서 파생되는 결과가 있다. 그중 하나는 앞서 이미 언급했다. 역사상 자행된 모든 악과 부패와 폭력에 대해 어떻게 정의가 실현될 것인가? 하나님의 심판 날이 없다면 정의는 결코 실현될 수 없다. 최후의 심판이 없다면 세상의 소망은 과연 무엇인가?

진노의 하나님을 거부하는 것에 함축된 중대한 의미가 또 있다. 바로 예수님이 우리를 위해 이루신 일이 경시되는 것이다. 수년 전 한 여성이 예배 후에 내게 다가와 내 설교가 온통 너무 편협하다고 따졌다. 이유를 묻는 내게 그녀가 해 준 말은 이렇다. "예수님의 죽음을 믿어야 한다고 연신 강조하시니까 그렇죠. 저는 무조건 모든 사람을 사랑하시는 순전한 사랑의 하나님을 믿거든요. 예수님은 꼭 죽지 않으셔도 됐어요. 하나님은 그저 모든 사람을 사랑하신다고요."

나는 최대한 부드럽게 물었다. "하나님이 당신을 사랑하시고자 치르신 희생은 무엇인가요?" 그녀가 "아무것도 없겠죠"라고 말하기에, 나는 죄를 벌하셔야만 하는 정의의 하나님을 믿지 않는다면 예수님이 우리를 사랑하시는 데 어떤 희생이 따랐는지를 알 길이 없다고 답했다. 무한하고 영원한 그 형벌을 우리 대신 그분이 어떻게든 몸소 당하셔야만 했다.

그래서 겟세마네 동산에서 성자 하나님은 자신의 마음이 매우 고민하여 죽게 되었다고, 이미 초주검이 된 심정이라고 말씀하셨다. 십자가에서 고통당하실 때 예수님이 "나의 손, 나의 손", "나의 발, 나의 발", "나의 머리, 나의 머리"라고 외치지 않으신 것 또한 우리 대신 형벌을 당하셨기 때문이다. 몸에 못과 가시가 박혀 있었으니, 예수님은 얼마든지 그렇게 외치실 수도 있었다. 그분은 출혈과 질식으로 아주 고통스럽게 천천히 죽어 가시는 중이었다. 그런데 그 상황에서 예수님은 "나의 하나님, 나의 하나님, 어찌하여 나를 버리셨나이까"라고 부르짖으셨다. 고통의 극치는 하나님과 영적으로 분리되는 것이었다.

어떤 사람은 "하나님은 그냥 모든 사람을 사랑하신다"라고 말하지만, 그런 신의 사랑은 성경 속 하나님의 사랑만 못하다. 그분은 거룩하심과 사랑을 겸비하신 분이라서 우리에게 은혜를 베푸셨다. 그분이 사랑이시기에 우리는 그야말로 값없는 은혜를 누린다. 그러나 그분이 거룩하시기에 그 은혜에는 희생이 따른다. 무한한 희생이다.

나는 내가 이 희생적인 은혜의 수혜자임을 안다. 예수님이 나를 살리려 지옥의 심장부까지 가셨고 나를 위해 사랑으로 순종하셨음도 안다. 바로 그것이다. 그 사랑이 나를 변화시킨다. 그것이 눈물과 경탄과 희열과 활력을 낳는다. 그분의 희생적인 사랑이 나를 변화시키는 이유는 그것이 나를 낮추어 교만과 이기심에서 벗어나게 하고, 동시에 나를 인정해 열등감과 자기 연민에서 벗어나게 하기 때문이다. 그 사랑 덕분에 나는 죄를 미워한다. 내 죄 때문에 그분이 죽으셨기 때문이다. 하지만 그 사랑 덕분에 나는 나를 미워하지 않는다. 그분이 나를 해방시키려고 나를 위해 죽으셨기 때문이다.

우리를 이토록 변화시키는 것은 없다. 내가 이렇게 사랑받는 존재이니 열등감이 사라지고, 은혜로만 구원받은 죄인이니 우월감도 사라진다. 십자가에 달리신 예수님의 부르짖음을 이해하면 그것이 바로 개인의 변화를 낳는 열쇠가 된다. 아울러 그것은 인간의 용서와 화해를 이루는 위대한 열쇠이기도 하다.

9   하나님께 받는 용서

자신을 속이는 가짜 회개, 아무 능력이 없다

감옥에 갇힌 내 영혼 긴 세월
죄와 밤에 꽁꽁 묶여 있었네.
주 밝은 눈빛 나를 깨우니
어두운 감옥이 환히 빛나네.
사슬 벗고서 자유 얻은 나
일어나 나가 주를 따르네.
— 찰스 웨슬리[1]

《맥베스》에서 맥베스가 알았듯이 양심의 가책에 시달리기로 유명한 그의 아내는 "마음을 짓누르는 위험물"을 "달콤한 …… 해독제"로 씻어 내야만 해방될 수 있었다. 그 해독제는 바로 하나님의 용서다. 당신의 죄를 하나님께 용서받기 전에는 결코 다른 사람의 죄를 온전히 용서할 수 없다. 다른 사람의 죄에 제대로 대처하려면 자기 죄부터 해결해야 한다.

자신을 용서하는 문제

심리 상담사들이 내담자들에게 흔히 듣는 말이 있다. "예, 물론 하나님께 용서를 구했습니다. 문제는…… 그래도 나 자신이 용서가 안 된다는 거예요."

자신을 용서하도록 도우려는 자기 계발 서적과 각종 심리치료는 이미 큰 시장을 형성했다. 그런데 수직적 차원, 즉 하나님과의 관계는 거기서 완전히 배제된다. 죄를 순전히 내면적·수평적 차원에서 해결할 문제로만 보는 것이다.

자신을 용서하는 심리치료의 주요 개념은 다음과 같다. ① 자신이 잘못한 대상에게 용서를 구한다. ② 자신의 잘못에 책임을 진다. ③ 이번 일에서 교훈을 얻는다. ④ 남에게 하는 것만큼 자신에게도 연민을 품는다. ⑤ 자신을 수용하고 삶의 다음 장으로 넘어간다.

이 접근법은 각 단계에서는 유익할 수 있으나, 전체로는 미흡하다. 우선 자신의 행위가 정말 잘못인지를 알 길이 묘연하다. 세속적 접근법으로는 아무도 진짜 죄책감과 가짜 죄책감을 가려낼 수 없다. 게다가 상대에게 용서를 구하고도 모든 요건을 이행하고도 자신의 죄책감과 수치심을 떨치지 못하는 사람이 많다.[2]

자신을 용서할 수 없다는 사람에게 어떻게 대응해야 할까? 모더니즘은 최고의 권위가 나 자신에게 있다고 선언했다. 게일 쉬히의 베스트셀러 *Passages*인생행로에는 그것이 삶의 기본 원칙으로 그려져 있다. "자아를 발견"하려면 다른 모든 인습적 주장, 타인의 모든 의제와 승인으로부터 해방되어야만 한다. 관계를 맺을 때는 내가 정한 내 정체성과 관심사를 그 관계가 지지하는 한에서만 잠정적으로 맺어야 한다. 나를 인정하거나 옳고 그름을 판단할 수 있는 사람은 나뿐이다. 내 정체성을 정하거나 자기네 기준으로 나를 판단할 권리는 다른 아무에게도 없다.[3]

하지만 그럼에도 불구하고 자아가 죄책감에 짓눌린다면 어떻게 되는가? 자아가 스스로 떠안은 제재를 외부의 누구도 뒤집을 권한이 없다. 누가 무슨 권리로 현대인의 자아를 향해 "당신의 자평은 다 틀렸다"라고 말할 수 있단 말인가? 이 문제의 핵심이 성경에 밝혀져 있다. "우리 마음이 혹 우리를 책망할 일이 있어도 하나님은 우리 마음보다 크시고."요일 3:20

여기 기독교가 우리에게 주는 선물의 정수가 있다. 오직 하나님만이 우리의 정체성과 행위를 최종 판단하신다. 그렇기에그래야만 그분은 우리 마음의 죄책감과 자책을 뒤엎으실 수 있다. 그분이 우리에게 용서했노라고 말씀하시면 우리는 용서받은 것이므로 안심할수 있는 것이다. 그러나 세속의 방식은 상한 양심 앞에 아무런 치유책도 내놓지 못하며, 사랑받고 용서받을 자격이 없다고 느껴지는 사람에게 해 줄 말이 없다. 자신의 뿌리 깊은 죄와 자신이 저지를 수있는 일을 본 사람이라면 "자신에게 잘해 주라. 당신은 그만한 자격이 있다"라는 진부한 말로는 결코 위로받지 못할 것이다.

콜린 티핑은 *Radical Self-Forgiveness*근본적 자기용서라는 책에서전적인 세속 접근법의 한계를 지적하며 동양의 신비주의를 끌어들인다. 그의 말대로라면 우리는 삶을 윤회와 업보의 관점에서 바라봐야 한다. 영혼이 현세에 존재하는 목적은 수많은 경험을 통해 배워서 내세에 더 잘하기 위해서다. 이 세계관에서는 자신에게 벌어지는 모든 일과 남에게 행하는 모든 일이심지어 나쁜 짓까지도 우리가 많은 생애를 거쳐 완성과 지극한 행복에 이르기 위해 배우는 교훈이다. 자신을 용서하려면 자신에게 "인간 세계에서는 내 행위를 책임져야 하지만, 순전히 영적인 차원에서는 나쁜 일이란 건 발생하지않는다"라고 말하면 그만이다.[4]

티핑이 죄를 해결하는 방식은 용서가 아니라 축소다. 하지만 그런 방식으로는 깊은 좌절감이 남는다. 이 땅에서 자행되는 악이 정말로 악임을 우리는 직관으로 알기 때문이다. 기독교는 죄의 악한성질을 축소하지 않으면서도 죄책감을 해결할 강력한 해독제를 내

놓는다. 맥베스가 동경하던 "달콤한 해독제"는 실제로 존재한다. 바로 하나님의 용서다. 그런데 하나님의 용서를 경험하려면 반드시 참된 죄책감과 거짓된 죄책감을 구분해야 한다. 그러고 나서 그분을 의지해야 한다.

참된 죄책감과 거짓된 죄책감

인간의 죄책감에는 두 종류가 있다. 어떤 이들은 자신의 행위에 마땅히 죄책감을 느껴야 한다. 객관적인 악이 엄연히 존재하며, 가해자는 자신의 신념이나 감정과 무관하게 그 행위 때문에 유죄이기 때문이다. 그러나 행위에 비해 지나치게 죄책감을 안고 사는 이들도 있다.

전자는 참된 죄책감이고, 후자는 거짓된 죄책감이다. '자신을 용서할 수 없는' 사람은 우선 자신의 죄책감이 정당한지부터 분간해야 한다.

이 부분에서 기독교가 지대한 도움이 된다. 참된 죄책감과 거짓된 죄책감을 가려내려면 기준이 있어야만 한다. 예수님이 당대의 종교 지도자들을 비판하신 많은 말씀 중에 이런 말씀이 있다. "화 있을진저 또 너희 율법교사여 지기 어려운 짐을 사람에게 지우고 너희는 한 손가락도 이 짐에 대지 않는도다."^{눅 11:46; 막 7:11-13} 그분이 언급하신 "무거운 종교적 의무의 짐은 율법에 추가되어 사람들을 짓눌렀고 …… 하나님을 기쁘시게 …… 하지 못한다는 이유로 그들을 절망에 빠뜨렸다."[5] 예수님이 여기서 보여 주시듯이 누구든지 살인하고 도둑질하고 간음해 하나님의 율법을 어겼다면 죄책감이 드는 게 마땅하지만, 인위적으로 율법에 추가된 온갖 잡다하고 까다로운 종교 계율을 지키지 못한 것에 죄책감을 느껴서는 안 된다.

예수님의 이런 구분과 경고는 율법주의적 종교 단체에 속한 이들에게도 적용된다. 그들도 거짓된 죄책감에 시달릴 수 있다. 그들의 문화나 공동체나 가정이나 자아가 현실성 없는 짐을 떠안기기 때문이다. 요컨대 죄책감의 문제로 사람을 도우려면 첫 단계로 진짜 하나님의 뜻과 말씀을 어겼는지부터 물어야 한다.[6]

그런데 이런 구분이 늘 단순하지만은 않다. 참된 죄책감과 거짓된 죄책감이 복잡하게 섞여 있는 경우도 있다. 일례로 우리 중 상당수는 수많은 사람의 요청을 수락해 놓고는 시간이 없어 기한 내에다 이행하지 못해서 죄책감을 느끼고 괴로워하곤 한다. 물론 우리는 약속을 지키고 자기 말에 책임을 져야 한다. 마 5:37; 잠 11:3; 20:25 하지만 너무 벅찬 일정은 하나님이 주신 게 아니라 당신이 자초한 것이다. 사람들의 요청에 다 응해 주지 못하는 것은 죄책감을 느낄 일이 아니다. 당신은 하나님이 그분의 말씀에 명하신 일에 대해서만 수행할 의무가 있다.

운전자가 라디오의 우스갯소리를 듣고 웃다가 잠시 주의력이 떨어진 틈에 사고가 나서 여러 사람이 중상을 입은 경우는 어떨까? 죄책감이 엄청날 것이다. 하지만 심각한 도덕적 과오도 없었고, 법이나 규정을 어기지도 않았다. "누구에게나 있을 수 있는 일이야"라는 친구들의 말이 옳다. 그런데 그에게는 그 말도 소용없다. 물론 더 신중하게 서행하지 않은 것을 후회할 수야 있지만, 하나님 말씀을 기준으로 볼 때 그의 죄책감은 도에 지나치다. 심리 상담사의 도움으로 그가 깨달아야 할 게 있다. 이 일로 여러 해 심신이 미약해지거나 아예 그보다 더 심각한 상태가 됐다면, 스스로 비극을 더 키울 뿐이라는 것이다. 이 운전자는 자신의 부주의를 용서하신 하나님을 붙들어야 하고, 그분처럼 자신을 받아 주는 사람들의 사랑과 지원에 의지해야 한다.

거짓된 죄책감의 또 다른 예는 '살아남은 자의 죄책감'이다. 많은 군인들이 전쟁 중에 전우를 잃고 살아서 귀향했다. 그런데 그들의 마음은 안도감과 평안함 대신 어느새 죄책감으로 가득 차 있다. '왜 내 목숨은 붙어 있을까?' 그들은 왠지 자신의 용맹이나 전투력이나 인격이 전사한 동지보다 나았어야 할 것 같지만 사실은 그러지 못했음을 알고 있다. 아마 그래서 죄책감이 들 것이다. 물론 일리는 있지만, 이 집요한 죄책감을 해결하려면 역시 하나님 말씀에 의지하는 길밖에 없다. 왜 누구는 새파란 청춘으로 병사하거나 전사하고 누구는 계속 사는지는 하나님의 경륜 가운데 하나님이 정하실 문제지 우리가 죄책감을 느낄 일이 아니다.

참된 죄책감과 거짓된 죄책감의 구분은 매우 중요하다. 왜 그럴까? 참된 죄책감은 시간이 지나도 치유되지 않기 때문이다. 이 우주에 절대적인 도덕규범이 내장되어 있어서 하나님의 형상대로 지음받은 당신의 영혼이 그것을 감지한다. 롬 1:18-20; 2:14-16 참된 죄책감을 해결하려면 그것을 가지고 하나님의 은혜와 자비 앞에 나아가는 길밖에 없다. 반면 거짓된 죄책감은 도덕적 노력과 기도로 치유되지 않는다. 거짓된 죄책감을 해결하려면 그것을 하나님의 뜻과 말씀에 비추어 바로 아는 길밖에 없다.

죄를 하나님께 가져가라

그렇다면 참된 죄책감을 어찌할 것인가? 답을 찾기에 시편 51편보다 더 좋은 곳은 없다. 아마 이 시는 성경 전체에서 가장 유명한 자백 기도일 것이다.

> 하나님이여 주의 인자를 따라 내게 은혜를 베푸시며 주의 많은 긍휼을 따라 내 죄악을 지워 주소서 나의 죄악을 말갛게 씻으시며 나의 죄를 깨끗이 제하소서.
>
> 1-2절

다윗이 이렇게 기도한 계기가 시 제목에 밝혀져 있다. 그는 밧세바와 혼외정사를 벌인 뒤 그녀의 남편을 죽음으로 내몰고 그녀를 아내로 취했다. 하나님은 선지자 나단을 통해 다윗의 죄를 만천하에 폭로하셨고, 이후 죄를 깨달은 다윗의 기도가 시작된다.

인생을 완전히 망쳤더라도 당신에게 헤어날 길이 있다면 어떨까? 그 길은 바로 성경이 말하는 회개다. 회개는 과정이다. 시편 51편은 회개에 관해 무엇을 가르쳐 주는가?

세 가지를 그만하고, 두 가지를 새로 시작하고, 한 가지를 받아들여야 한다고 가르친다.

회개, 책임 회피가 끝나는 데서 시작된다

> 무릇 나는 내 죄과를 아오니 내 죄가 항상 내 앞에 있나이다 내가 주께만 범죄하여 주의 목전에 악을 행하였사오니 주께서 말씀하실 때에 의로우시다 하고 주께서 심판하실 때에 순전하시다 하리이다 내가 죄악 중에서 출생하였음이여 어머니가 죄 중에서 나를 잉태하였나이다.
>
> 3-5절

"생명 얻는" 참된 회개는 힘과 자유와 평안을 낳는다. 행 11:18 그런데 성경을 보면 거짓된 회개도 있다. 회개처럼 보이지만 "사망을 이루는" 근심이나 후회다. 고후 7:10 이런 회개는 좌절과 고질적인 죄책감과 절망을 낳는다. 죄책감을 해결해 사람을 살리는 것 같지만, 사실은 그렇지 않은 가짜 회개다.

가짜 회개 중 하나로 책임 회피가 있다. "미안하긴 한데 이건 정말 내 잘못이 아니거든." 하지만 진정한 회개는 자신의 죄를 온전히 책임진다.

책임을 회피하는 방법 중 하나는 죄를 정당화하는 것이다. 17세기 작가 토머스 브룩스는 이를 일컬어 "죄에 덕을 덧칠하기"라 했다.[7] 우리는 스스로를 보며 이렇게 말한다. "나는 욕심이 많은 게 아니라 검소할 뿐이야." "나는 교만한 게 아니라 주장이 강할 뿐이야." "나는 과음하는 게 아니라 반주를 곁들일 뿐이야." "나는 쌀쌀맞은 게 아니라 사실대로 말할 뿐이야."

또 다른 방법은 책임 전가다. "당신이 더 나은 배우자였다면 나도 바람을 피우지 않았겠지." "나도 못 할 말을 했지만, 그녀가 먼저 내 속을 긁었거든. 누구라도 똑같이 반응했을 거야." "나는 고생을 많이 했으니까 이 정도쯤은 누릴 자격이 있어."

세 번째 부류의 책임 회피는 비난이 과장되었다고 우기는 것이다. "그게 잘못인 건 맞는데 당신이 지나치게 예민한 탓도 있어." "물론 내가 그러지 말았어야 되겠지만, 저번에 당신도 끔찍한 사고를 쳤잖아. 그러니 그만 좀 지적하라고."

책임 회피의 심각성을 성경 첫머리에서부터 볼 수 있다. 하와와 아담은 자신의 행위에 대한 책임을 각각 뱀에게, 하와에게, 심지어 하나님께"하나님이 주셔서 나와 함께 있게 하신 여자가"-창 3:12 떠넘겼다. 그러나 책임 회피를 끝내야만 비로소 죄책감을 해결할 수 있다. 다윗은 "주께서 말씀하실 때에 의로우시다 하고 주께서 심판하실 때에 순전하시다 하리이다"라고 기도한다.^{시 51:4} 책임을 축소하려는 시도가 조금도 없고, 변명도 없다. 회개란 자신의 책임을 정면으로 응시하며 하나님께 이렇게 아뢰는 것이다. "우리가 당한 모든 일에 주는 공의로우시니 우리는 악을 행하였사오나."^{느 9:33} 너무 가혹하다며 하나님을 탓하려는 낌새도 없고, 죄를 환경이나 남 탓으로 돌리려는 조짐도 없다. 더는 핑계를 대거나 발뺌을 하지 않아야만 양심이 청결해질 수 있다.

다윗은 자신의 소행을 돌아보며 자신의 심성에 대한 놀라운 통찰을 덧붙였다. "내가 죄악 중에서 출생하였음이여 어머니가 죄 중에서 나를 잉태하였나이다."^{시 51:5} 그는 단지 모든 인간이 죄성을 타고났다는 전통적인 '원죄' 교리를 말한 것일까? 그럴 수도 있겠지만, 지금 그의 취지는 신학을 가르치려는 게 아니다. 그보다 훨씬 개인적인 깨달음이다.

다윗은 밧세바의 남편을 살인한 일이나 자신이 어렸을 때 저지른 평범한 죄들이 서로 닮아 있음을 깨달았다. 알고 보니 양쪽이 완전히 다른 게 아니었다. 모든 사람의 마음속에는 아집과 이기심이 있어서 그것이 잔인한 행동으로 이어질 수 있다. 상황이 갖춰지고 생각이 무르익으면 살인까지 저지를 수 있다. 어차피 죄의 발원지는 똑같다.

BBC에서 인기리에 방영된 드라마 〈브로드처치Broadchurch〉는 작고 아름다운 바닷가 마을에서 한 소년의 살해범을 찾아내는 추리물이다. 브로드처치 관할 경찰서 경사 엘리 밀러가 보기에 이 마을에는 그런 짓을 저지를 만한 사람이 없다. 착한 사람들이 모여 사는 친밀한 공동체이기 때문이다. "여기는 그런 문제가 없는 곳입니다." 그렇게 말하는 그녀에게 신임 경위 알렉 하디가 반론을 편다.

하디 "그럴 수밖에 없는 상황에 처하면 누구라도 살인을 저지를 수 있습니다."

밀러 "웬만한 사람에게는 도덕이라는 나침반이 있어요."

하디 "나침반이 고장 나기도 하지요."[8]

성경도 드라마 속의 경위와 똑같이 말한다. 자신이 악해질 수 있음을 부정해서는 안 된다. 성경의 이 진리를 명심하지 않으면 당신도 살다가 스스로 기절초풍할 만큼 끔찍한 악을 저지를 것이다. 그래서 책임 회피는 가장 위험한 일 중 하나다.

진심으로 회개하는 사람은 이렇게 아뢴다. "주님, 제가 학대와 고생을 겪기는 했지만, 그래도 이 상황에 제대로 대처하지 못했습니다. 제가 이렇게 비참해진 것은 바로 저의 죄 때문입니다. 모두 제 책임입니다!" 회개는 책임 회피가 끝나는 데서 시작된다.

회개, 자기 연민이 끝나는 데서 시작된다

또 다른 가짜 회개는 자기 연민이다. "내가 내 삶을 망쳐 버리다니!" 하지만 진정한 회개는 죄 자체를 슬퍼하고, 그 죄 때문에 하나님을 욕되고 슬프게 했다는 것에 슬퍼한다.

가짜 회개는 죄의 결과를 슬퍼하고, 그 죄 때문에 자신에게 닥쳐온 고난을 슬퍼한다. 다윗은 밧세바와 우리아 부부에게 죄를 지었다. 왕의 권력으로 밧세바를 범하고, 우리아의 죽음을 사주했다. 또 그는 권력을 남용함으로써 자신을 왕으로 신임해 준 백성을 배신했다. 그런 그가 어떻게 "내가 주께만 범죄하여 주의 목전에 악을 행하였사오니"라고 하나님께 아뢸 수 있는 걸까?^{시 51:4}

그의 이 고백은 본래 신학적 가르침이 아니라, 그야말로 마음의 절규다. 히브리어의 대구법은 열정과 갈망과 사랑 같은 격한 감정을 표현할 때 쓰인다. 그는 자신의 악한 행위가 곧 하나님께 한 일임을 깨닫고 한없이 비통해한다. 하나님은 자신을 왕으로 택해 기름 부으시고, 시기하는 사울왕의 손에서 번번이 구해 주시고, 마침내 이스라엘 왕으로 세우신 분이 아닌가.

다윗의 말은 자신이 우리아와 밧세바에게 죄를 짓지 않았다는 뜻이 결코 아니다. 하나님께 범한 죄가 그 모든 죄의 원천이라는 뜻이다. 그야말로 다윗의 전부가 하나님에게서 왔기 때문이다. 그가 인정했듯이 다른 모두에게 지은 죄는 하나님께 지은 죄에서 기인했다. 마르틴 루터는 《대교리문답*Large Catechism*》에서 "너는 나 외에는 다른 신들을 네게 두지 말라"라는 제1계명을 어기지 않고는 절대로 남을 해칠 수 없다고제5-10계명 역설했다. 예컨대 돈을 벌려고 거짓말하면 그 순간 돈을 하나님보다 더 중시하고 사랑한 것이다. 체면을 살리려는 거짓말도 마찬가지다.

다윗도 그것을 깨달았다. 자기 연민의 반대는 이처럼 하나님께 저지른 죄에 집중하는 것이다. 자기 연민에 빠지는 것은 회개처럼 보일지 몰라도 진짜 회개가 아니다. 자신의 죄 때문에 현실적 문제가 발등에 떨어지면 그제야 우리는 "그러지 말걸!" 하고 탄식한다. 하지만 이것은 하나님이나 다른 사람을 아프게 해서 슬퍼하는 게 아니라, 그저 자신에게 닥친 고생을 슬퍼하는 것이다. 딱히 죄 때문에 괴로운 게 아니기 때문에 죄의 결과만 걷히면 그 나쁜 행동에 도로 빠진다. 이는 외관상의 회개가 자기 연민에 불과했다는 증거다.

몇 년 전에 나는 어느 부부를 상대로 목회 상담을 했다. 남편은 홧김에 모질고 모욕적인 언사로 아내에게 깊은 비애와 상처를 안겨 주는 일을 반복했다. 3년 동안 그는 몇 번 아내의 요청에 동의해 내게 상담을 받으러 왔는데, 알고 보니 아내가 자기를 떠나겠다고 위협할 때만 그랬다. 그럴 때는 함께 와서 행동을 고치려 했다. 그러나 별거나 이혼의 위협이 걷히면 즉시 그의 변화도 시들해졌다. 다시 말해서 그가 슬퍼한 주된 이유는 아내에게 상처 입히고 하나님을 욕되게 해서가 아니었다. 그는 죄를 안타까워한 게 아니라 자신을 불쌍히 여긴 것이다. 자기 연민은 결코 변화를 낳지 못한다. 죄 자체를 슬퍼하려면 사랑이 있어야 한다. 그가 아내와 하나님을 정말로 사랑했다면 죄 자체를 미워했을 테고, 그래서 죄가 그에게 점점 매력을 잃었을 것이다. 그러나 자기 연민은 피상적 변화를 낳았을 뿐 그의 마음에는 전혀 영향을 미치지 못했고, 당연히 행동의 변화도 오래가지 못했다.

자기 연민은 회개처럼 보이지만 실상은 자아도취이며, 그것이 바로 죄의 본질이다. 당신이 하나님의 율법만 어긴 것이 아니라 그분의 마음을 아프게 했고 그분을 욕되고 슬프게 했음을 깨달아야 한다. 그래야만 변화가 시작된다.

진정한 회개는 책임 회피가 끝나는 데서 시작되듯이 또한 자기 연민이 끝나는 데서 시작된다. 영국의 리처드 십스 목사는 고전《꺼져 가는 심지와 상한 갈대의 회복*The Bruised Reed*》에 자기 연민을 끝내려면 죄의 결과에 대한 생각을 버려야만 한다고 썼다. 회개는 "슬쩍 머리를 조아리는 게 아니라 …… 마음을 뜯어고치는 것이다. …… 벌보다 죄 자체를 더 질색하게 될 때까지 말이다."[9]

리처드 십스와 거의 동시대 인물로 *A Discourse of Conviction of Sin*죄의 자각을 저술한 스티븐 차녹은 '율법적' 회개와 참된 '복음적' 회개라는 표현으로 둘을 생생하게 구분했다. 전자는 자기 연민 위주지만, 후자는 복음에 기초한 것이다. 율법적 회개는 주로 형벌에 대한 두려움에서 기인하지만, 참된 복음적 회개는 하나님의 선하심을 생각하고 그리하여 자신의 배은망덕과 사랑 없음을 깨닫는 데서 비롯한다. 그래서 가짜 회개는 "'내가 으르렁거리는 사자처럼 강하신 분의 심기를 건드렸구나. …… 말씀으로 세상의 기초를 뒤흔드실 수 있는 천지의 주권자를 노엽게 했구나'라고 부르짖는다." 그러나 복음에 기초해 죄를 자각한 사람은 "'내가 이슬방울처럼 선하신 분을 격노하시게 했구나. 친구가 되어 주시는 하나님을 욕되게 했구나. …… 그토록 맑은 샘을 버리고 흙탕물에서 뒹굴다니…… 아, 내 완고한 마음이여!'라고 탄식한다.[10]

진심으로 회개하는 사람은 하나님께 이렇게 아뢴다. "주님, 제 죄의 결과 때문에 슬프지만, 덕분에 제 행위가 악함을 깨달았습니다. 저는 다른 사람들에게, 그리고 특히 제 창조주이자 근원이며 구속자이신 주님께 잘못을 저질렀습니다." 회개는 자기 연민이 끝나는 데서 시작된다.

회개, 자학이 끝나는 데서 시작된다

끝으로 반대쪽 극단의 가짜 회개가 있다. 가짜 회개를 하는 사람은 요란하고 격한 자기혐오와 울부짖음과 눈물에 찌들어 있다. 왠지 듣는 사람들이 그에게 당신이 그 정도로 악한 죄인은 아니라고 말해 주어야만 할 것 같다. 바로 그것이 이런 자학의 노림수다. 사람들에게는 물론, 하나님에게까지 압력을 가해 비난 대신 두둔과 용서를 얻어 내려는 것이다. 내면의 논리는 이런 식이다. "내가 충분히 자책하면 틀림없이 내 죄가 사해질 거야. 그러면, 아무도 내게 그 이상을 요구하지 않겠지."

스스로 죄를 사해 보려는 자기혐오식의 참회는 그 반대 즉 자신에게 아무런 잘못도 없다는 교만한 부정만큼이나 하나님의 용서를 거부하는 행위다. 양쪽 다 일종의 독선이다. 18세기의 성공회 사역자 존 뉴턴은 한 청년에게 편지를 썼는데, 그 청년은 죄의식과 자괴감에 젖어 늘 우울했다. 뉴턴은 파렴치한 변명도, 병적인 자기혐오도 모두 깊은 영적 교만과 독선이라고 주저 없이 말했다. 다음은 그 편지의 일부다.

당신은 복음을 제대로 알고 있지만, 실제 경험에 율법적 요소가 있어 혼란에 빠지는 겁니다. …… 당신이 힘들어하는 내면의 타고난 악에 대해서는 아무리 잘 인식해도 과하지 않지만, 그것이 당신에게 부적절한 영향을 끼칠 수 있고 실제로 지금 당신은 그런 상태입니다. …… 자신을 부족하게 여기는 것은 옳지만, 구주의 인격과 사역과 약속을 너무 경시하는 것은 분명히 잘못입니다. ……
사탄은 …… 때로 우리에게 겸손을 가르쳐 주겠다고 하지만, 나는 겸손해지고 싶어도 그자의 학교에서 배울 마음은 없습니다. 그자가 전제하는 우리의 죄성은 진실이지만 …… 그자는 거기서 가증스러운 결론을 도출해, 그러니까 그리스도의 능력이나 뜻이나 신실하심에 의문을 품어야 한다고 우리를 훈계하려 들지요.

죄를 미워하는 마음의 표현이라면 자책도 좋습니다. 하지만 잘 들여다보면 사실은 거기에 깊은 아집과 독선과 불신과 교만과 조바심이 섞여 있을 때가 많아요. 그래서 자책은 우리가 힘들어하는 최악의 악보다 별로 나을 게 없습니다.[11]

하나님께 용서받는 원리는 단순하다. 회개하고 자비를 구하면 된다! 그런데 많은 사람들, 아니 어쩌면 대다수가 이 은혜를 끝내 누리지 못한다. 회개하지 않기 때문이다. 참된 회개는 은폐"정말 아무 일도 없었어"와 책임 회피"정말 내 잘못이 아니야"와 자기 연민"내가 이게 웬 고생이 람"과 자학"내가 아주 비참해하면 아무도 나를 비난하지 못하겠지"이 끝나는 데서 시작된다.

그리스도를 의지해 죄를 자백하고 버릴 때

책임 회피와 자기 연민과 자학이 가짜 회개라면 우리를 하나님과 이어 주는 참된 회개는 무엇일까? 그것은 두 가지로 이루어진다. 잠언의 한 구절에 그것이 아주 잘 나타나 있다.

잠언 28장 13절은 "자기의 죄를 숨기는 자는 형통하지 못하나 죄를 자복하고 버리는 자는 불쌍히 여김[자비]을 받으리라"라고 했다.[12] 우선 "자복"해야 한다. 이 단어는 본문의 "숨기는"이라는 단어와 잘 대비된다. 자백이란 조건이나 변명이나 축소나 상대화 없이 자신의 잘못을 전부 깨끗하게 인정하는 것이다. 다 책임지는 것이다. "자복하고"로 옮겨진 히브리어 '야다'에는 하나님께 감사하며 찬송한다는 의미가 항상 포함돼 있다. 따라서 죄의 자백은 단지 이실직고나 "저는 벌을 받아 마땅합니다"라는 추상적인 말이 아니다. 자신이 하나님을 사랑하고 하나님께 영광을 돌려야 하는데 그러지 못했음을 인정하는 것이다. 하나님과 사람들에게 저지른 잘못을 인정함으로써 이 순간부터 그분을 영화롭게 하는 것이다.

어떤 사람은 자신이 경험한 자백을 이렇게 술회했다. 그는 오랜 세월 방어적인 태도와 내면 깊은 곳의 응어리 탓에 어두운 삶을 살고 있었다.

내면의 평안을 얻고자 여러 종교에 빠져 보고 심리학도 공부했지만,
부분적인 답밖에 얻지 못했다. …… 결정적 경험은 뜻밖이자 이해할
수 없는 모습으로 찾아왔다. 여태 내가 엄청나게 많은 악을 〔저질러〕
흘리고 다녔음을 불현듯 깨달은 것이다. 이전까지 나는 교만한 마음과
남들 앞에 잘 보이려는 마음으로 그 사실을 가리곤 했다. …… 이제 어린
시절, 환경, 나쁜 친구들 등 무엇으로도 나 자신을 변명할 수 없었다.
내가 저지른 일은 내 책임이었다. 그것을 분명하고 자세하게 글로 다
쏟아 내니 종이가 수북했다. 마치 회개의 천사가 칼로 내 심장을 깊이
베는 것 같았다. 그 정도로 고통스러웠다. 그동안 내가 속이고 훔치고
거짓말했던 개인들과 기관들 앞으로 수십 통의 편지를 썼다. 마침내

참된 해방감이 찾아왔다.[13]

　나아가 잠언 28장 13절은 죄를 버려야 한다고 말한다. 자백하거나 인정하는 것만으로는 부족하다는 것이다. 죄를 버린다는 것은 마음가짐과 실제 행동 모두 악한 행실을 완전히 끊는다는 뜻이다. 세례 요한은 회개를 촉구하며 "회개에 합당한 열매를 맺"으라고 했다.^{눅 3:8} 이 말은 실제 행동으로 그간의 잘못된 행실을 뒤집으라는 뜻이다.

> 세리들도 세례를 받고자 하여 와서 이르되 선생이여 우리는 무엇을
> 하리이까 하매 이르되 부과된 것 외에는 거두지 말라 하고 군인들도
> 물어 이르되 우리는 무엇을 하리이까 하매 이르되 사람에게서
> 강탈하지 말며 거짓으로 고발하지 말고 받는 급료를 족한 줄로 알라
> 하니라.
> 누가복음 3장 12-14절

　이렇듯 회개란 잘못을 인정하는 것을 넘어 마음으로 죄를 미워하며 변화를 계획한다는 뜻이다. 당연히 구체적 단계가 따라 나온다. "앞으로 ○○○에 절대로 가지 않을 거야." "이제부터 ○○○을 하지 않을 거야." 돌아갈 다리를 불사르고, 책임질 방도를 구축하는 것이다.

물론 이런 계획이 때론 완전히 무산되기도 하고, 얼마간 되다 마는 경우도 많다. 그러나 그리스도인의 성장은 과정이다. 진심으로 죄를 버리고 구체적으로 변화를 구상하지 않는 한 참된 회개는 이루어지지 않는다. 거짓된 회개는 감상에 그치지만, 참된 회개는 행동의 변화를 낳는다.

다음은 레너드라는 사람의 간증이다. 중년의 사업가로, 크게 성공해 유복하게 살던 그는 이렇게 썼다.

> 인간의 관점에서 보면 나는 법을 지키고 공동체에 책임을 다하는 착한 사람이었다. 신앙도 있어서 교회에 착실히 다니며 좋은 일에 헌금도 했고, '그리스도를 증언하려는' 노력도 했다.

그런데 어느 일요일에 그는 "가난한 심령"에 대한 설교를 들었다. 겸손한 사람이 되어 자신의 지위에 신경 쓰지 말고 다른 사람들을 섬겨야 한다는 성경의 가르침이었다. 그는 속으로 깊이 찔렸다. 설교를 듣고 나니 "자신이 생각만큼 착하지 않은 것 같아 걱정되었다." "새삼 불안해진" 그는 자기 삶의 근본적 동기를 점검해 보았고, 결과는 충격적이었다. 그를 이끄는 것은 시기심이었고, 재물을 모아 자신이 남보다 낫다는 것을 입증하려는 욕심이었다. 돈을 사랑하는 마음이 삶의 원동력이었는데, 그는 이 거센 충동을 자신과 남들에게 숨겨 왔던 것이다. "확실히 나는 하나님과 멀어져 있었다.

…… 그분의 사하심이 절실히 필요했다. 내 속의 지독한 시기심을 그리스도께서 없애 주시기를 바랐다."

그는 행실을 고칠 각오로 그리스도를 의지했다. 굳게 마음을 먹은 그는 인정사정없이 사업에 매달리던 태도를 버렸고, 고객과 직원과 주주를 더 너그럽게 대했으며, 전반적으로 재물을 더 베풀었다. 그는 죄를 버리겠다고 다짐했지만, 선한 의도만으로는 용서받을 수 없음을 알았다. "그래서 그리스도께 용서를 구했고, 그분이 내 죄를 담당하셨음을 믿었다." 이것이 그의 인생에 전환점이 되었다.[14]

하나님의 값없는 자비를 받아들이라

끝으로 한 가지 받아들여야 할 것이 있다. 회개에는 기쁨이 따라와야 한다. 하나님의 값없는 자비를 기뻐해야 한다. 기쁨 없는 회개는 절망을 낳는다.

잠언 28장 13절은 회개에 세 번째 행동이 수반된다고 말한다. 바로 하나님의 값없는 자비를 기꺼이 받아들이고 수용하는 것이다. 본문의 "불쌍히 여김[자비]"에 해당하는 히브리어 '르홈'은 '모태'라는 단어와 어원이 같다. 구약학자들에 따르면 르홈의 의미는 갓난아기를 향한 부모의 심정에서 왔다. "그 동사는 부모에게서 자녀에게로 흐르는 …… 자비심과 늘 연관되어 쓰였다."[15] 태아를 향한 엄마의 사랑은 아이가 '얻어 내는' 게 아닌, 순전히 지극한 모성애다. 다시 말해서 하나님이 회개하는 사람에게 베푸시는 자비는 아무런 자격도 조건도 요구하지 않는 값없는 선물이며, 아주 인격적인 것이다. 이것은 회개의 중요한 요소지만, 우리는 이를 자주 놓치곤 한다. 진정한 회개는 하나님의 값없는 자비를 받아들인다.

반면 거짓된 회개는 용서를 스스로 얻어 내야 한다고 우긴다. 회개의 처음 두 행동을 하고도 즉 죄를 자백하고 버리고도 "용서받은 느낌이 없다"거나 심지어 "자신을 용서할 수 없다"라고 주장하는 사람이 흔한 이유는 바로 이것 때문이다. 많은 사람이 죄 때문에 절망하는 이유는 순전히 은혜로만 하나님 앞에 선다는 사실을 처음부터 믿지 않았기 때문이다. 말로는 하나님의 은혜라는 개념에 동의했지만, 그들은 칭의의 기초를 자신의 성화^{행위}에 두었다. 즉 하나님이 자신을 사랑하시고 받아 주신 이유가 죄와 악을 비교적 멀리하려는 자신의 착한 행실 때문이라고 믿는다. 사실상 자신이 착하게 살아서 구원받았다고 믿으면서 살아가는 것이다. 이런 사람이 죄에 빠지면 신앙의 기초 자체가 흔들린다.

이런 사람은 자신의 죄를 '상쇄'시켜서 속죄를 받아 용서를 얻어 내려 한다. 죄를 하나님께 가져가 내려놓지 못하는 것이다. 죗값을 스스로 치르려고 죄책감을 품고 산다. 그러면서 하나님과 사람들이 결국 자신에게 그 정도면 충분히 고생했으니 용서받을 만하다고 선언해 주기를 바란다. 그러나 우리는 이 잘못된 방향에서 벗어나, 자신의 죄성을 더 절감할수록 그만큼 하나님의 끝없는 자비를 깨닫고 그분의 은혜에 더 경탄해야 한다.

요컨대 회개는 책임 회피와 자기 연민과 독선적 절망이 끝나야 시작된다. 죄를 자백하고 버리며, 값없는 은혜를 받아들여야 시작된다. 그럴 때 죄책감과 수치심의 먹구름이 걷히고, 우리 입에서 찬송이 터져 나올 수 있다.

찬송하는 성도에게 기이한 빛 있으니
치료하는 광선으로 주님 떠오르시네.[16]

날마다 더 깊이, 더 새롭게

기본적으로 인간의 마음은 스스로 구원을 얻어 내 삶을 계속 내가 통제하려 한다. 자격 없이 거저 받는 은혜의 개념은 자아도취에 취한 인간의 마음에 모욕이자 부자연스럽고 이상한 것으로 다가온다. 《레 미제라블Les Misérables》의 장 발장이 주교의 용서 앞에서 완전히 무너져 내린 일화는 유명하다. 그는 분노 가득한 이기적인 삶을 합리화해 주던 자신의 독선과 자기 연민을 용서가 빼앗아 갔음을 깨달았다.

그러므로 우리는 하나님의 용서하심과 받아들여 주심을 처음으로 받아들인 뒤에도 평생에 걸쳐 용서를 더 깊이 이해하고 새롭게 경험해야 한다.

그렇게 하는 한 가지 방법은 하나님의 용서를 직접 가르치는 성경 본문들을 수시로 찾아서 공부하고 묵상하는 것이다. ^{부록2 를 참고하라}

하나님의 용서를 더욱 풍성하게 경험하는 두 번째 방법은 용서를 떠받치는 여러 교리를 계속 더 깊이 공부하는 것이다. 우리의 죗값을 예수님이 대신 다 치르셨다는 '대속의 교리'와 그리스도를 믿으면 그분의 의와 완전무결한 이력이 법적으로 우리에게 전가된다는 '칭의의 교리' 등이 그에 해당한다.

성경에서 이 모든 복을 아우르는 가장 포괄적인 주제는 단연 우리가 그분을 믿으면 법적으로나 실효적으로나 그분의 생명과 죽음^{롬 6:1-4}과 승천^{엡 2:6}에 연합한다는 개념일 것이다. 우리가 그분과 함께 죽었고 지금 그분과 함께 하늘에 앉아 있다는 말은 무슨 뜻일까? 찬송가 가사에도 있듯이 "받아들이기에 너무 벅차다."[17]

하나님 아버지께서 보시기에 우리는 예수 그리스도와 온전히 연합되어 있어서 그분은 우리를 보실 때 예수님을 보신다. 그리스도인은 이처럼 그리스도와 하나라서 마치 죄 때문에 우리가 이미 죽고 부활한 것처럼 용서받았다. 우리가 그분과 온전히 하나여서 아버지는 우리를 보실 때 마치 그리스도의 모든 영광과 명예를 우리가 누릴 자격이 있는 것처럼 대하신다. 바울은 신약성경에 우리가 "그리스도 안에" 또는 "그 안에" 있다는 말을 160번도 넘게 했고, 자신을 칭할 때도 "그리스도 안에 있는 한 사람"^{고후 12:2}이라는 표현을 사용했다. 이 진리가 바울의 자아상을 완전히 지배했듯이 우리도 똑같이 그래야 한다.

이 위대한 진리의 많은 놀라운 차원 중 하나가 요한일서 2장 1절에 나와 있다. 혹시 우리가 죄를 범할지라도 사도 요한의 말대로 "아버지 앞에서 우리에게 대언자가 있으니 곧 의로우신 예수 그리스도"이심을 기억해야 한다.

몇 년 전, 나는 찰스 하지가 1861년 어느 채플 시간에 프린스턴 신학대학원 학생들에게 했던 설교의 개요를 읽었다. 그는 피고를 위해 법정에 선 "대언자"변호사의 개념을 파헤쳤다. 기소된 사람이 당신이고, 당신에게 변호사가 있다고 상상해 보라. 둘의 관계는 어떠할까? 하지가 썼듯이 변호사와 의뢰인의 관계는 아주 긴밀하고 위력적일 수밖에 없다. 변호사가 설득력 있는 변론으로 법정을 압도하면 그만큼 당신이 재판에서 유리해진다. 변호사의 모든 성과가 당신에게 전가된다. "변호사는 마치 의뢰인과 한 몸인 양 온전히 의뢰인의 편에 선다. 관계가 지속되는 한, 이는 가장 긴밀한 관계다. 의뢰인은 …… 청취 대상도 …… 주목 대상도 아니다. 의뢰인은 변호사에게 묻어간다. 우리의 변호사이신 그리스도도 우리와 바로 그런 관계다. 그분은 우리를 위해 하나님 앞에 출두하신다. 우리는 그분께 묻어간다. 법정에서 하나님이 보고 듣고 평가하시는 대상은 우리가 아니라 그리스도다. …… 이렇듯 그리스도는 우리 입장을 대신하신다."[18]

예수님은 눈부시고 아름답고 흠이 없으신가? "만민 중에 뛰어나

신" 분인가? 그렇다면 우주의 재판석 앞에서 당신도 하나님의 눈에 그렇게 보인다. 당신은 대언자이신 예수님께 물어간다.

이 글을 처음 읽었을 때 나는 세게 한 방 얻어맞은 기분이었다. 알고 보니 내 무리한 노력은 스스로 대언자가 되려는 시도였다. 세상에서 가장 우수한 변호사가 곁에 계신데, 자꾸 내가 일어나 이렇게 말하는 것 같았다. "제가 발언하겠습니다. 제가 증인을 심문하겠습니다. 제가 배심원단에게 변론하겠습니다." 하지만 예수 그리스도의 변론만이 한 점 오류가 없으시다. 그분은 나에 관해 이렇게 말씀하실 수 있다. "아버지, 그를 위해 내가 대신 아버지의 모든 요건을 충족했습니다. 그러니 내가 이룬 일을 보시고 내 친구, 내 형제, 내 아들을 받아 주십시오."

우리 마음에 혹여 우리를 책망할 일이 있더라도 예수님은 우리 마음보다 무한히 크시다. 하나님의 값없는 은혜와 용서를 성경의 가르침대로 더 깊이 알수록 그분의 크신 마음이 우리에게 더욱 깊이 느껴진다.

누가복음 7장을 보자. 예수님이 바리새인 시몬의 집 안뜰에서 식사하시던 중 "그 동네에 죄를 지은 한 여자"가 그분께 다가왔다. 이 문구는 매춘부를 완곡하게 표현한 말이다. 그녀는 무릎을 꿇고 울면서 헌신의 행위로 예수님의 발에 향유를 부었다. 그녀가 '죄인' 임을 알아본 시몬은 예수님이 그녀를 피하지 않고 공공연한 사랑의 표현을 받아들이시는 것에 경악했다. 그러자 예수님은 두 채무자의 비유를 들려주셨다. 하나가 다른 하나보다 열 배를 더 빚진 상태였는데, 채권자는 두 사람의 빚을 모두 탕감해 주었다. "둘 중에 누가 그를 더 사랑하겠느냐"라는 예수님의 물음에 당연히 시몬은 더 많이 탕감받은 자라고 답했다. ^{눅 7:40-42}

예수님이 이어 지적하셨듯이 시몬은 분명히 자신을 용서가 필요한 죄인으로 보지 않았다. 그래서 예수님을 대접할 때도 자못 인색하고 형식적이었다. 반면 여자의 넘치는 사랑과 정성은 크게 용서받은 자의 기쁨의 표출이었다. 그렇다고 이 비유의 교훈이 여태 살아오면서 지은 죄가 크고 추악하고 악명 높을수록 더 좋다는 것일리는 없다. 신약성경 전반의 가르침에서 보듯이 교만한 시몬도 부도덕한 여자만큼이나, 어쩌면 그 이상으로 용서가 필요했다. 그리스도를 의지해 용서받으면 우리도 성령의 능력으로 말미암아 사랑과 기쁨을 알게 된다.

선지자 미가는 하나님이 "우리의 죄악을 발로 밟으시고 우리의 모든 죄를 깊은 바다에 던지"신다고 말했다. ^{미 7:19} 네덜란드의 유명한 작가 코리 텐 붐은 그분이 우리 죄를 해저에 던지신 뒤 '낚시 금지!'라는 팻말을 꽂으신다고 표현하곤 했다. 당신의 죄를 하나님이 해결하셨다. 그러니 거기로 되돌아가 다시 죄책감에 빠지지 말라. 사랑 안에서 전진하라. [19]

그리스도의 피로 구원받는다

다시 시편 51편으로 돌아가 보자. 다윗은 자신이 죄를 지었고 "주의 목전에 악을 행"했음을 알았다. ⁴절 자신에게 "피 흘린 죄"가 있음을 깨달았다. ¹⁴절 그럼에도 그는 하나님이 '헤세드'인자로, 즉 무조건적인 언약의 사랑으로 자신을 용서해 주실 것을 확신했다. 철저히 자격 미달임을 자각하면서도 그런 자신을 하나님이 받아 주심을 확신한 것이다. 자신이 부적격자인 것만 알고 용서의 확신이 없으면 회개가 이루어지지 않는다. 하나님의 자비를 바라면서 자학하게 된다. 반대로 용서의 확신은 있는데 자신이 본래 부적격자임을 깨닫지 못하면 자기 연민에 빠져 변화되지 못한다. 다윗은 자신이 자격 미달임을 알고 철저히 낮아졌지만, 동시에 온전한 확신에 차 있었다.²⁰

그래서 우리는 변명의 여지가 없다. 다윗이 "거울로 보는 것같이 희미하"게만 알던 내용을 우리는 예수님의 십자가와 부활을 통해 똑똑히 보기 때문이다. 고전 13:12 다윗이 "나를 주 앞에서 쫓아내지 마시며"라고 기도한 대로 하나님은 그를 쫓아내지 않으셨다. 시 51:11 하지만 이는 십자가를 통해 하나님이 예수님을 그분 앞에서 쫓아내셨기에 가능한 일이다. 다윗이 당했어야 할 일을 예수님이 대신 당하신 것이다. 예수님이 "나의 하나님, 나의 하나님, 어찌하여 나를 버리셨나이까"라고 부르짖으셨기에 다윗은 그렇게 부르짖을 필요가 없었다. 마 27:46

이것이 진정한 변화에 이르는 비결이다. "하나님은 사랑의 하나님이시건만, 나는 그분의 마음을 아프게 해 드렸다"라는 말로는 부족하다. 그것은 너무 추상적이다. 예수님은 십자가 위에서 우리 모두를 보셨다. 예수님을 부인하고 배반하는 우리를 보시면서도 세계 역사상 가장 위대한 사랑의 행위로 거기에 그대로 계셨다. 우리의 실상을 아시면서도 끝까지 십자가를 지신 것이다. 당신을 위해 그렇게 죽으신 예수님을 보고 그 죽음의 이유가 당신이 날마다 저지르는 죄 때문임을 알면, 죄와는 아예 상관하기조차 싫어진다.

> 모든 사람이 죄를 범하였으매 하나님의 영광에 이르지 못하더니
> 그리스도 예수 안에 있는 속량으로 말미암아 하나님의 은혜로 값없이
> 의롭다 하심을 얻은 자 되었느니라 이 예수를 하나님이 그의 피로써
> 믿음으로 말미암는 화목제물로 세우셨으니.
> 로마서 3장 23-25절

1955년에 빌리 그레이엄은 영국 케임브리지대학교의 그레이트세인트메리교회에서 일주일간 열리는 저녁 집회에 와서 학생들에게 설교해 달라는 요청을 받았다. 그가 온다는 사실이 세간에 알려지자 런던의 〈더 타임스*The Times*〉에 잔뜩 성난 편지가 여러 통 실렸다. 근본주의자인 미국의 이 침례교 목사가 어떻게 영국 최고의 지성인들에게 피와 속죄와 지옥에 기초한 원시 종교를 전할 수 있느냐

는 것이었다.

그레이엄도 그게 부담이었음을 시인했다. 그는 사람들이 자신을 교육받지 못한 시골뜨기로만 인식하는 데 마음이 상했다. 그래서 최대한 학문적으로 말하려고 여러 지식인과 학자의 글을 인용했다. 하지만 사흘 밤이 지나도록 자신의 메시지에 아무런 반응도 없다는 것이 느껴졌다. 그래서 무릎 꿇고 기도하던 중 그는 준비한 원고를 버리고 그저 그리스도의 피와 십자가를 전하기로 마음먹었다.[21]

런던의 세인트헬렌스비숍게이트교회에서 다년간 교구 목사로 봉직한 딕 루카스는 그 집회 마지막 밤에 자신이 본 광경을 설교에 회고했는데, 그것이 녹음테이프로 남아 있다.

그날 밤을 영영 잊지 못합니다. 그레이트세인트메리교회의 사제석이 꽉 차서 바닥에 앉았는데, 제 양옆으로 신학부의 왕립 석좌교수와 훗날 주교가 된 대학 교목이 동석했습니다. 둘 다 좋은 사람이었지만, 그리스도의 피로 구원받아야 한다는 개념을 철저히 배격했지요. 그날 밤 연단에 오른 존경하는 빌리 그레이엄은 창세기부터 시작해 성경 전체를 훑으면서 제사라는 제사는 모두 언급했습니다. 45분 동안 그 큰 교회당 구석구석까지 온통 피가 흘렀습니다. 그리스도의 피가 그토록 노골적으로 선포되자 제 양옆의 두 사람은 당황해서 어쩔 줄 모르더군요. 틀림없이 그들은 영국의 똑똑하고 세련된 젊은이 중에 그런 내용을 믿을 사람은 하나도 없으리라고 확신했을 겁니다. 그런데 설교가 끝난 후 모든 사람이 충격에 빠졌습니다. 〔전교생 수가 8,000명에 불과하던 때였는데〕 남녀 학생 400명이 자리에 남아 그리스도께 삶을 헌신한 것입니다.

몇 년 후 버밍엄대성당에서 케임브리지 졸업생인 어느 젊은 목사를 만난 일이 기억납니다. 함께 차를 마시며 제가 물었어요.

"어디에서 그리스도인이 되셨습니까?"

그는 "아, 1955년에 케임브리지에서요"라고 말하더군요.

"그해 언제였나요?"

"빌리 그레이엄 집회 때였습니다."

"며칠째 밤이었나요?"

"수요일 밤이었습니다."

"어떻게 된 일인가요?"

그러자 그가 이렇게 말했습니다.

"글쎄요, 기억나는 거라고는 제가 난생처음 '그리스도께서 정말 나를 위해 죽으셨구나'라고 생각하면서 그레이트세인트메리교회에서 걸어 나왔다는 것입니다."[22]

하나님의 용서가 마침내 그에게 실재가 되었고, 그 후로 그는 완전히 달라졌다.

앞서 말한 두 고위 인사는 그런 사람의 그런 설교, 그러니까 그리스도의 피가 죄를 사한다는 아주 단순한 설교가 그런 젊은이의 인생을 완전히 변화시킬 수 있음을 믿지 못했다. 하지만 그런 일이 일어났다. 그리고 당신도 그렇게 될 수 있다.

10 우리가 베푸는 용서

용서, 감정 이전에 훈련이라서

그는 행복한 화해에 응해 주지 않았다.
응원의 미소나 너그러운 말도 없었다. ……
나를 용서하느냐고 물었더니
자기는 상처의 기억을 간직하는 버릇이 없다고 답했다.
기분 상한 일이 없으니 용서할 일도 없다는 것이다.
그렇게 답하며 그는 나를 떠났다.
차라리 나를 무너뜨리는 게 훨씬 나았을 것이다.
—샬롯 브론테, 《제인 에어*Jane Eyre*》[1]

내게 피해를 입힌 사람을 어떻게 용서할 것인가? 앞서 언급했던 누가복음 17장에 그 답이 거의 대부분 들어 있다.

> 너희는 스스로 조심하라 만일 네 형제가 죄를 범하거든 경고하고
> 회개하거든 용서하라 만일 하루에 일곱 번이라도 네게 죄를 짓고 일곱
> 번 네게 돌아와 내가 회개하노라 하거든 너는 용서하라.
> 3-4절

이 본문에서 예수님은 예수님의 제자가 되려면 늘 용서하며 살아야 한다고 설명하신다. 이것은 기이한 명령이라서 제자들은 즉시 "우리는 그만한 믿음이 없습니다!"라고 외쳤다. 하지만 이곳을 비롯한 여러 성경 본문을 보면 알 수 있듯이 그리스도인에게는 정말 그렇게 살아갈 자원이 있다.

왜 우리는 용서하며 살아야 하는가

예수님의 맨 첫 문장을 그냥 지나치지 말라. 그분은 "너희는 스스로 조심하라"라고 말씀하신 뒤 가해자에 대한 용서로 넘어가신다. 직관에 반하는 말씀이다. 누가 우리를 해치면 우리는 가해자에게 잔뜩 신경이 쏠린다. 그런데 예수님은 "누가 너희를 해칠 때일수록 특히 자신을 잘 살펴야 한다"고 말씀하신다.

이 경고의 배후에 깔린 전제는 사람이 용서에 인색하고도 자신이 그런 줄을 모르기가 너무 쉽다는 점이다. 히브리서 12장 15-16절에 "쓴 뿌리가 나서 괴롭게 하여 많은 사람이 이로 말미암아 더럽게 되지 않게 …… 살피라"라는 말씀이 있다. 실감 나는 은유다. 밭모퉁이의 나무를 없애고 싶어서 나무를 베고 밑동까지 파낸다 하자. 이제 됐다고 생각하겠지만, 그렇지 않다. 얼마 후 밭모퉁이에 가 보면 뜻밖에도 어린나무가 다시 돋아나 있다. 왜일까? 땅속에 남아 있던 보이지 않는 뿌리가 싹을 틔운 것이다.

이 말씀은 가해자를 향한 당신의 분노를 시인하기가 어렵다는 뜻이다. 우리는 늘 처음에는 이렇게 반응한다. "아, 저는 괜찮아요. 화난 게 아닙니다. 약간 불쾌한 정도지요." 자신의 이미지를 좋게 유지하려고 쓴 뿌리, 즉 악감정을 부인하는 것이다. "내가 용서는 했지만 잊지는 않으리라." 이 말은 당신이 적극적으로 복수에 나서지는 않겠지만, 여전히 원한에 차서 상대의 몰락을 바란다는 뜻이다.

예수님은 피해자들에게 "너희는 스스로 조심하라"라고 하셨고, 히브리서 기자는 "……되지 않게 살피라"_{예의 주시하라는 뜻의 관용구}라고 말했다. 이것은 우리가 생각보다 원한이 많고, 용서에 인색하며, 다른 사람에게 입은 상처에 쉽게 지배당하는 존재임을 우리 스스로 받아들여야 한다는 뜻이다. 숨은 뿌리는 은밀하게 활동한다. 주변까지 넓고 깊게 땅을 파고 들추어내지 않는 한 절대 보이지 않을 수 있다. 그러다 그것이 다시 싹을 틔우면 어느새 우리는 잔인한 말이나 행동을 해 놓고는 자신도 충격에 빠져 버린다.

그리스도께서 베푸시는 모든 도움에 힘입어 의지적으로 철저히 용서하지 않는 한, 히브리서 말씀처럼 분노가 당신을 "더럽게" 할 것이다. 영어 단어 'wrath'분노의 앵글로색슨어 어근은 'wreath'화환의 어근과 동일하다. 여기서 짐작하듯이 분노는 당신의 원래 모습이 화에 못 이겨 꼬였다는 뜻이다.

지금은 고어나 마찬가지인 'wraith'원령란 단어도 똑같은 앵글로색슨어 어원에서 파생했다. 《반지의 제왕*The Lord Of The Rings*》을 읽을 때 외에는 더는 상용되지 않는 이 단어는 'ghost'유령의 옛말이다. 즉 쉬지 못하고 떠도는 귀신이다. 전설 속의 유령들은 자신이 피해를 입은 장소에 머문다. 그 일을 떨쳐 내지 못하고 계속 곱씹는다. 분노를 용서로 처리하지 않으면 당신도 분노 때문에 유령이 될 수 있다. 서서히, 그러나 확실히 귀신이 되어, 쉬지 못하고 떠돌 수 있다. 과거에 지배당하는 사람, 뭔가에 씐 사람이 되는 것이다.

예를 들어 당신이 당신에게 피해 입힌 사람을 여태 용서하지 못했다 하자. 그러면 하다못해 자기 연민 같은 영적 미열이 퍼지면서 거기서 권리 의식이 싹튼다. 그런 일을 당했으니 좀 쉬면서 좋은 대우를 받을 자격이 있다고 느껴지는 것이다. 그런데 당신을 좋게 대우하는 사람이 아무도 없으면 당신은 인간과 삶에 대해 심드렁한 냉소에 빠질 수 있다. 다른 예로 당신을 떠나간 연인을 용서할 수 없다고 하자. 분노에 찬 그 마음은 연애 관계에 대한 당신의 태도 전반에 영향을 미칠 수 있다.

부모의 잘못을 용서하지 않으면 권위를 가진 다른 인물들과의 관계가 껄끄러워진다. 자녀가 있는 경우라면 당신은 지나친 보상 심리 때문에 부모보다 한술 더 뜨거나 부모와는 정반대로 행동할 수 있다. 자녀의 필요를 채워 주면서 양육하는 게 아니라, 결국 자신의 욕구에 놀아나는 것이다.

"스스로 조심하라." 우리가 살아가는 이 세상은 배척과 쓴 뿌리와 모욕이 규범인 곳이다. 누구든 수시로 무시당할 수 있고, 경우에 따라 진짜 불의도 겪을 것이다. 우리가 이 모두에 휘둘려 과거에 지배당하는 원령이 되지 않으려면 어떻게 해야 할까? 용서해야 한다. 잘 용서해야 한다.

내적 용서, 나도 죄인이고 가해자도 인간임을 인정하는 것

마음으로 용서하려면 가해자와 자신을 동일하게 여기고, 속으로 자신이 빚을 부담한 뒤, 가해자가 잘되기를 바라야 한다. '결코 되고 싶지 않은 사람'이 되지 않으려면, 이는 어렵지만 반드시 필요한 일이다.

첫째, 용서란 가해자와 자신을 동일하게 여긴다는 뜻이다. 누가 복음 17장에서 예수님은 "만일 네 형제가 죄를 범하거든 …… 회개하거든 용서하라"라고 말씀하신다.

이 본문을 가해자가 회개하지 않는다면 그를 용서하지 않아도 된다는 가르침으로 해석하는 이들도 있다. 그러나 마가복음 11장 25절에 나와 있듯이 우리는 기도하다가 누구에게든 혐의가 있음을 깨닫거든 즉시 그를 용서해야 한다. 앞의 7장을 참고하라 두 본문을 서로 대립시킬 필요가 없다. 진정한 용서는 언제나 가해자가 온전히 바르게 변화되고 관계도 온전히 회복되기를 바란다. 그러나 설령 화해가 이루어지지 않더라도 세상이 타락한 곳이라 그런 경우가 많겠지만 그래도 우리는 마가복음 말씀처럼 여전히 마음으로 용서할 필요와 의무가 있다.

예수님의 말씀에 함축된 의미를 보라. 당신에게 죄를 범하는 형제나 자매는 여전히 당신이 사랑해야 할 형제나 자매다. 요일 3:14 당신에게 죄를 범하는 이웃 또한 여전히 당신이 자신처럼 사랑해야 할 이웃이다. 눅 10:25-37

핵심 진리는 당신도 똑같다는 것이다. 그러나 우리는 피해를 당하면 자칫 그 사실을 놓치기가 너무 쉽다.

만화가가 누군가를 우스꽝스러워 보이게 하려는 의도로 캐리커처를 그릴 수 있다. 얼굴에서 좀 특이하거나 약간 멋없는 부분을 두드러지게 과장하면 사람이 실없어 보인다. 당신이 누군가에게 피해를 입었을 때 마음속으로 하는 일이 바로 그것과 같다. 당신에게 잘못한 일 하나만 가지고 상대를 일차원적으로 생각한다.

누가 당신에게 거짓말하면 당신은 "그 사람이 원래 거짓말쟁이니까 거짓말이 나온 거지!"라고 말한다. 그런데 당신이 한 거짓말이

들통나서 누가 그 이유를 물으면 그때는 "거짓말이긴 한데, 복잡한 사정이 있거든. 본의 아니게"라고 변명한다. 거짓말을 하긴 했지만 근본은 착한 사람이라는 것이다. 그렇게 당신은 자신을 늘 삼차원의 복잡한 인간으로 대우하면서 당신에게 거짓말한 사람을 볼 때는 다짜고짜 일차원의 악당으로 간주한다.

당신에게 거짓말한 그 사람은 분노한 당신의 머릿속에서 거짓말 자체로 전락했다. 그런 식으로 당신은 자신을 정당화한다. 상대의 잘못된 행동을 곱씹으면서 "나라면 절대로 저렇게 하지 않을 거야"라고 말하는 셈이다. 이렇게 상대와 비교해서 우월감을 느끼려는 충동은 마음으로 가해자를 밀어내는 본능적인 방식이다. 가해자를 낮추면 은근히 승리의 쾌감이 들지만 그 끝은 독선이며, 마음속의 독선은 언제나 치명적이다. 루이스 스미즈는 이렇게 썼다.

원한은 쓰면서도 달콤하다. 요긴한 용도가 없다면 우리도 원한을 버릴 것이다. 원한으로 얻는 보상은 무엇일까? 왜 우리는 피해당한 일을 기억해 두는 걸까? 우선 원한은 우리에게 내가 가해자보다 낫다는 우월감을 안겨 준다. …… 또 우리는 기억이 되살려 주는 상처의 느낌을 즐긴다. …… 자신이 억울하게 상처 입은 고상하고 훌륭하고 품위 있는 사람으로 느껴지는 것이다. 원한은 이중의 효과가 있다. 우리에게 요긴한 고통을 안겨 주면서 자신을 정당화할 기회도 준다. …… 하지만 원한은 우리를 우울하게 하고, 감사를 앗아 가며, 다른 관계에까지

스며든다.[2]

원한을 품고 있으면 내가 가해자보다 도덕적으로 우월하게 느껴지고, 그래서 원한을 버리기가 더 어려워진다. 자신도 은혜가 필요한 죄인임을 보지 못하면 그 원한이 당신을 비뚤어지게 하고 더럽힌다. 이에 관한 미로슬라브 볼프의 말은 고전이 되었다.

> 용서가 미진한 이유는 원수를 인류 공동체에서 배제하고 자신을 죄인 공동체에서 배제하기 때문이다. 이 이중의 배제를 극복하지 않으면, 누구도 십자가에 달리신 메시아 하나님, 그 하나님의 임재 안에 오래 머물 수 없다. …… 가해자가 피해자를 영원히 이기지 못한다는 사실을 아는 사람은 얼마든지 가해자의 인간성을 재발견하고 하나님을 본받아 그를 사랑할 수 있다. 하나님의 사랑이 모든 죄보다 크다는 사실을 아는 사람은 얼마든지 자신을 보면서 …… 자신의 죄성을 재발견할 수 있다.[3]

용서하려면 가해자와 자신을 동일하게 여겨야 한다. 볼프의 말처럼 자신도 죄인이고 가해자도 인간임을 깨달아야 한다. 그것이 용서의 첫걸음이다.

내적 용서, 가해자의 빚을 속으로 내가 부담하는 것

용서의 두 번째 요소는 가해자의 빚을 그에게서 받아 내지 않고 속으로 자신이 부담하는 것이다. 본문에 쓰인 "용서하라"헬라어 '아피에 미'라는 단어 자체가 빚을 탕감하거나 '면제한다'는 뜻이다.[4] 면제는 채무자에게 상환을 요구하지 않고 결국 자신이 비용을 치르거나 떠안는 것이다. 이것이 기독교적 의미의 용서의 핵심이다.

당신이 피해자라면 가해자는 당신에게 빚을 졌다. 금전적 빚일 수도 있다. 당신의 집에서 파티를 하던 중 한 손님이 실수로 비싼 램프를 깨뜨린 상황을 가정해 보자. 충분히 사과하는 그에게 당신은 "개의치 마세요"라고 말한다. 그를 용서한 것이다. 하지만 이제 당신 돈으로 램프를 새로 사든지 아니면 그 공간에서는 램프 없이 지내야 한다. 어느 경우든 용서란 상대가 발생시킨 비용을 당신이 대신 부담한다는 뜻이다.

잘못에는 항상 대가가 따르므로 가해자든 누구든 반드시 이를 지불해야 한다. 평판, 관계, 건강 등 잘못의 비용을 금액으로 따질 수 없는 경우도 마찬가지다. 용서는 복수하지 않고롬 12:17-21 비용을 자기가 부담하는 것이다. 피해 보상을 요구해 똑같이 되갚는 행태를 단호히 거부하는 것이다. 그래서 용서하는 쪽에서는 늘 비싼 대가를 치러야 한다. 하지만 비용보다 유익이 크다. 적어도 당신의 심령에 유익하며, 최선의 경우 관계가 회복되고 복음의 능력이 퍼져나간다.

용서는 속으로 복수심을 버리는 것이다. 받을 자격이 조금도 없는 가해자에게 선물을 주는 것이다. 당신은 그가 당신에게 진 빚을 사랑으로 대신 부담한다. 참으로 그리스도의 발자취를 따르는 것이다. 용서는 늘 일종의 자발적인 고생이며, 더 큰 선을 이룬다.

다음 장에서 보겠지만 복수를 꾀하지 않고도 정의를 추구할 수 있다. 물론 가해자에게 정의가 시행되면 피해자인 당신은 마음이 아주 후련할 수 있다. 그러나 마가복음 11장 25절에서 예수님이 하신 말씀은 가해자가 어떻게 반응할지를 또는 이생에서 정의가 시행될지 여부를 우리가 알기 전에 먼저 그를 용서해야 한다는 것이다. 그분의 말뜻은 분명하다. "서서 기도할 때에 …… 용서하라." 그 배후의 논리는 신학적이고도 실제적이다. 우선 마태복음 18장의 비유에서 보았듯이 하나님 앞에서 우리는 그분께 용서받은 대로 남을 너그러이 용서할 의무가 있다. 또 다만 얼마라도 가해자를 용서하려 애쓰지 않으면, 실제로 그를 상대할 때 정의 대신 복수를 꾀하게 된다. 그러면 가해자도 그것을 감지하고 곧장 전투태세로 돌입할 것이다. 그래서 용서는 참된 정의 추구의 반대가 아닌, 전제 조건이다. 그 밖에도 용서의 의미가 많지만 말이다.

댄 해밀턴의 고전 소책자에는 그와 약혼녀가 고통스럽게 헤어진 이후에 장기간에 걸쳐 서로 용서하는 이야기가 나온다.[5] 그가 통찰력 있게 기술했듯이 용서를 베푸는 사건은 순간일 수 있겠지만, 용서하는 사람에게는 시간이 걸리는 내면의 과정이다. "용서는 비싼 선물을 외상으로 사 주는 것과 비슷하다. 받는 쪽에서는 선물을 한 순간(당신이 '용서합니다'라고 말하는 순간)에 받아서 쭉 누리지만, 주는 쪽에서는 빚을 완전히 지불할 때까지 보이지 않게 계속 갚아야 한다."[6] 그는 자신을 예로 들었다.

예전에 나는 어떤 아가씨와 약혼했는데 그녀가 변심했다. 나는 그녀를 용서했으나 …… 1년에 걸쳐 소액씩 갚아 나가는 방식이었다. …… 용서는 그녀와의 대화 중에 내가 과거를 재탕하지 않을 때마다 이루어졌다. 다른 남자와 함께 있는 그녀를 볼 때마다 이루어졌다. 내 질투심과 자기 연민을 물리칠 때, 새로운 관계에 들어선 그녀를 위해 기도할 때 이루어졌다. 그녀의 평판에 먹칠하고 싶은데도 그녀를 칭찬하며 장점을 말할 때 이루어졌다. 이게 다 상환이었으나, 그녀는 보지 못했다. 그녀 쪽의 상환도 내게는 보이지 않았다. …… 나는 그녀도 나를 용서했음을 안다. …… 용서는 상대를 미워하지 않는 것 이상이다. 용서는 또한 가해자에게 의지적으로 사랑과 수용을 보여 주는 것이다. …… 용서는 우리의 감정을 처리하는 것이며 …… 그러려면 감정을 마구 떠벌리거나 이와 반대로 속으로 애무하는 음흉한 쾌감을 거부해야 한다. …… 고통은 죄의 결과며, 고통을 처리할 쉬운 방도는 없다. 나무와 못과 고통은 용서의 통화currency이자 치유하는 사랑이다.[7]

'이것'은 용서가 아니다

예수님의 가르침은 오늘날 용서에 대한 많은 보편적 개념이 틀렸음을 깨우친다.

용서를 청하면 대개 돌아오는 반응은 어깨를 으쓱이며 하는 이런 말이다. "신경 쓸 것 없습니다." "별문제도 아닌데요." "그냥 잊어버리고 넘어가요." 소설 속의 제인 에어가 세인트 존의 청혼을 거절하면서 용서를 구하자 그는 쌀쌀맞게 대꾸한다. "나를 용서하느냐고 물었더니 자기는 상처의 기억을 간직하는 버릇이 없다고 답했다. 기분 상한 일이 없으니 용서할 일도 없다는 것이다. 그렇게 답하며 그는 나를 떠났다. 차라리 나를 무너뜨리는 게 훨씬 나았을 것이다."[8] 마지막 문장은 그가 그녀를 아예 벌했거나 정말 용서했다면 그녀의 심정이 더 나았으리라는 뜻이다. 그런데 그는 어느 쪽도 하지 않았다. 잘못 자체를 인정하지 않았다. 용서하기보다 축소하고 발뺌한 것이다.

그렇다면 여기서 무엇이 용서가 아닌지를 배워 보자.

변명을 받아 준다. 변명을 받아 주면 용서의 필요성이 없어진다. 물론 가해자가 잘못을 지적받고 자기 행동의 이유를 잘 설명한다면 때로 우리가 그 해명을 받아들이고 양해할 수도 있다. 그러나 이것은 용서가 아니다. 애초에 유효 채무가 발생하지 않았다는 확인일 뿐이다.

부인하거나 은폐한다. 용서는 죄를 죄가 아닌 척하는 게 아니다.

죄가 없다고 부정하거나 가장하는 게 아니다. 오히려 용서는 빚과 비용을 십분 인정할 때 시작된다. 제대로 계산하지 않고는 값도 치를 수 없다.

적극적인 복수만 삼간다. 많은 사람이 "당신을 용서한다. 하지만 잊지는 않겠다"라고 한다. 이 말은 대개 "지금 내가 당신을 적극적으로 해치려 하지는 않겠지만 그래도 당신을 냉대하면서 당신의 실패를 빌겠다. 당신이 여전히 내게 빚졌기 때문이다"라는 뜻이다. 즉 당신은 속으로 빚을 부담하기는커녕 오히려 가해자가 충분히 대가를 지불했다고 느껴질 때까지 그에게 나쁜 일이 벌어지기를 바라고 기다린다.

응징을 유보한다. 이렇게 말할 수 있다. "이번에는 당신을 용서하지만 다음에는 대충 넘어가지 않겠다." 이 말은 "다 계산하고 있다. 아직 완전히 복수할 정도는 아니지만 장부에 달아 놓는 중이다! 당신은 지금 보호관찰 상태다"라는 뜻이다.

자비를 생색내며 무기로 삼는다. "당신을 용서한다"라는 말이 사실은 "당신보다 내가 얼마나 더 나은지 보라. 이번 일을 이렇게 눈감아 주지 않았는가!"라는 말일 수 있다. "당신을 용서했으니 당신에게 기대하는 바가 아주 크다"라는 의미도 깔려 있다. 사실상 "내가 복수하지 않았으니 당신은 마땅히 내게 굽실거려야 한다"라는 건데, 그것도 일종의 복수다.

정의를 버린다. 정의란 가해자가 하나님과 피해자 앞에 죄를 인정하고 하나님의 법이나 인간의 법에 규정된 벌을 감내하도록 하는 것이다.[9] 정의 추구는 하나님과 미래의 다른 잠재적 피해자들, 그리고 심지어 가해자를 위한 것이다. 계속 중죄를 저지르게 두는 것은 결코 사랑이 아니다.^{갈 6:1} 대개 사람들은 자기가 직접 보복하는 것이 정의인 줄로 알고 보복에 나서거나, 아니면 아예 정의를 추구하지 않는 식으로 둘 중 하나에 머무른다. 전자는 복수심이고, 후자는 비겁함이다.

곧바로 다시 신뢰한다. 때로 사람들은 용서하면 가해자와 이전 수준의 관계를 즉시 재개해야 한다고 생각한다. 하지만 상대가 참으로 달라졌다는 증거를 보여 주기 전까지는 그를 신뢰해서는 안 된다. 상습적으로 죄를 저지르는 사람을 곧바로 다시 신뢰한다면 사실상 그의 죄를 부추기는 것이다. 그동안 많은 교회는 성추행 가해자를 신뢰와 권위의 자리에 전격 복직시키기로 악명이 높았다. 그것까지도 용서에 포함시켰기 때문이다. 하지만 예수님은 베드로를 자동으로 복직시키지 않으시고, 널리 알려진 대로 철저한 검증 과정을 거치셨다.^{요 21장} 신뢰는 회복되어야 하지만, 회복 속도는 가해자가 징계에 어떻게 반응하느냐에 달려 있다.

내적 용서, 가해자가 잘되기를 바라는 것

용서의 세 번째 요소는 가해자가 잘되기를 바라는 것이다. 십자가에서 예수님은 "아버지 저들을 사하여 주옵소서 자기들이 하는 것을 알지 못함이니이다"라고 말씀하셨다. ^{눅 23:34} 아버지를 의지하며 그들을 위해 기도하심으로써 그분은 우리에게 용서의 중요한 일면을 보여 주셨다. 예수님은 그들이 죄를 짓고 있음을 인정하시면서도, ^{그렇지 않으면 용서도 필요 없다} 그와 동시에 자기가 무슨 일을 저지르고 있는지조차 까맣게 모르는 그들을 불쌍히 여기셨다. 그래서 자신을 죽이는 이들을 위해 자비를 구하셨다. 나중에 스데반도 이와 똑같이 행했다. ^{행 7:60}

가해자가 잘되기를 바라는 마음은 일종의 시험대다. 만약 당신이 이미 가해자와 자신을 동일하게 여겼고 아울러 속으로 빚을 부담하는 과정도 시작했다면, 그가 잘되기를 바라는 데 걸림돌이 없을 것이다.

악을 이기는 비결은 악과 그 악을 저지른 사람을 떼어 놓고 보는 것이다. 진짜 원수는 그 사람 속의 악이며, 우리가 이기고 싶은 것도 그와 우리 안의 악이다. 그러면 악이 우리에게로 확산되지 않고 통제된다. 증오와 교만이 우리에게 옮지 않는다. 가해자가 우리를 분노와 복수의 악순환으로 끌어들일 수 없다. 아울러 가해자 안에서도 악이 확산되지 않고 제어된다. 우리의 사랑에 그의 마음이 누그러져서 그가 도움을 받을 수도 있다. 물론 확실하게 보장되는 건 아니겠지만, 그래도 그런 일이 일어나려면 이 방법밖에 없다. 그래서 우리는 가해자가 잘되고 그가 성장하며 치유되기를 의지적으로 바란다. 의지적으로 그를 위해 기도한다.

복수의 관건은 오로지 자신이다. 하나님의 명예도 아니고, 피해자들이나 가해자의 유익도 아니다. 그런데 거꾸로 완전히 손을 떼는 것도 이기적이기는 마찬가지다. 많은 피해자가 "나는 그 사람을 상대하고 싶지 않다. 말도 섞기 싫다. 일절 상관하지 않겠다"라고 말한다. 하지만 피해자인 당신이 속으로 원한을 품고 있으면서 겉으로만 점잖게 침묵한다면, 이 역시 그리스도의 제자의 모습과 한참 거리가 있다. 그분은 우리에게 가해자를 속에서부터 철저하게 용서할 것을 명하셨다. ^{막 11:25} 그래야 겉으로 그에게 사랑으로 진실을 말할 수 있기 때문이다. ^{마 18:15-20; 엡 4:15}

어떻게 그것이 가능할까? 최선의 출발점은 가해자를 위해 기도하는 것이다. 예수님은 우리에게 원수를 사랑할 뿐 아니라 원수를 위해 기도하라고 명하신다. ^{마 5:44} 그분도 십자가에서 그렇게 하셨다. 이 말씀에는 가해자에게 입은 피해를 속으로 재현하지 말라는 뜻도 있고, 겉으로 예의만 차릴 게 아니라 상대의 장점과 강점을 진심으로 인정하라는 뜻도 있다.

링컨 이야기를 다룬 유명한 책 *Team of Rivals*^{라이벌의 팀}를 보면 에이브러햄 링컨이 새먼 체이스를 대법원장으로 임명하는 사건이 나온다. 체이스는 충분한 자격을 갖추고 있었고 능력도 뛰어났지만 재무부 장관 시절에 링컨을 음해한 인물이었다. 누군가 대통령에게 그 사실을 지적하자 그는 "사사로운 견해 차이 때문에 그가 적임자인지를 판단하는 데 영향을 받는다면 나야말로 못난 사람이겠지요"
라고 대답했다. 훗날 그의 개인 비서는 "라이벌을 용서하고 높여 줄
만큼 그렇게 도량이 큰" 사람은 본 적이 없다고 회고했다.[10]

예수님은 우리도 이처럼 관대해지라고 부르시며 이렇게 말씀하
셨다.

> 나는 너희에게 이르노니 너희 원수를 사랑하며 너희를 박해하는 자를
> 위하여 기도하라 이같이 한즉 하늘에 계신 너희 아버지의 아들이
> 되리니 이는 하나님이 그 해를 악인과 선인에게 비추시며 비를 의로운
> 자와 불의한 자에게 내려 주심이라 너희가 너희를 사랑하는 자를
> 사랑하면 무슨 상이 있으리요 세리도 이같이 아니하느냐 또 너희가
> 너희 형제에게만 문안하면 남보다 더하는 것이 무엇이냐 이방인들도
> 이같이 아니하느냐 그러므로 하늘에 계신 너희 아버지의 온전하심과
> 같이 너희도 온전하라.
>
> 마태복음 5장 44-48절

용서 훈련

가해자를 "하루에 일곱 번이라도" 즉 무제한으로 항상 용서해야
한다는 예수님의 말씀을 들은 제자들은 "우리에게 믿음을 더하소
서"라고 부르짖었다.[눅 17:5] 많은 이들의 심정이 똑같을 것이다. '나는

절대 못 해'라는 생각부터 들 것이다. 하지만 당신은 할 수 있다. 기독교는 당신에게 용서 훈련과 용서의 자원을 둘 다 제공한다.

기독교의 용서는 일련의 훈련이며, 기도 훈련^{막 11:25; 마 6:12, 14-15}과 공동체 훈련^{마 5:21-24; 18:15-17}도 거기에 포함된다. 본래 용서는 감정이 주가 아니다. 용서란 대개 느껴지기 한참 이전에 베푸는 것이지, 느껴지고 나서야 베푸는 게 아니다. 용서는 감정과 무관하게 지키려는 약속이다. 아마 당신은 늘 '일단 느껴져야 용서할 수 있다. 분노의 감정이 사그라들어야 그때부터 상대를 비난하지 않을 수 있다'라고 생각해 왔을 것이다. 그러나 먼저 느껴질 때까지 기다린다면 끝내 용서를 베풀지 못하고 분노의 감옥에 갇힐 뿐이다.

서서 기도하다가 "아무에게나 혐의가 있거든 용서하라" 하신 예수님의 말씀은 분명히 의지의 행위를 가리킨다.^{막 11:25} 용서는 감정 이전에 훈련이다. 지금부터 날마다 할 수 있는 일이다. 그러다 보면 결국 당신의 마음이 완고해지지 않고 부드러워져서 감옥에서 나오게 된다.

그렇다면 이런 매일의 훈련이란 무엇인가?

먼저 당신이 가해자에게 상환을 요구할 수 있는 모든 방법을 열거해 보라. 그런 행위를 삼갈 때마다 당신이 대신 비용을 부담하고 빚을 갚는 것이다. 다음 목록은 우리가 흔히 상환을 요구하는 여러 방법이다.

가해자를 대할 때

신랄한 말로 과거를 끄집어낸다.

다른 사람들을 대할 때보다 훨씬 더 까다롭게 그를 대하며

지배하려 든다. '그가 내게 빚을 졌기' 때문이다.

독선적인 '자비'로 벌을 내려 그에게 굴욕감을 안겨 준다.

그를 피하거나 노골적으로 또는 은근히 냉대한다.

적극적으로 그를 해치려고 그의 소중한 무언가를 빼앗는다.

다른 사람들을 대할 때

다른 사람들에게 '경고해' 준다는 명목으로 가해자를 헐뜯는다.

위로받고자 상처를 털어놓는다는 명목으로 가해자를 헐뜯는다.

자신을 대할 때

가해자의 행위를 '녹화해' 두었다가 재생한다.

즉 기억 속에 시시콜콜 생생하게 떠올려 분노와 적의를 되살린다.

가해자가 실패하거나 고통을 당하기를 기원한다.

용서는 가해자나 다른 사람들, 심지어 자신에게도 그 일을 다시 거론하지 않겠다는 약속이다. 상환을 요구하고 싶어질 때마다 유혹을 물리치고 긍정적으로 행동해야 한다. 다음과 같은 조치를 취하라.

가해자와 대화할 때。 가해자를 최대한 정중하고 따뜻하게 대해야 한다. 상대가 회개하거든 '적절하게' 관계를 회복해야 한다. 왜

'적절하게'일까? 상대가 중죄를 저지른 경우라면 신뢰 회복이 조금씩 단계적으로 이뤄져야만 할 수도 있다. 상대가 계속 적대적이라면, 그가 당신에게 죄짓기 쉽게 해 주어서는 안 된다. 그 밖에도 다양한 정황이 있다. 상대와 연인 사이였다면 동일한 관계를 재개하는 것이 부적절할 수 있다. 관계 회복의 속도와 정도는 신뢰의 재건에 달려 있으며, 가해 행위의 성격과 경중에 따라 시간이 걸린다. 진정으로 회개하는 가해자는 대개 "제가 어떻게 하면 저를 다시 신뢰하실 수 있을까요?"라고 묻는다. 진정으로 용서하는 피해자는 가해자의 변화 가능성에 마음을 열고, 정말 편견 없이 자진해서 조금씩 더 신뢰를 내보인다.

다른 사람들과 대화할 때. 다른 사람들에게 가해자에 대해 말할 때 그의 결점을 윤색해서는 안 된다. 가해자가 성추행 같은 터무니없는 악과 불법을 저지른 경우라면 최선의 경로로 정의를 추구하라. 그러나 그 상황에서도, 가해자가 회개하고 용서받기를 바라는 당신의 마음을 표현하라. 가해자가 당신에게 사적인 죄를 범했는데 회개하지 않고 계속 적대적이라면, 그 사람에 대해 누군가에게 경고해 줘야 할 수도 있다. 다만 당신의 동기를 잘 살펴야 한다. 정말로 사람들에게 경고하려는 것이거나 그의 잘못을 지적하고 고쳐 줄 계기를 만들려는 것인가, 아니면 어떻게든 그의 평판을 망치려는 것인가?

자신과 대화할 때. 자신에게 그 일을 다시 거론하지 않는다. 즉 상실감과 상처를 새삼 절절히 느끼려고 자꾸 가해자의 잘못을 마음으로 곱씹는다거나 비디오처럼 상상 속에 재생하지 않는다. 상대와 자신을 위해 기도하고, 십자가를 떠올리고, 생각을 다른 데로 돌려야 한다.

꼭 필요한 내적 자원

하나님의 용서를 경험하면 다른 사람을 용서하는 데 필요한 두 가지 내적 자원이 갖춰진다. 하나는 우리 죄에 대한 '내적 가난' 즉 겸손이고, 또 하나는 하나님의 사랑에 대한 '내적 부요' 즉 확신이다.

영적 겸손。 성경은 우리에게 "하나님이 그리스도 안에서 너희를 용서하심과 같이" 용서하라고 명확하게 명령한다. ^{엡 4:32} 용서에 필요한 겸손을 얻으려면 복음이 말하는 우리의 실상을 받아들이는 것보다 더 좋은 방법은 없다. 복음은 우리가 하나님께 지음받았고 그분께 모든 것을 빚졌다고 말한다. 그래서 우리는 삶에서 그분을 첫 자리에 모실 의무가 있다. 그러나 우리 중에는 마음과 목숨과 뜻과 힘을 다하여 그분을 사랑하는 사람이 아무도 없다. ^{막 12:30; 눅 10:27} 앞서 보았듯이 예수님은 마태복음 18장의 비유를 통해 우리를 영적으로 겸손해지도록 도우신다. 그분은 다른 사람이 우리에게 진 빚을 우리가 하나님께 진 빚과 비교해서 보게 하신다. 우리는 "주님, 주님은 제게 빚의 상환을 요구하지 않으시고 주님의 목숨으로 대신 치르셨습니다. 그러니 제가 무슨 권리로 다른 사람에게 빚을 갚으라고 요구하겠습니까?"라고 고백해야 한다.

로마서 12장 19절에서 바울은 다른 관점에서 용서를 보게 해 준다. "하나님의 진노하심에 맡기라 기록되었으되 원수 갚는 것이 내게 있으니 …… 라고 주께서 말씀하시니라." 바울은 복수를 꾀하는 이들이 하나님의 심판석에 앉아 있음을 환기시킨다. 겸손이 우리에게 일깨워 주듯이 하나님만이 심판자의 자격이 있고, 우리는 부족하며 오히려 심판받아야 할 존재다 하나님만이 심판자가 되실 만큼 충분히 아시며, 우리는 가해자의 이력과 정당한 결과 등 상대를 다 알지는 못한다 예수님이 우리 대신 하나님의 심판을 받으셨다.

영적 부요. 그리스도 안에서 하나님의 사랑을 풍성하게 경험한 이들은 다른 사람에게 너그러울 수 있다. 그들은 이미 최고의 명예를 얻었다. 이름이 하늘에도 기록되어 있고, 우리의 큰 대제사장으로 하늘 보좌 앞에 서신 그리스도의 가슴에도 새겨져 있으니 말이다. 눅 10:20; 출 28:12, 29; 히 4:14-10:18 그들은 하나님의 박수와 칭찬도 받았고, 하나님의 상속자요 그리스도와 함께한 상속자로 최고로 부요해졌다. 롬 2:29; 롬 8:17; 고후 8:9 그러니 이 땅에서 누군가가 당신의 평판을 해치면 어떤가? 돈을 좀 사기당하면 어떤가? 물론 하나님과 가해자를 위해 잘못을 지적하고 정의를 추구해야 한다. 하지만 당신은 그런 상실을 감당할 만큼 정서적으로나 영적으로나 충분히 부유해야 한다.

당신이 끼니를 잇기도 어려울 만큼 가난한데 누가 당신 주머니에서 5달러를 훔쳐 간다면 그것은 큰 충격일 것이고, 어쩌면 결정적인 한 방일 수 있다. 하지만 당신의 재산이 500억 달러인데 5달러짜리 지폐를 잃어버린다면 그건 정말 별일 아니다. 그리스도인은 영적으로나 정서적으로 이 가난한 자와 부자 중에서 후자와 같다. 그리스도 안에서 우리가 누구이며 장차 어떻게 될지를 복음이 말하는 대로 깨닫기만 한다면 말이다. 당신은 가해자를 보면서 이렇게 말할 수 있다. "당신은 나를 망칠 수 없다. 내 참부요와 재화를 결국 앗아 갈 수 없다."

내 힘으로는 할 수 없으나

이런 훈련과 자원은 대단한 위력이 있지만, 대개 그 효과는 서서히 나타난다. 도토리가 자라서 마침내 우람한 참나무가 되듯이 말이다. 그러나 하나님은 신속하게 역사하실 수도 있다.

코리 텐 붐은 네덜란드 태생의 그리스도인이다. 그녀의 가족들은 독일 나치가 네덜란드를 점령했던 제2차 세계대전 중에 유태인들을 숨겨 주고 도피를 도왔다. 1972년에 간행된 그녀의 책 《주는 나의 피난처 *The Hiding Place*》에 소개된 이야기다.[11] 그녀는 언니 벳시와 함께 체포되어 독일 라벤스브뤼크 강제수용소에 수감되었는데, 거기서 벳시는 죽고 코리만 살아남았다. 종전 후 1947년 코리는 순회강연차 독일에 가서 사람들에게 복음을 전했다. 그중 한 집회에서 청중에게 하나님이 예수 그리스도를 통해 우리 죄를 해저에 던지셨다고 말했다.

집회가 끝나고 사람들이 떠나고 있는데, 그녀에게 다가오는 한 남자가 보였다. 그녀는 그가 누구인지 한눈에 알아보았다.

이 남자는 우리가 수감되었던 라벤스브뤼크 강제수용소의 간수였다. …… 순식간에 기억이 되살아났다. 거대한 방의 천장 조명은 눈을 찔렀고, 바닥 한복판에 옷과 구두가 넝마처럼 쌓여 있었다. 그리고 우리는 벌거벗은 몸으로 수치스럽게 이 남자 앞을 지나가야 했다. 살가죽 밑으로 갈비뼈가 튀어나와 있던 언니의 가녀린 체구도 눈앞에 떠올랐다. 벳시 언니는 얼마나 야위었던가! …… 그의 허리띠에서 대롱거리던 가죽 채찍이 기억났다. 그런 그가 이제 내 앞에서 손을 내밀며 말했다. "메시지 잘 들었습니다. 자매님! 자매님 말씀처럼 우리의 모든 죄가 바닷속에 있다니 얼마나 다행입니까!"[12]

그는 코리가 자기 관할의 포로였음을 알아보지 못했지만, 이 네덜란드 여인에게 강제수용소 간수의 죄도 용서받을 수 있음을 확인받고 싶어 했다. 예전의 담당 간수를 만나기는 그녀도 처음이었다. 그래서 그녀는 방금 전에 하나님의 용서를 증언한 자신의 손을 차마 주머니에서 꺼낼 수가 없었다고 한다.

이어 그는 자신이 라벤스브뤼크의 간수였는데 그리스도께 돌아와 "거기서 저지른 모든 잔인한 일에 대해" 용서를 구했노라고 말했다. 그러나 코리에게는 그 말도 소용없었다. "그 자리에서 얼어붙은 채로 나는 도저히 용서할 수 없었다. 나 또한 날마다 죄를 용서받아야 하는 사람인데도 말이다. 벳시가 거기서 죽었다. 언니의 느리고도 처참한 죽음을 그는 아무런 대가도 치르지 않고 지워 버릴 수 있는 걸까?" 손을 내민 그 사람 앞에서 코리는 꿈쩍도 하지 못한 채 그저 서 있었다.

그런 코리에게 자신이 알고 있던 기독교적 용서가 떠올랐다. 그녀는 자신이 용서해야만 한다는 것을 알았다. 코리는 제2차 세계대전 이후에 많은 사람이 용서하지 못하고 "원한 때문에 폐인이 되는" 모습을 보았고, "용서가 감정이 아니라 …… 의지의 행위"라는 것도 알았다. 그래서 속으로 기도했다. "예수님, 도와주세요. …… 저는 손을 들어 올릴 수 있어요. 그만큼은 할 수 있습니다."

그래서 딱딱하게 기계적으로 내 손을 뻗어 그가 내민 손에 포갰다.
그러자 놀라운 일이 벌어졌다. 찌릿한 전류가 내 어깨에서부터 팔뚝을
타고 흘러 맞잡은 손까지 관통한 것이다. 그러면서 치유의 온기가 내
온몸을 휘감는 것 같았고, 눈물이 핑 돌았다.
"내 마음을 다해 형제님을 용서합니다!" 나는 그렇게 외쳤다. ……
하나님의 사랑을 그때만큼 절절히 실감한 적은 없었다.

물론 이 이야기를 자칫 오해할 위험도 있다. 시간을 두고 천천히 계속 상환해 나간다는 댄 해밀턴의 은유가 코리 텐 붐의 이 극적인 일화보다 훨씬 더 보편적인 경험이다. 그럼에도 보다시피 코리는 기독교적 용서의 기본 원리를 두루 언급했다. 즉 기독교적 용서는 선택 사항이 아니고 의지의 행위이며, 하나님의 도움이 필요하다. 이 실제 경험은 진퇴양난이었을 그 순간에 하나님이 그녀에게 주신 선물이었다. 하나님은 우리에게도 무엇이든 필요한 대로 주신다. 내가 이 간증을 인용한 또 다른 이유는 용서가 정말 어려운 일임을 그녀가 강조했기 때문이다.

> 그때부터 내게서 자비롭고 너그러운 생각이 그냥 자연스럽게 흘러나왔다면 얼마나 좋을까. 하지만 그렇지 않았다. 내가 여든 해를 살면서 배운 게 하나 있다면, 좋은 감정과 행동을 미리 비축해 둘 수는 없고 날마다 하나님에게서 새롭게 길어 올릴 수만 있다는 것이다.[13]

궁극의 제사장, 완전한 희생제물

만일 하루에 일곱 번이라도 네게 죄를 짓고 일곱 번 네게 돌아와 내가 회개하노라 하거든 너는 용서하라 하시더라 사도들이 주께 여짜오되 우리에게 믿음을 더하소서 하니 주께서 이르시되 너희에게 겨자씨

한 알만 한 믿음이 있었더라면 이 뽕나무더러 뿌리가 뽑혀 바다에

심기어라 하였을 것이요 그것이 너희에게 순종하였으리라.

누가복음 17장 4-6절

이번 장 서두에서 보았듯이 예수님이 용서를 가르치시자 제자들은 믿을 수 없다는 반응을 보였다. 이번 장은 "이런 용서 개념은 내 능력 밖이다. 불가능하다. 우리에게 그만한 믿음이 없다"라고 하소연하는 이들에게 답이 될 것이다. 예수님은 "너희에게 겨자씨 크기만 한 믿음만 있으면 내가 하라는 대로 할 수 있다"라고 말씀하신다. 즉 당신이 복음을 깨닫기만 하면, 예수 그리스도께서 당신을 위해 이루어 주신 일을 이해하기만 하면, 용서하는 데 필요한 것은 이미 당신에게 있다.[14]

그래도 용서는 여전히 우리에게 넘기 힘든 벽처럼 보인다. 어떻게 그것이 가능할까? 예수님은 이 의문에 하나의 기적으로 답해 주신다.

예수께서 예루살렘으로 가실 때에 사마리아와 갈릴리 사이로

지나가시다가 한 마을에 들어가시니 나병 환자 열 명이 예수를

만나 멀리 서서 소리를 높여 이르되 예수 선생님이여 우리를 불쌍히

여기소서 하거늘 보시고 이르시되 가서 제사장들에게 너희 몸을

보이라 하셨더니 그들이 가다가 깨끗함을 받은지라 그중의 한 사람이

자기가 나은 것을 보고 큰 소리로 하나님께 영광을 돌리며 돌아와
예수의 발아래에 엎드리어 감사하니 그는 사마리아 사람이라 예수께서
대답하여 이르시되 열 사람이 다 깨끗함을 받지 아니하였느냐 그
아홉은 어디 있느냐 이 이방인 외에는 하나님께 영광을 돌리러 돌아온
자가 없느냐 하시고 그에게 이르시되 일어나 가라 네 믿음이 너를
구원하였느니라 하시더라.

누가복음 17장 11-19절

예수님을 만난 나병 환자 열 명은 주님께 병을 고쳐 주시기를 구
했다. 여기서 예수님의 지시 사항을 우리가 이해하려면 먼저 그들
에게 두 가지 치유가 필요했음을 알아야 한다. 물론 가장 먼저 물리
적으로 그들의 몸이 나아야 했다. 하지만 그와 동시에, 나병 환자는
법적으로 사회생활에서 배제되었기 때문에 사회적 치유도 필요했
다. 공식 절차를 거쳐 사회에 복귀해야 했다. 예수님이 그들을 제사
장들에게 보내신 이유가 그래서다. 그분의 말씀은 "제사장들에게 가
라. 너희 몸이 성해진 것을 그들이 보고 너희를 다시 예배 공동체 안
으로 받아 줄 것이다"라는 뜻이다. 여태 격리되었던 이 나병 환자들
은 공동체와 화해해야 했고, 그 일은 제사장만의 권한이었다.

그런데 돌아온 한 나병 환자의 사례로 알 수 있듯이 그들이 전부
유대인은 아니었다. 여기서 제기되는 의문을 성경학자 조엘 그린은
이렇게 표현했다. 예수님은 그들을 "어떤 제사장들"에게 보내셨는

가?[15] 유대인의 제사장들은 예루살렘에 있었고, 사마리아인의 제사장들과 성전은 그리심산에 따로 있었다.

나병 환자들이 가다가 보니 하나님의 능력으로 병이 치유돼 몸이 깨끗해졌다. 그런데 사마리아 사람만 돌아와 예수님의 발아래 엎드렸다. 이는 깊은 공경과 절대적인 복종의 행위다. 예수님은 그들에게 성전에 가서 제사장들을 통해 온전한 화해를 이루라고 명하셨다. 그런데 그는 왜 제사장들에게 가기도 전에 돌아왔을까? 예수님께 불순종한 것인가? 아니다. 많은 주석가가 지적하듯이, 예수님께 돌아온 그를 예수님이 인정해 주심으로써, 그는 진정한 제사장이 정말 누구인지를 깨달았다.

예수님은 궁극의 제사장이자 최후의 성전이시다. 다른 모든 속죄 제사를 종결하시는 완전한 희생제물이시다. 그래서 예수님은 당신이 하나님, 다른 사람들, 나아가 온 땅과 온 하늘의 만물과 화해를 이루는 장場이다. 엡 1:10

> 아버지께서는 모든 충만으로 예수 안에 거하게 하시고 그의 십자가의
> 피로 화평을 이루사 만물 곧 땅에 있는 것들이나 하늘에 있는 것들이
> 그로 말미암아 자기와 화목하게 되기를 기뻐하심이라.
> 골로새서 1장 19-20절

속이 꼬인 채로 그냥 있지 말라. 예수 그리스도께서 이루신 일을

받아들이라. 다른 사람에게 피해를 입은 당신의 작은 이야기를 그분이 당신에게 해 주신 일의 큰 이야기에 접붙이라. 그러면 용서를 베푸는 데 필요한 모든 능력을 얻을 것이다.

11 용서를 넘어 화해로

나 대신 복수당하신 예수를 바라보며

리베카 테드 감독님, 제가 감독님을 속였어요.
사실은 이 팀을 지게 하려고 감독님을 채용한 겁니다.
감독님이 실패하기를 바라며 사사건건 방해했고요.
…… 정말 미안합니다. ……
테드 래소 용서합니다.
리베카 네? 뭐라고요? 왜요?
테드 래소 이혼은 힘든 일이에요. ……
미친 짓도 하게 하죠. ……
구단주님과 저…… 우리 사이는 괜찮아요.
—〈테드 래소^{Ted Lasso}〉[1]

용서는 우선 피해자가 빚을 직접 부담해 가해자의 부채를 면제해주는 것이다. 더 나아가 가해 행위로 깨진 관계를 화해로 회복하려 힘쓰는 것이다. 이것이 앞서 말한 용서의 세 번째 차원, 즉 수평적 차원이다.

이번 장에서는 용서를 넘어 깨진 관계를 봉합하는 실제적 지침을 예수님과 바울을 중심으로 살펴볼 것이다.

원리: 예수님이 말씀하시는 분노

옛사람에게 말한 바 살인하지 말라 누구든지 살인하면 심판을 받게 되리라 하였다는 것을 너희가 들었으나 나는 너희에게 이르노니 형제에게 노하는 자마다 심판을 받게 되고 형제를 대하여 라가라 하는 자는 공회에 잡혀가게 되고 미련한 놈이라 하는 자는 지옥 불에 들어가게 되리라 그러므로 예물을 제단에 드리려다가 거기서 네 형제에게 원망 들을 만한 일이 있는 것이 생각나거든 예물을 제단 앞에 두고 먼저 가서 형제와 화목하고 그 후에 와서 예물을 드리라 너를 고발하는 자와 함께 길에 있을 때에 급히 사화하라 그 고발하는 자가 너를 재판관에게 내어 주고 재판관이 옥리에게 내어 주어 옥에 가둘까 염려하라.

마태복음 5장 21-25절

앞부분은 제6계명 "살인하지 말라"에 대한 예수님의 유명한 해설이다. 예수님은 이 계명의 의미를 살인을 낳는 내면 상태, 즉 분노와 멸시와 냉담함으로 확대하신다. 어떤 식으로든 남을 사랑하지 않는 것은 살인의 전 단계이므로 금지된다.

예수님이 모든 분노를 금하셨다고 주장하는 이들이 많지만, 사실은 그렇지 않다. 거룩하고 완전하신 하나님도 분노하신다. 분노 자체가 죄는 아니다. 분노는 무언가가 사랑하는 대상을 해칠 때 그것을 제거하려고 발산하는 에너지일 수 있다. 마가복음 3장 5절과 요한복음 11장 33절 같은 성경 말씀에 명백히 나와 있듯이 예수님도 분노하셨다. 그분은 아버지 집의 명예를 지키실 때,^{마 21:12-13; 요 2:13-16} 그리고 죽음으로부터 나사로를 지키실 때 분노하셨다. 사실 나사로의 무덤에서는 노기가 충천하셨다고 기록되어 있다. ^{요 11:33, 38}[2] 따라서 예수님이 금하신 것은 악한 분노지 분노 자체가 아니다. 그렇다면 그 둘은 어떻게 다를까?

그분이 제시하신 두 가지 예를 보면 이해하는 데 도움이 된다. 홧김에 누군가를 "라가"^{하찮다는 뜻의 아람어}나 "미련한 놈"이라 부른다면 그 분노는 죄다. 마음속으로만 그렇게 해도 상대를 무시하고 경멸하고 비하하는 것이며, 소리 내서 말하면 상대를 나무라고 상처 입히는 것이다.

그래서 화가 날 때 우리는 '내가 지키려는 것은 무엇인가?'를 물어야 한다. 그렇게 해 보면 알겠지만, 우리가 지키려는 것은 자신의 체면과 자존심과 입장과 이미지일 때가 많다. 하나님은 온전한 사랑이시기에 그분의 분노는 언제나 의롭다. 그래서 그분의 분노는 늘 선과 진리와 아름다움을 지키고 악과 죄와 죽음을 멸하는 데 발산된다.

예수님은 기독교 공동체 안에서 화해하는 실제적 방안을 주시기 전에, 먼저 우리에게 악한 분노를 버리라고 아주 엄중하게 경고하신다. 그런 분노는 "살인하지 말라"는 계명을 위반한 것이라는 경고다. 작은 깍정이 안의 도토리 한 알이 그 안에 나무 한 그루와 수많은 도토리를 품고 있듯이 살인도 내면의 악한 분노라는 씨앗에서 시작된다. 분노의 길에 들어서면 그 끝은 살인일 수 있다. 그 길에 발을 딛는 사람 절대다수가 다행히 거기까지는 가지 않지만, 그래도 그 길에는 원한과 앙심과 증오 등 온갖 재앙과 불의가 널려 있다.

실제: 예수님이 말씀하시는 화해

속으로 용서했더라도 가해자와 화해하지는 못할 수도 있다. 그래도 진심으로 용서하는 사람은 기꺼이 화해에 마음을 연다. 분노에 대해 경고하신 예수님은 곧바로 우리에게 화해의 두 가지 사례를 보여 주신다.

그러므로 예물을 제단에 드리려다가 거기서 네 형제에게 원망 들을 만한 일이 있는 것이 생각나거든 예물을 제단 앞에 두고 먼저 가서 형제와 화목하고 그 후에 와서 예물을 드리라 너를 고발하는 자와 함께 길에 있을 때에 급히 사화하라.

마태복음 5장 23-25절

처음 예는 동료 신자와 관계된 것이고, 그다음 예는 고발하는 자 즉 원수와 관계된 것이다. 즉 "형제"와 "고발하는 자" 둘 다에게 당신이 원망 들을 만한 일이 있는 상황이다. 그런데 예수님의 지시가 뜻밖이다.

첫째는 예수님이 드신 예가 지금 이야기를 듣고 있는 사람들 쪽에서 화난 경우가 아니라서 뜻밖이다. 제자들에게 분노에 관해 경고하신 예수님이 이어서 하신 말씀은 "남이 너희를 노하게 하거든 이렇게 하라"가 아니라, "너희가 남을 노하게 했거든 이렇게 하라"였다. 즉 예수님의 제자는 악한 분노와 미움의 확산을 어떻게든 막되, 자신이 그것을 품지 않는 것 "못지않게 다른 사람에게도 유발하지 않도록 조심해야" 한다.[3]

둘째는 예수님의 말씀이 급박해서 뜻밖이다. 그분은 성전에서 예배하다가 동료 신자를 노엽게 한 일이 떠올랐다고 상상해 보라 하신다. 그러면서 그럴 때는 만사 제쳐 두고 가서 화해부터 하라고 촉구하신다. 예물까지 제단에 그대로 두고서 말이다. "해가 지도록 분을 품지 말고"라는 바울의 가르침에도 동일한 원리가 담겨 있다. 엡

4:26 예수님은 타이밍의 철칙을 규정하신 게 아니다. 관계에 문제가 생겨도 꾸물대거나 회피하는 우리 대부분의 버릇을 질타하신 것이다. 바울도 마찬가지다.

화해에 대한 예수님의 가장 유명한 말씀은 이것이다.

> 네 형제가 죄를 범하거든 가서 너와 그 사람과만 상대하여 권고하라
> 만일 들으면 네가 네 형제를 얻은 것이요 만일 듣지 않거든 한두 사람을
> 데리고 가서 두세 증인의 입으로 말마다 확증하게 하라 만일 그들의
> 말도 듣지 않거든 교회에 말하고 교회의 말도 듣지 않거든 이방인과
> 세리와 같이 여기라.
> 마태복음 18장 15-17절

이것은 신자가 신자에게 죄를 지어 관계가 깨진 경우다. 무엇보다 중요한 건 예수님은 두 그리스도인의 어그러진 관계가 양측만의 일이 아니라 교회 전체의 문제이며, 따라서 관계를 회복하는 데 공동체의 자원과 개입이 필요할 수 있다고 말씀하셨다는 점이다.

첫째, 이 상황에서 예수님은 혼자서 가라고 말씀하신다. 처음부터 제삼자를 개입시키지 말라는 것이다. "가서 너와 그 사람과만 상대하여 권고하라." 시대가 달라지기는 했지만, 나는 그분의 말씀 그대로 지금도 이 일은 직접 "가서" 하는 게 좋다고 본다. 즉 부득이한 경우가 아니고는 전화나 글이나 이메일로 해서는 안 된다고 생각한

다. 여러 연구로 보나 비공식 증거로 보나 젊은 '디지털 원주민' 세대는 가라는 말에 잔뜩 겁을 먹는다. 문자나 이메일에 답하지 않고 그냥 '잠수를 타는' 편이 훨씬 쉽다. 그러나 잘못을 지적하고 거기에 더해 관계 회복까지 시도하는 것은 아주 복잡하고 미묘한 일이다. 진실과 사랑, 정의와 자비를 균형 있게 전달하려면 몸짓 언어, 말투, 얼굴 표정, 어휘, 감정 등 모든 것을 동원해야 한다.

가능하다면 상대에게 가서 마주 보며 말하라. 물론 그 전에 다른 사람에게 먼저 말해서는 안 된다. 그래야 상대에게 당신이 그 사람에 대한 불만을 퍼뜨리지 않았다고 솔직하게 말할 수 있다. 가되 상대를 난처하게 하는 방식으로 가지는 말라.

둘째, 예수님은 좋은 마음으로 가라고 말씀하신다. 물론 "권고하라"로 번역된 헬라어 '엘렝코'는 매섭고 따끔하게 질책한다는 뜻이다. 여기서 질책의 목표가 가장 중요하다. 상대의 잘못을 왜 지적하는가? 예수님은 논쟁에 이기기 위해서가 아니라 사람을 얻기 위해서라야 한다고 답하신다.[15절] 상대를 설득해서 관계를 회복하거나 유지하는 것이 목표다. 한 주석가가 지적했듯이 "주요 관건은 공동체 전체의 안전이나 평판이 아니라, 그 일에 관련된 개인들의 영적 건강이라야 한다."[4] 교회와 지도자들의 평판을 보호하려고 교회가 성추행 피해자들을 입막음했던 숱한 사례를 생각해 볼 때 이는 중요한 통찰이다.

피해자가 이토록 긍정적인 목표와 동기를 품는 것이 어떻게 가능할까? 여기서 용서의 다차원적 성격을 기억해야 한다. 예수님이 가르치셨듯이 우리는 가해자에게 가서 회개를 권하기 전에 속으로 용서하거나 적어도 내적 용서 과정에 착수해야 한다.^{막 11:25} 용서하기도 전에 가해자에게 간다면 아마 당신은 형제나 자매를 다시 얻으려고 가는 게 아닐 것이다. 상대를 설득해서 살리려는 게 아니라, 십중팔구 그냥 비난하면서 되갚으려고 가는 것이다. 그러면 상대도 그 악감정을 즉각 감지하고, 잘못을 인정하기는커녕 화를 내며 방어 자세로 나올 것이다. 결국 당신의 지적을 통해 상대가 회개할 가능성은 훨씬 낮아진다.

이 본문을 가해자에게 딱 한 번만 말하면 된다는 뜻으로 해석하는 이들도 있다. 그러나 본문은 "혼자서 한 번만 가라"라고 말하지 않고, 혼자서 가라고만 말한다. 관계를 회복하는 과정에서 여러 번의 만남이 소요되는 건 너무 당연하고 또 현명한 일이다. 그러므로 셋째, 필요하다면 반복해서 가라. 지적받는 사람은 대개 깜짝 놀라며 방어 자세를 취하게 되므로, 이 모두를 소화할 시간이 필요할 수 있다. 피해자로서 당신의 목표가 사랑과 회복이라면, 당신은 인내심을 가지고 아마 여러 번이라도 만나서 둘의 관계를 둘러싼 다양한 이슈를 풀어 나갈 것이다.

넷째, 예수님은 지금까지의 첫 단계가 소용없거나 퇴짜를 맞으면 공동체를 개입시키라고 말씀하신다. 상대가 당신의 말을 듣지 않거나 화해 제의에 응하지 않으면 어떻게 해야 할까? 진전이 없다면 기독교 공동체에 속한 제삼자의 개입이 정당하고 현명하다는 것이 그분의 말씀이다. 보다시피 예수님은 일단 "한두 사람"을 데리고 가라 하신다.^{마 18:16} 각 단계마다 최대한 비공개로 일관해야 한다는 뜻이다.

"증인"이나 "확증" 같은 단어가 쓰이기는 했지만, 이것은 공식 소송이 아니다. "한두 사람"이라는 예수님의 표현은 엄밀한 절차가 아닌, 대략적 지침에 해당한다. 아울러 그분은 현실적이시다. 즉 당신의 말에 설득력이 없을 수도 있다. 이는 가해자 측에서 당신이 객관적이지 못하다고 생각해서일 수도 있고, 실제로 당신이 객관적이지 못해서일 수도 있다. "〔당사자 가운데 화해를〕 주도하는 사람은 마땅히 해당 '죄'가 단지 개인의 취향 문제가 아님을 명확히 해야 한다. 결국 '한두 사람'과 나아가 교회의 개입이 그 위험을 줄여 준다."⁵

한두 사람의 제삼자는 이중의 역할을 한다. 우선 그들은 당신이 사건을 명확하게 이해하고 더 설득력 있게 말하도록 당신을 돕는다. 당신의 말이 지나치거나 도움이 되지 않을 경우 그들이 제동을 걸 수 있다. 동시에 그들은 가해자에게 그의 잘못이 사실이며 회개가 필요함을 확언해 줄 수 있다. 두세 사람이 한 사람보다 더 설득력 있다. 한두 사람의 개입은 어떤 면에서 양측 모두를 감시하는 장치다.

마지막으로, 이 단계도 소용없으면 그때는 "교회에 말"해야 한다.^{17절} 최후 방책으로 마침내 지역 교회 전체에 알린다는 뜻이다.

구체적인 과정은 교회의 정치 형태와 운영 방식에 따라 달라진다. 예를 들어 장로회 교회에서는 "교회에 말"한다는 게 그냥 장로들에게 알린다는 뜻일 수 있다. 물론 성급함은 금물이다. 예수님이 제시하신 절차대로 하면 성급함을 최대한 삼갈 수밖에 없다. 오히려 주목할 것은 이런 모임의 목적조차 가해자를 모욕하거나 창피를 주거나 벌하는 게 아니라, 호소하고 설득하는 데 있다는 점이다. 취지는 가해자에게 "교회의 말[이라]도 듣"게 하려는 것이다. "[바라건대] 제자 공동체인 지역 교회 전체의 책망 앞에서 가해자는 이것이 단순히 [당사자 가운데 화해를] 주도하는 측의 개인적 불만이 아님을 인식해야 한다."[6]

옥스퍼드대학교 한복판의 세인트올데이트교회에서 다년간 담임목사로 섬긴 마이클 그린이 경험한 사건이다. 인근 사업체 간부인 그 교회 교인이 회계 부정으로 유죄 판결을 받았다. 그린은 당시를 이렇게 회고했다. "단독으로 지적받았을 때 그는 한사코 부인했다. 그래서 담임목사인 나를 포함해 네 사람이 그를 만났다. 증인들 입회하에 범죄 증거를 내놓자 그제야 그는 실토했다."[7] 그러나 지난 세월 그린이 보았듯이 "그것으로도 부족해 부득이 교회에 말해야 하는 경우도 있다. 고통스러운 최후 방책이다. 나도 그 조치까지 취해야 했던 적이 한두 번 있었는데, 일을 비공개로 처리해서는 도저히 해결할 수 없는 상황이었다."[8]

가해자가 "교회의 말도 듣지 않거든", 예수님은 그가 마치 아무

일도 없었다는 듯 교회 공동체의 교제 안에 계속 참여하게 내버려 두면 안 된다고 말씀하신다. "이방인과 세리와 같이 여기라"라는 표현이 그와 절교한다는 뜻은 물론 아니다. 예수님이야말로 세리와 죄인에게 말을 걸기로 유명하셨으니 말이다.[9] 본문 전체의 문맥으로 볼 때 교회의 이런 치리조차 취지는 가해자를 살리고 회복하는 데 있다.[10]

복음이 주는 깊은 겸손, 큰 기쁨으로

앞서 말한 마태복음 5장과 18장의 짤막한 사례들을 연결해서 읽으면 무엇을 배울 수 있을까?

첫째, 두 본문에서 도출되는 하나의 원리가 있다. 관계가 깨진 경우 언제나 당신 쪽에서 관계 회복을 주도해야 한다. 마태복음 5장은 "네 형제에게 원망 들을 만한 일이 있는 것이 생각나거든 …… 가서"라고 말하는 반면, 마태복음 18장은 "네 형제가 죄를 범하거든 가서"라고 말한다. 문제의 발단이 어느 쪽에 있든 다를 바 없다는 뜻이다. 어떻게 소원해졌든 그리스도인은 화해하는 과정을 시작할 책임이 있다. "그 사람이 먼저 시작했으니 그쪽에서 나를 찾아와야지"라고 말한다면 아무 일도 일어나지 않을 것이다. 그 사람도 속으로 당신에 대해 똑같이 말할 수 있기 때문이다.

둘째, 가해자의 잘못이 성폭행처럼 흉악하고 일방적일 때도 있지만, 일반적으로 그런 범죄가 아닌 관계가 깨진 경우라면 대개는 양측 모두가 자백하고 용서할 수 있는 부분이 있다. 관계가 망가진 책임이 전적으로 한쪽에만 있는 경우는 드물다. 거의 언제나 화해는 양쪽 다 회개하고 용서할 때 가장 잘 이루어진다. 양쪽 다 자신의 잘못을 인정하고 상대의 잘못을 지적하는 것이다. 물론 경우에 따라 한쪽의 잘못이 훨씬 클 수도 있지만, 그래도 상대가 작은 잘못이라도 기꺼이 자백하면 가해자도 '실토하기가' 훨씬 쉬워질 수 있다.

복음만이 당신을 준비시켜 기독교적 화해 모델의 양쪽 역할을 다 수행하게 해 준다. 복음 덕분에 당신은 충분히 낮아져 용서할 수 있고, 동시에 하나님의 사랑과 인정, 건강한 자존감으로 충만해져 회개할 수 있다. 교회와 공동체로서 관계를 잘 유지하려면 깊은 겸손과 큰 기쁨에 힘입어야만 한다.

선으로 악을 이기려면

너희를 박해하는 자를 축복하라 축복하고 저주하지 말라 즐거워하는 자들과 함께 즐거워하고 우는 자들과 함께 울라 서로 마음을 같이하며 높은 데 마음을 두지 말고 도리어 낮은 데 처하며 스스로 지혜 있는 체하지 말라 아무에게도 악을 악으로 갚지 말고 모든 사람 앞에서 선한 일을 도모하라 할 수 있거든 너희로서는 모든 사람과 더불어

화목하라 내 사랑하는 자들아 너희가 친히 원수를 갚지 말고 하나님의

진노하심에 맡기라 기록되었으되 원수 갚는 것이 내게 있으니

내가 갚으리라고 주께서 말씀하시니라 네 원수가 주리거든 먹이고

목마르거든 마시게 하라 그리함으로 네가 숯불을 그 머리에 쌓아

놓으리라 악에게 지지 말고 선으로 악을 이기라.

로마서 12장 14-21절

바울은 한 가지 원리와 그 원리를 실현할 다섯 가지 실제적인 방법을 제시한다. 원리는 "악에게 지지 말고 선으로 악을 이기라"다.[21절] "이기라"라는 단어는 '무찌르다, 정복하다'라는 뜻의 군사 용어다. 가능성은 두 가지뿐이다. 당신이 악에게 지든지, 아니면 악에 선으로 대응해 악을 정복하고 이기든지, 둘 중 하나다. 가해자를 도로 해치거나 마음속으로라도 그가 잘못되기를 바란다면, 당신은 악에게 지는 것이다. 악에게 영향을 받고 있기 때문이다.

악이 당신의 대인 관계를 뒤틀어 놓으면 악이 이긴다. 당신이 계속 가해자를 해치려 하거나 조금이라도 분노를 품고 있으면, 그것이 관계를 망가뜨린다.

악이 당신의 자아상을 일그러뜨리면 악이 이긴다. 가해자의 잘못을 비디오처럼 상상 속에 재생한다면 당신은 그의 문제점과 자신의 훌륭함을 비교하는 것이다. 거기서 자기 연민과 독선이 싹튼다. '내가 얼마나 힘들었는지 아무도 모른다'는 감정만큼 당신을 독해지

게 하는 것은 없다. 그렇게 유혹에 취약해진 상태에서 부정을 저지를 기회가 오면 당신은 미끼를 덥석 물 것이다. 내면에서 보상 심리가 작용하기 때문이다. 즉 당신은 악에 빠지기가 더 쉬워진다. 악이이긴 것이다.

악이 당신을 통해 가해자의 정당화를 부추기면 악이 이긴다. 당신이 가해자를 향해 분노와 냉담함과 악감정을 품고 있으면, 그만큼 그는 자신이 더 정당하다고 느낄 수 있다. 그는 당신이 비정한 사람이라 그런 일을 당할 만도 했다고 스스로에게 변명할 것이다. 우리가 용서로 악을 이기지 않으면 세상과 가해자와 당신 안에서 악이이긴다.

악을 이기려면 상대를 도로 해치거나 상대가 잘못되기를 바라지 말고, 선으로 대응해야 한다. 그래야만 악을 이길 수 있다. 여기 선으로 악을 이기는 다섯 가지 방법이 있다.

상대를 위해 기도하라。 "너희를 박해하는 자를 축복하라." "축복하라"라는 말은 많은 의미가 있겠지만, 무엇보다 상대를 위해 기도하라는 그에게 복을 주시기를 하나님께 구하라는 뜻이다. 상대를 위해 기도하면서 그에게 계속 분노하기는 어렵다. 또 우월감 없이는 분노를 유지하기 힘든데, 상대를 위해 기도하면 우월감을 품기 힘들다. 기도할 때 당신 또한 용서받은 죄인으로 하나님께 나아가기 때문이다. 상대를 위해 기도하면 우월감이 무너져 내리면서 상대가 잘되기를 바라는 마음이 생겨난다.

상대를 용서하라. "아무에게도 악을 악으로 갚지 말고 …… 원수를 갚지 말고 …… 선으로 악을 이기라." 보다시피 용서의 본령은 복수를 꾀하지 않는 것이다. 우리는 가해자에게 그의 잘못을 말한다. 여기까지는 진실을 말하는 것이다. 하지만 그 목적은 내게 상처를 입힌 만큼 나 역시 상대에게 상처를 입혀 앙갚음하려는 게 아니라, '선'을 추구하기 위해서다. 잘못을 지적하는 목적은 상대와 다른 피해자들과 하나님을 위해서지, 복수를 위해서가 아니다. 잘못을 지적하되 복수하지 않는 것, 그게 바로 용서다. 이는 당신이 둘 사이의 개인적 빚을 탕감했다는 뜻이다. 잘못을 지적할 수 있고 필요하면 상대를 고소할 수도 있겠지만, 복수의 의미로는 아니다.

상대를 피하지 말라. 18절에 "할 수 있거든 너희로서는 모든 사람과 더불어 화목하라"라고 했다. "그 사람을 용서했지만 앞으로 그와 상관하고 싶지는 않다"라고 말하는 이들이 있는데, 그것도 사실은 일종의 복수다. 상대가 적의를 버리지 않아 관계가 회복될 수 없는 경우일지라도, 당신이 그 적의에 일조해서는 안 된다. 최대한 친절하고 유익하고 정중하게 행하라. 늘 관계를 추구하라.

상대가 허락하는 만큼 그에게 필요한 것을 주라. "네 원수가 주리거든 먹이고 목마르거든 마시게 하라." 기회가 있거든 가해자의 필요를 채워 주라는 뜻이다. 다만 이 단계에서는 깊은 분별이 필요하다. 누차 말했듯이 가해자에게 필요한 것은 잘못의 지적일 수 있다. 계속 죄짓기 쉬운 요건을 만들어 주는 것은 결코 사랑이 아니기 때문이다. 두려워서 잘못을 지적하지 못한다면 당신은 상대를 사랑하지 않는 것일 수 있다. 분에 못 이겨 너무 신나게 지적한다면 이 또한 상대를 사랑하지 않는 것일 수 있다. 당신을 학대할 수 있도록 상대를 도와준다면 당신은 그의 변화를 원할 만큼 그를 충분히 사랑하지 않는 것이다.

겸손히 행하라.[11] 16절에 따르면 이 모두를 실천할 때 교만하거나 잘난 체해서는 안 된다. 도덕적 고지를 점하고 자신의 우월함을 보이려고 베푸는 '용서'도 있다. 여기에 따옴표를 붙인 것은 그것이 아예 용서가 아니기 때문이다. 용서란 순전히 은혜로 구원받은 죄인이 다른 죄인에게 베푸는 선물이다. 잘못을 지적하는 목적이 상대와 진실과 세상을 위해서가 아니라 당신을 위해서라면, 당신 때문에 가해자가 더 악화될 것이다. 반대로 당신이 겸손과 사랑으로 상대를 용서하면, 비록 그가 당신이 지적하는 말은 싫어할지라도 자신을 향한 당신의 애정을 볼 것이다. 그러면 당신이 실제로 그에게 도움이 될 수 있다.

사랑, 노력으로 배울 수 없다, 받아서 전달해야 한다

"하나님의 진노하심에 맡기라 …… 내가 갚으리라고 주께서 말씀하시니라." 이 말씀은 무슨 뜻일까?

다른 사람은 몰라도, 그리스도인은 현세에서 반드시 정의의 완전한 실현을 보려 해서는 안 된다는 뜻이다. 물론 우리가 할 수 있는 한 정의를 추구해야 하지만, 우리는 하나님이 결국 모든 행위를 심판해 만사를 바로잡으실 것임을 알기에 안심할 수 있다. 그래서 그리스도인은 복수하려 하지 않는다. 우리의 본분은 최선을 다해 정의를 이루되, 나머지는 하나님께 맡기는 것이다.

그러나 하나님의 진노에 관한 이 은유가 가리키는 것이 또 있다. 그것을 보기 전에 용서의 실화를 하나 더 살펴보자.

호주의 그레이엄 스테인스, 글레이디스 스테인스 부부는 의료선교사로, 인도 극빈 지역의 병원과 가정에서 한센병(나병) 환자들을 섬기고 있었다. 그런데 1999년 1월 22일 반기독교 세력의 폭도들이 그레이엄과 어린 두 아들 필립(열 살)과 티머시(여섯 살)를 산 채로 불태웠다. 글레이디스는 이튿날 아침 가족들의 사망을 공식으로 확인받았는데, 그때 그녀에게서 나온 말과 행동은 그녀와 가까운 친구들도 예상하지 못한 것이었다.

> 비탄으로 전율하던 글레이디스 스테인스는 공기를 가르는 것조차 힘든 듯 한동안 아주 천천히 움직였다. 생각에 잠긴 듯 가만히 있다가 마침내 떨리는 목소리로 말했다. "이 일을 저지른 사람이 누구든 우리는 용서하렵니다. …… 여기 기쁜 소식이 있으니 …… 모든 죄가 예수 그리스도를 통해 사해진다는 것입니다."[12]

여생 동안 그녀는 자신의 말대로 살았다. 인도를 떠나기는커녕 딸과 함께 남아 똑같은 곳에서 똑같은 사람들을 계속 섬겼다. 한센병 요양소를 정식 병원으로 키워 낸 그녀는 2005년에 인도 정부가 나라에 수훈을 세운 민간인에게 수여하는 표창인 파드마 쉬리 상을 받았다.

이렇게 용서하며 살아갈 힘과 사랑은 어디에서 나오는 것일까?

"하나님의 진노하심에 맡기라"라는 말씀은 흔히 "하나님께 넘기기만 하면 당신이 할 수 없는 방식으로 그분이 확실하게 원수를 갚아 주신다!"라는 식으로 해석되어 왔다. 영국 목사 마틴 로이드 존스는 그런 발상에 대해 "그렇게 말하는 순간 당신은 이 명령의 정신을 송두리째 거부한 것이다"라고 대응했다.[13] 이어서 그는 아비가일이 가까스로 다윗을 말려 홧김에 나발에게 사사로이 복수하지 못하게 했던 사무엘상 25장의 사건을 인용했다. 성경 전체가 그리스도인에게 말하듯이 "우리는 가해자에게 화가 임하기를 기대해서는 절대로 안 된다!"[14]

그렇다면 하나님의 진노하심에 맡기라는 말씀은 무슨 뜻일까? 로이드 존스는 그 앞뒤 모든 맥락에서 보듯이 그것이 "무기력한 수동적 자세"를 뜻하지 않는다고 했다.[15] 굳센 마음과 의지는 가해자를 피하지 않는 데도 필요하지만, 진실을 말하는 가운데 그를 용서하고 친절을 베풀고 섬기는 데도 필요하다.

소심한 사람은 이 명령에 따를 수 없다. 일찍이 충분히 강하고 사랑이 많아서 이 방식대로 행한 사람은 누구일까? 물론 예수님이 시다. 십자가에서 그분은 상대의 조롱에 존중으로, 잔인함에 사랑으로, 저주에 복으로, 악에 용서와 선으로 대응하셨다. 바로 그 행위로 그분은 악을 이기셨다.

어떻게 진노하셔야 할지를 우리가 하나님께 일러 드릴 게 아니라, 그분이 뜻하신 때에 뜻하신 대상에게 진노를 내리시도록 그분께 온전히 맡겨야 한다. 그러면 하나님은 어떻게 하실까? 예수 그리스도로 오셔서 친히 정의의 형벌을 받으신다. 옛 KJV 성경에는 19절이 "복수는 내 것이니"로 옮겨져 있는데, 이는 우리에게 임했어야 할 진노가 그분께 임했음을 일깨워 준다. 우리가 받아야 할 복수가 말 그대로 그분의 것이 되었다.

용서하는 마음을 원하는가? 선으로 악을 이기는 마음, 우월감을 품지 않는 마음, 자신을 정당화할 필요가 없는 마음을 원하는가? 그렇다면 당신이 받아야 할 복수를 대신 받으신 예수님을 보라. 복수는 예수님의 것이다! 그분이 받으셨다.

용서하지 않은 종의 비유가 알려 주는 영원한 교훈은 이것이다. 종인 우리가 작은 왕과 재판관으로 행세하기를 그만두려면, 우리를 위해 자원해서 종이 되신 왕을 바라보는 길밖에 없다.

사랑을 노력으로 배울 수 있는 사람은 아무도 없다. 사랑을 베풀려면 먼저 사랑이신 그분을 받아들여야 한다. 사랑을 배우려면 먼저 사랑을 경험한 뒤 그대로 전달하면 된다. 인내심을 기르려면 가장 값비싼 인내로 당신을 구원하시고 운명의 순간에까지 "아버지 저들을 사하여 주옵소서 자기들이 하는 것을 알지 못함이니이다"라 며 당신을 용서하신 그분을 봐야만 한다. 그럴 때 당신은 변화될 수 있고, 실제로 변화된다.

나오며.　　　　　　은혜로 받은 선물의 위력

1984년작 〈마음의 고향Places in the Heart〉은 눈물 없이는 볼 수 없는 영화다. 열심히 살아가는 보통 사람들에 대한 이야기인데, 그들은 온갖 지독한 시련과 낭패에도 불구하고 늘 꿋꿋하다. 에드나 스폴딩셀리 필드는 이 배역으로 아카데미 여우주연상을 탔다은 술 취한 흑인 소년의 우발적 총격에 보안관이었던 남편 로이스를 잃고 졸지에 청상과부가 된다. 대공황 시절, 아직 인종차별이 존재하던 텍사스주의 어느 작은 마을에서 벌어지는 이야기다. 동네의 인종차별주의자들은 총을 쏜 흑인 소년 와일리를 찾아내 트럭 뒤에 매달아 끌고 다녀서 죽음에 이르게 한다.

남편의 월급이 끊긴 에드나는 농장 대출금을 갚기 어려운 처지가 된다. 이후 영화는 안간힘을 다해 면화 농장을 지키는 에드나를 보여 준다. 제1차 세계대전 때 시각장애를 갖게 된 그 집 하숙생 미스터 윌존 말코비치 분과 농장 노동자인 흑인 모즈대니 글로버 분가 그녀를 돕는다. 그해의 목화를 가장 일찍 수확해서 받은 상금 100달러로 셋이서 함께 농장을 지켜 낸다. 그러나 인근 KKK단[백인우월주의를 내세우는 미국의 극우비밀결사]이 모즈를 죽기 직전까지 폭행하는 바람에 해피엔딩은 도둑맞는다. 미스터 윌 덕에 간신히 목숨을 건졌으나 결국 모즈는 에드나와 자신을 위해 농장을 떠난다.

여기까지는 미국의 인본주의 가치를 떠받드는 전형적인 할리우드 영화다. "지독한 역경도 개인의 노력으로 극복할 수 있다. 흑인과 백인이 협력할 수 있다. 흑인이라고 깔보는 못된 백인도 있지만,

흑인을 존중하는 좋은 백인도 있다." 이런 유의 메시지를 관객에게 던져 준 영화는 그동안 수없이 많았다. "악역이 아닌 착한 등장인물을 닮으라. 좌절할 때도 있겠지만, 우리는 세상을 더 나은 곳으로 만들 수 있다."

그러나 〈마음의 고향〉은 유명한 마지막 장면 덕분에 독보적 반열에 올랐다. 마지막 장면을 보면 현지 교회의 일요일 아침 예배에 마을 사람들이 띄엄띄엄 앉아 있다. 목사가 사랑 장이라 불리는 고린도전서 13장을 읽고 난 뒤, 찬양대가 〈저 장미꽃 위에 이슬〉을 부르는 가운데 성도들이 서로 성찬기를 쭉 돌린다. 이때 카메라는 한 번에 한두 사람씩만 비추는데, 영화에 등장했던 인물이 거의 다 등장해 성찬을 받고 성찬기를 돌려 우리를 연신 놀라게 한다. 모즈도 회중석에 앉아 잔을 받는다. 당시 텍사스에는 존재하지 않았던 흑백 통합이 교회 예배에서 이루어진 것이다. 문득 우리는 그곳이 이 세상의 현실계를 벗어나 있음을 깨닫는다.

마침내 성찬기가 에드나에게 이르자 그녀는 그것을 남편 로이스 스폴딩에게 건네고, 그는 다시 자신을 쏘았던 흑인 소년 와일리에게 건넨다. 다시 살아난 두 사람이 빵과 포도주를 받으면서 나직하게 "하나님의 평화"라고 서로를 축복한다. 그렇게 화면은 서서히 어두워지고, 관객은 묘하게 깊은 감동에 젖는다.

이 충격적인 엔딩에 인간의 상황에 대한 분석이 생각보다 훨씬 더 풍부하고 복잡하게 제시된다.

영화도 인정하듯이 인종차별과 빈곤의 폐해는 믿고 싶지 않을 만큼 깊이 뿌리박혀서 타락한 우리 인간의 고유한 본성이 되었다. 미국의 경건한 진보주의, 더 나은 교육, 그저 모두가 착해지려고 더 열심히 노력하는 것 등으로는 그것을 도저히 극복할 수 없다. 물론 힘껏 싸워야 하지만, 그것을 물리치려면 우리 능력 밖의 그 무엇이 필요하다. 그것을 변화시키려면 이 세상 것이 아닌 초자연적인 무엇이 필요하다.

그런데 동시에 이 영화는 누구에게나 희망이 있음을 보여 준다. 여태 어떻게 살아왔든 당신도 사랑받을 수 있음을 보여 준다. 피살자와 살해자가 하나님의 평화로 서로를 축복하는 마지막 장면은 미래에 완성될 하나님 나라의 모습이다. 그 나라에서는 하나님의 용서가 모든 상처를 치유하고 모든 눈물을 닦아 준다.

이 영화의 감독이자 각본을 쓴 로버트 벤튼은 마지막 장면에 대한 질문을 받고 이렇게 답했다. "관객이 어리둥절해할 줄은 예상했지만, 각본을 다 쓰기 전에 엔딩은 이미 구상해 놓은 것입니다." 그는 왜 그런 결말로 영화를 마무리했을까? "말로는 불가능하지만, 이미지로 설명할 수 있는 것들이 있지요. 피살된 사람이 자신을 죽인 아이에게 성찬기를 건네는 이미지에는 내가 보기에 형언할 수 없는 깊은 감동이 담겨 있습니다."[1]

과연 그렇다. 성경은 우리에게 이 미래가 가능하다고 말한다. 로버트 벤튼을 감동시킨 그 일이 실제로 일어났기 때문이다. 십자가에서 죽임당하신 예수님은 자신을 죽이는 이들에게 용서와 평화를 베푸셨고, 여태 어떻게 살아왔는지와 상관없이 우리 모두에게도 하나님의 평화를 베푸신다. 무한한 희생이 따른 이 선물을 그분은 즐거이 우리에게 주신다. 우리도 이것을 받아서 이제 똑같이 다른 사람들에게 건네주자.

감사의 말

이번에도 역시나 도서출판 바이킹의 브라이언 타트와 맥코믹 저작권의 데이비드 맥코믹이 베풀어 준 조언과 지지와 우정에 깊이 고마운 마음을 전한다. 저작권과 출판계에서 그들이 쌓아 온 풍부한 경험은 수십 년에 달하는데, 나는 그 모든 보화의 수혜자다.

코로나19와 암 투병이 내 삶을 여러모로 바꾸어 놓았으나, 늘 그러셨듯이 하나님은 모든 것을 합력하여 선을 이루신다. 덕분에 지난 2년간 아내 캐시와 함께 보낸 시간이 훨씬 많아졌으며, 매일 용서를 구하고 베푸는 훈련의 중요성에도 함께 주목했다. 아내가 이 책의 공저자는 아니지만 지난 수십 년간 우리는 용서의 의미와 실천을 함께 배워 왔다.

용서의
원리

1. 용서의 어려움, **용서는 본성에 어긋나며 자연스러운 것이 아니다.** 용서는 인간의 원초적 본능과 천성과 직관에 어긋난다. 거룩하신 하나님의 용서를 그분이 친히 출애굽기 34장 7절에 선포하셨으나 그 용서는 그리스도가 오시기 전까지는 신비였다. 그래서 용서는 늘 경이롭고 놀라운 일이며, 당연하게 여기기보다는 설명해야 한다.

2. 용서의 원동력, **그리스도의 속죄의 죽음이다.** 그 죽음을 통해 하나님이 친히 우리를 대신해 죗값을 치르셨다. 그래서 인간의 본성에 어긋난다는 어려움에도 불구하고 용서(하나님의 용서와 인간의 용서 모두)가 가능해진다. 우리가 다른 사람을 용서하는 근거와 능력과 동기는 신학적·실제적으로 십자가를 통해 하나님께 받는 용서에 있다.

3. 용서의 퇴조, **현대의 용서 모델들은 수직적 차원이 결여되어 부실할 수밖에 없기 때문이다.** 기독교적 용서가 ① 심리치료 모델과 다른 까닭은 정의와 화해를 추구하기 때문이고, ② 자격을 따지는 거래적 용서 모델과 다른 것은 내면으로 용서하기 때문이며, ③ 용서 자체에 대한 현대의 반감과 다른 이유는 용서의 필요성과 큰 희생과 능력을 보여 주기 때문이다.

4. 용서의 역사, **성경에서 기원한다.** 어느 문화에나 용서의 개념이 조금은 있지만, 오늘날 세상을 지배하는 용서의 개념은 신구약 성경에서 유래했다. 현대에 용서의 방향이 상실된 것은 기독교 신앙이 퇴조한 데다 교회 내의 용서 개념이 왜곡된 탓이 크다.

5. 용서의 정의, **복수심을 버리고 화해에 마음을 여는 것이다.** 복수란 상대의 불행을 기뻐하는 것이며, 불행하게 하는 주체가 특히 당신이다. 용서는 ① 잘못을 그저 양해하는 것이 아니라 처벌받아 마땅한 죄로 사실대로 지적하고, 그러면서도 ② 같은 죄인으로서 가해자와 자신을 동일하게 여기고, ③ 그냥 봐주고 넘어가는 것이 아니라 빚을 스스로 부담해서 가해자를 개인적인 상환 의무에서 벗어나게 하고, ④ 가해 행위로 깨진 관계를 화해로 회복하려 힘쓰는 것이다.

6. 용서의 의존성 여부 ① 내적 용서 또는 태도상의 용서는 가해자의 반응에 달려 있지 않다. 어떤 상황에서도 가능하다. ② 실제 화해 과정은 피해자의 내적 용서와 가해자의 회개에 달려 있다.

7. 용서의 두 가지 내적 자원 ① 가난한 심령, 즉 우리의 구원이 행위로 말미암지 않고 순전히 은혜임을 아는 데서 오는 겸손이다. ② 부유한 심령, 우리의 구원이 행위로 말미암지 않고 순전히 은혜임을 아는 데서 오는 사랑의 확신이다.

8. 용서의 세 가지 차원

① 수직적 또는 위의 차원

하나님의 용서의 특성과 그것을 받는 법: ⓐ 하나님의 구원은 과거의 용서만이 아니라 미래의 용서의 기초인 칭의와 입양이다. ⓑ 하나님의 용서와 구원을 받는 도구는 회개와 믿음이다.

② 내면적 또는 안의 차원

인간의 용서의 특성과 그것을 베푸는 법: ⓐ 용서는 약속이자 훈련이므로 느껴지기 이전에 베푸는 것이다. ⓑ 용서에는 희생적 고생이 따른다. 복수를 꾀하지 않고 빚을 자신이 부담하기 때문이다.

③ 수평적 또는 밖의 차원

인간의 용서의 특성과 화해로 넘어가는 법: ⓐ 정의와 자비를 서로 연계해 동시에 추구한다. 둘 다 사랑의 단면이기 때문이다. ⓑ 관계의 화해와 최종 신뢰의 회복을 제안한다.

하나님의 용서에 관한
성경 말씀

요한일서 1장 9절 만일 우리가 우리 죄를 자백하면 그는 미쁘시고 의로우사
우리 죄를 사하시며 우리를 모든 불의에서 깨끗하게 하실 것이요.

에베소서 1장 7절 우리는 그리스도 안에서 그의 은혜의 풍성함을 따라
그의 피로 말미암아 속량 곧 죄 사함을 받았느니라.

이사야 1장 18절 여호와께서 말씀하시되 오라 우리가 서로 변론하자
너희의 죄가 주홍 같을지라도 눈과 같이 희어질 것이요
진홍같이 붉을지라도 양털같이 희게 되리라.

이사야 55장 7절 악인은 그의 길을, 불의한 자는 그의 생각을 버리고
여호와께로 돌아오라 그리하면 그가 긍휼히 여기시리라
우리 하나님께로 돌아오라 그가 너그럽게 용서하시리라.

사도행전 2장 38절 베드로가 이르되 너희가 회개하여
각각 예수 그리스도의 이름으로 세례를 받고 죄 사함을 받으라
그리하면 성령의 선물을 받으리니.

사도행전 3장 19절 그러므로 너희가 회개하고 돌이켜 너희 죄 없이 함을 받으라.

골로새서 1장 13-14절 그가 우리를 흑암의 권세에서 건져 내사
그의 사랑의 아들의 나라로 옮기셨으니
그 아들 안에서 우리가 속량 곧 죄 사함을 얻었도다.

마태복음 26장 28절 이것은 죄 사함을 얻게 하려고 많은 사람을 위하여 흘리는 바
나의 피 곧 언약의 피니라.

시편 103편 10-14절 우리의 죄를 따라 우리를 처벌하지는 아니하시며
우리의 죄악을 따라 우리에게 그대로 갚지는 아니하셨으니
이는 하늘이 땅에서 높음같이
그를 경외하는 자에게 그의 인자하심이 크심이로다
동이 서에서 먼 것같이 우리의 죄과를 우리에게서 멀리 옮기셨으며
아버지가 자식을 긍휼히 여김같이
여호와께서는 자기를 경외하는 자를 긍휼히 여기시나니
이는 그가 우리의 체질을 아시며 우리가 단지 먼지뿐임을 기억하심이로다.

히브리서 10장 17절 또 그들의 죄와 그들의 불법을
내가 다시 기억하지 아니하리라 하셨으니.

시편 86편 5절 주는 선하사 사죄하기를 즐거워하시며
주께 부르짖는 자에게 인자함이 후하심이니이다.

시편 32편 5절 내가 이르기를 내 허물을 여호와께 자복하리라 하고
주께 내 죄를 아뢰고 내 죄악을 숨기지 아니하였더니
곧 주께서 내 죄악을 사하셨나이다(셀라).

역대하 7장 14절 내 이름으로 일컫는 내 백성이 그들의 악한 길에서 떠나
스스로 낮추고 기도하여 내 얼굴을 찾으면
내가 하늘에서 듣고 그들의 죄를 사하고 그들의 땅을 고칠지라.

사도행전 10장 43절 그에 대하여 모든 선지자도 증언하되
그를 믿는 사람들이 다 그의 이름을 힘입어
죄 사함을 받는다 하였느니라.

히브리서 8장 12절 내가 그들의 불의를 긍휼히 여기고
그들의 죄를 다시 기억하지 아니하리라 하셨느니라.

미가 7장 18-19절 주와 같은 신이 어디 있으리이까
주께서는 죄악과 그 기업에 남은 자의 허물을 사유하시며
인애를 기뻐하시므로 진노를 오래 품지 아니하시나이다
다시 우리를 불쌍히 여기셔서 우리의 죄악을 발로 밟으시고
우리의 모든 죄를 깊은 바다에 던지시리이다.

이사야 43장 25절 나 곧 나는 나를 위하여 네 허물을 도말하는 자니
네 죄를 기억하지 아니하리라.

잠언 28장 13절 자기의 죄를 숨기는 자는 형통하지 못하나
죄를 자복하고 버리는 자는 불쌍히 여김을 받으리라.

에베소서 2장 8-9절 너희는 그 은혜에 의하여 믿음으로 말미암아 구원을 받았으니
이것은 너희에게서 난 것이 아니요 하나님의 선물이라
행위에서 난 것이 아니니 이는 누구든지 자랑하지 못하게 함이라.

시편 130편 4절 그러나 사유하심이 주께 있음은 주를 경외하게 하심이니이다.

나의 자녀들아 내가 이것을 너희에게 씀은
너희로 죄를 범하지 않게 하려 함이라
만일 누가 죄를 범하여도 아버지 앞에서 우리에게 대언자가 있으니
곧 의로우신 예수 그리스도시라.

그러므로 이제 그리스도 예수 안에 있는 자에게는
결코 정죄함이 없나니.

그들이 다시는 각기 이웃과 형제를 가르쳐 이르기를
너는 여호와를 알라 하지 아니하리니
이는 작은 자로부터 큰 자까지 다 나를 알기 때문이라
내가 그들의 악행을 사하고 다시는 그 죄를 기억하지 아니하리라
여호와의 말씀이니라.

그가 찔림은 우리의 허물 때문이요
그가 상함은 우리의 죄악 때문이라
그가 징계를 받으므로 우리는 평화를 누리고
그가 채찍에 맞으므로 우리는 나음을 받았도다.

여호와가 네 형벌을 제거하였고 ……
너의 하나님 여호와가 너의 가운데에 계시니
그는 구원을 베푸실 전능자이시라
그가 너로 말미암아 기쁨을 이기지 못하시며 너를 잠잠히 사랑하시며
너로 말미암아 즐거이 부르며 기뻐하시리라 하리라.

용서를
실천하려면

1. 용서란 무엇인가

**예수님은 용서를 말씀하실 때 죄의 성격을 "빚"이라는 은유로 묘
사하신다**(마 18:21-35; 6:12).

당신이 누군가에게 심각한 피해를 입으면, 당신에게는 그것이 가
해자 측의 채무로 느껴질 수밖에 없다. 가해 행위가 그에게 의무와
책임과 빚을 유발한 것이다. 모든 피해자는 상대로부터 그 빚을 받아
내려는 충동을 느낀다. 그래서 우리는 상대를 해치거나 고함을 지르
거나 어떻게든 그의 기분을 상하게 한다. 또는 그에게 나쁜 일이 벌

어지기를 바라면서 그저 기다리고 지켜볼 수도 있다.

상대가 응분의 고생을 치르면 그제야 우리는 빚이 상환되고 그의 의무가 걷혔다고 느껴진다. 피해자에게 가해자의 빚과 책임과 의무가 느껴지는 것은 불가피한 일이다. 이런 빚의 존재를 부인하는 사람은 자신이 죄나 악의 심각한 피해를 입지 않아서일 뿐이다.

그렇다면 용서란 무엇인가? 용서란 복수할 권리와 가해자에게 상환을 요구할 권리를 버린다는 뜻이다. 용서가 일종의 자발적인 고생임을 인식해야 한다. 이 말은 무슨 뜻인가?

금전적인 빚의 원리를 생각해 보라. 친구가 50달러짜리 내 램프를 깨뜨린다면 그 행위는 50달러의 빚을 유발한다. 친구에게 램프값을 물어내게 한다면 나는 50달러를 받는다. 하지만 그를 용서해도 빚은 공중으로 증발하지 않는다. 용서하면 손실과 램프값을 내가 부담해야 한다. 50달러를 들여 램프를 새로 사거나 그 방의 조명을 잃어야 하는 것이다. 용서는 상대의 빚을 자신이 갚거나 부담함으로써 빚을 탕감해 주는 것이다. 모든 빚은 항상 누군가가 갚아야 한다.

꼭 금전 문제가 아니더라도 가해의 상황은 모두 마찬가지다. 누가 당신에게 죄를 지으면 당신은 행복, 평판, 마음의 평안, 관계, 기회 등 뭔가를 잃는다. 이때 죄에 대응하는 방법은 두 가지다. 예컨대 누가 당신의 평판을 해쳤다 하자. 당신은 평판을 회복하려고 상대에게 똑같이 갚아 줄 수 있다. 그를 비방해서 그의 평판을 망쳐 놓는 것이다.

또는 상대에게 되갚지 않고 용서할 수도 있다. 그러면 당신은 이미 망가진 평판을 감수해야 한다. 회복하는 데 오래 걸릴 것이다.

어떤 상황에서든 가해 행위는 항상 빚을 유발하고, 고생 없이는 그 빚을 해결할 방도가 없다. 가해자를 고생시키든지, 아니면 당신이 용서하고 고생해야 한다. 당신이 공평하다고 느껴질 때까지 상대를 상처 입혀서 채무자가 대가를 치르게 하든지, 아니면 용서하고 속으로 고통을 부담해 당신이 대신 치러야 한다.

용서에는 늘 값비싼 희생이 따른다. 정서적 비용이 아주 커서 많은 피와 땀과 눈물이 요구된다. 당신이 용서해서 빚을 대신 갚는 데는 여러 방법이 있다.

◆ **첫째, 상대를 직접 해치지 않는다. 복수나 앙갚음을 삼간다. 당신에게 느껴지는 가해자 측의 빚을 받아 내려고 고통을 가하지 않는다. 오히려 최대한 정중하게 대한다. 관계 속에서 우리가 은근히 빚을 받아 내려 할 법한 방법을 조심하라.**

* 신랄한 말로 자꾸 과거를 끄집어내지 말라.
* 다른 사람들을 대할 때보다 그를 훨씬 까다롭게 대하며 지배하려 들지 말라. 마음 깊은 곳에서는 여전히 그의 빚이 느껴진다는 이유로 말이다.
* 독선적인 '자비'로 벌을 내려 그에게 굴욕감을 안겨 주면서 자신을 정당화하지 말라.
* 그를 피하거나 노골적으로 또는 은근히 냉대하지 말라.

- ◆ 둘째, 다른 사람들에게 상대를 비난하지 않는다. 빗대는 말이나 '왜곡'이나 암시나 험담이나 노골적인 비방으로 다른 사람들 앞에서 그를 깎아내리지 않는다.
  - * 다른 사람들에게 '경고해' 준다는 핑계로 가해자를 헐뜯지 말라.
  - * 위로와 지지를 받고자 상처를 털어놓는다는 명목으로 가해자를 헐뜯지 말라.
- ◆ 셋째, 마음속에 악감정을 품지 않는다.
  - * 상실감과 상처를 새삼 절절히 느끼려고 자꾸 상대의 잘못을 머리에 녹화해 두고 상상 속에 재생하지 말라. 그렇게 상대에 대한 적의를 불태우면서 자신이 그보다 낫다고 생각하지 말라.
  - * 머릿속으로 가해자를 비방하거나 악마화하지 말라. 오히려 상대와 똑같이 당신에게도 인간 보편의 죄성이 있음을 인식하라.
  - * 가해자가 실패하고 고통당하기를 기원하지 말라. 오히려 긍정적으로 그의 성장을 위해 기도하라.

그래서 용서는 느껴지기 이전에 베푸는 것이다. 용서란 당신에게 베푸신 하나님의 은혜를 상기하면서 앞의 세 가지를 하지 않겠다는 약속이고, 가해자를 위해 기도하겠다는 약속이다. 죗값을 당신이 부담해야 하므로 용서가 심히 어렵고 고통스럽기는 하지만, 용서하면 당신의 성품이 깊어지고, 상대에게 거리낌 없이 말하며 도울 수 있고, 원한 대신 사랑과 평안을 얻는다.

이렇게 죗값을 부담할 때 당신은 주님의 발자취를 따르는 것이다(골

3:13; 마 18:21-35). 오늘날 비기독교인들은 흔히 십자가를 "이해할 수 없다"라고 말한다. "왜 예수가 죽어야 했는가? 왜 하나님은 그냥 우리를 용서하지 못하는가?" 하지만 깊은 피해를 입고 그냥 용서하는 사람은 아무도 없다! 누가 당신에게 해를 끼쳤으면 대응 방법은 두 가지뿐이다. ① 상대를 고생시키든지, 아니면 ② 복수하지 않고 용서해서 당신이 대신 고생해야 한다. 우리도 고생 없이는 용서할 수 없는데, 하물며 하나님은 우리를 용서하시기 위해 얼마나 더 고생하셔야 하겠는가? 죄의 책임과 빚과 불의가 우리 영혼에도 느껴지는데, 그분은 얼마나 더 잘 아시겠는가? 십자가에서 하나님은 우리를 용서하신다. 그분이 고난을 당하셔야만 용서가 가능하다. 십자가에서 죄의 형벌을 당하신 그 고난을 통해 그분은 자신의 정의를 충족시키셨다. 고난과 못과 가시와 땀과 피가 없으면 용서도 없다. 절대로 불가능하다.

2. 용서하려면 우리에게 무엇이 필요한가

복음을 경험하면 용서하는 삶에 필요한 두 가지 전제 조건이 갖춰진다.

정서적 가난 또는 겸손。 다른 사람을 향한 원한은 "나라면 절대로 저렇게 하지 않을 거야!"라는 우월감 속에서만 지속될 수 있다. 용서할 마음이 없다는 것은 자신의 죄성을 아직 사실로 받아들이지 않았다는 증거다. "죄인 중에 내가 괴수니라"라는 바울의 말은 과장이 아니라, 자신도 최악의 흉악범들만큼이나 심각한 죄를 저지를 수 있다는 뜻이다. 끝내 용서하지 않겠다는 것은 용서가 자신에게도 필요함을 끝내 모른다는 뜻이다.

정서적 부요 또는 확신。 마음이 너무 빈곤하고 정서가 불안한 사람은 다른 사람에게 너그러울 수 없다. 하나님의 사랑과 용서를 아는 사람은 웬만해서 다른 사람에게 큰 상처를 입지 않는다. 아무도 당신의 참된 정체성과 보화와 자존감을 건드릴 수 없다. 자신이 하나님께 용서받은 것을 기뻐할수록 더 빨리 다른 사람들을 용서하게 된다.

예수님은 "너희가 사람의 잘못을 용서하지 아니하면 너희 아버지께서도 너희 잘못을 용서하지 아니하시리라"(마 6:15)라고 말씀하셨다. 이는 나의 용서로 하나님의 용서를 얻어 낼 수 있다는 뜻이 아니라, 그분의 용서를 우리가 제 발로 걷어찰 수 있다는 뜻이다. 하나님께 진심으로 회개하는 사람은 다른 사람을 용서하지 않을 수 없다. 남을 용서하지 않는 것은 하나님께 회개하지 않아서 발생하는 직접적인 결과다. 알다시피 구원받으려면 반드시 회개해야 한다(행 2:38).

3. 하나님의 용서와 우리의 용서

하나님은 모세에게 자신의 영광을 계시하실 때 "죄를 용서하리라 그러나 벌을 면제하지는 아니하고"(출 34:7)라고 말씀하셨다. 지극히 정의로우신 하나님이 어떻게 용서하실 수 있는지는 예수님이 오셔서야 밝혀졌다. 바로 그분의 속죄를 통해서다(요일 1:7-9). 십자가에서 하나님은 정의와 사랑을 둘 다 충족시키셨다. 그분이 온전한 정의로 죄를 심판하려 하셨기에 예수님이 죽으셔야 했지만, 그분이 넘치는 사랑으로 우리를 구원하려 하셨기에 예수님은 기꺼이 죽으셨다.

우리도 용서하라는 명령을 받았다. "누가 누구에게 불만이 있거든 서로 용납하여 피차 용서하되"(골 3:13). 이 명령의 근거는 예수님이 우리 죄를 사하셨다는 데 있다. "서로 친절하게 하며 불쌍히 여기며 서로 용서하기를 하나님이 그리스도 안에서 너희를 용서하심과 같이 하라"(엡 4:32).

그런데 용서할 때 우리는 하나님의 용서처럼 정의도 존중해야 한다. "만일 네 형제가 죄를 범하거든 경고하고 회개하거든 용서하라"(눅 17:3). 하나님이 정의를 존중하는 방식으로 우리를 용서하셨듯이 우리도 정의를 존중하는 방식으로 용서해야 한다. 그리스도인은 "원한을 버리고 참으면서, 가해자가 회개하지 않을 때조차 용서의 자세를 취하도록 부름받았다. 그렇다고 죄의 끔찍한 해악을 대충 얼버무려서는 안 된다. 하나님 중심의 열정으로 정의를 추구하고 그분의 영광을 중시해야 한다."[1]

그래서 복음의 부르심대로 우리는 늘 대등한 비중으로 ① 진실을 말해 의를 존중하면서도 ② 끝없이 용서해야 하며, ③ 화해해 따뜻한 관계를 이루려는 목표를 결코 포기해서는 안 된다.

첫째, 하나님은 가해자가 회개하고 용서를 구하지 않더라도 우리에게 그를 용서할 것을 명하신다. "서서 기도할 때에 아무에게나 혐의가 있거든 용서하라" 하신 마가복음 11장 25절에는 "회개하거든 용서하라"라는 단서가 없다. 그냥 "기도하다가 즉석에서 용서하라"라는 뜻이다.

둘째, 하나님은 우리에게 진실을 말할 것을 명하신다. 그래서 누가복음 17장 3-4절에 예수님은 제자들에게 가해자를 "책망하고〔NIV〕 회개하거든 용서하라"라고 말씀하셨다. 많은 독자들이 이 말씀을 상대가 회개하지 않으면 우리가 원한을 품어도 된다는 뜻으로 잘못 해석하지만, 누가복음 17장 말씀을 마가복음 11장 말씀과 모순되게 해석해서는 안 된다. 예수님은 우리를 내적 용서로 부르시면서 또한 책망해 고쳐 주도록 부르신다. 우리는 복수하거나 앙갚음할 권리를 완전히 내려놓아야 하지만, 동시에 결코 불의를 간과하지 말고 중한 죄를 바로잡아야 한다.

- 평소에 우리는 거의 정반대로 한다. 대개 겉으로는 정의를 추구하지 않으면서, 즉 상대의 잘못을 지적하거나 변화와 회복을 촉구하지 않으면서 속으로는 계속 미움과 원한을 품는다. 성경이 우리에게 명하는 것은 완전히 반대다. 속으로는 깊이 용서해서 복수심을 다 버리고, 겉으로는 무슨 일이 있었는지 솔직하게 말해 상대의 잘못을 보여 주라는 것이다.

- 실제로 내적 용서와 외적 지적은 합이 잘 맞는다. 속으로 용서한 상태에서만 상대를 모욕되지 않게, 즉 상대의 감정을 짓밟지 않고 바로잡아 줄 수 있다. 이미 용서한 후에라야 하나님과 정의와 공동체와 상대를 위해서라는 바른 동기로 고쳐 줄 수 있다. 속으로 용서해야만 당신의 말에 가해자의 마음을 조금이라도 변화시킬 수 있는 희망이 실린다. 그렇지 않으면 말에 경멸과 적의가 넘쳐 나서 상대가 듣지 않을 것이다.

- 결국 속으로 용서하고 겉으로 책망해 바로잡아 주는 일은 함께할 수 있다. 양쪽 다 사랑의 행위이기 때문이다. 죄지은 사람이 아무것도 책임지지 않고 무사히 빠져나가게 해 주는 것은 결코 사랑이 아니다. 그것은 계속 그 습관에 지배당할 가해자에게도 사랑이 아니고, 앞으로 피해를 입을 다른 사람들에게도 사랑이 아니며, 슬퍼하시는 하나님께도 사랑이 아니다. 물론 이것은 힘든 일이다. 하나님을 위한 바람직한 분개와 자존심 상했을 때의 독선적 분개가 종이 한 장 차이이기 때문이다. 요컨대 잘못을 지적하지 않는 것은 사랑이 아니라 당신의 이기심일 뿐이다.

셋째, 우리는 진실을 말하되 사랑으로 해야 한다(엡 4:15). 온유하고 겸손하게 정의를 추구해 잘못을 바로잡으면서도, 또한 관계를 유지하거나 회복해야 한다(갈 6:1 이하).

진실과 사랑과 관계, 이 세 가지 사이에는 팽팽한 긴장이 있다! 다른 하나 또는 둘에 대한 관심을 그냥 버리면, 거의 매번 나머지를 훨씬 쉽게 얻을 수 있다.

예를 들어 따뜻한 관계를 유지하려는 마음을 버리면 '진실을 말하기'가 쉽다. 그러나 둘 다를 원한다면 진실을 말하는 방식에 극도로 주의해야 한다.

또 다른 예로 자기 딴에는 상대를 용서했다고 확신하지만 이후에 상대와 거의 상관하고 싶지 않거나 관계를 지속하려 애쓰지 않는다면 이는 당신이 진실을 말하되 참으로 용서하지 않았다는 징후다.

물론 당신은 이 세 가지를 모두 중요하게 여겨 염두에 두지만, 상대는 전혀 그렇지 않을 수도 있다. 이 셋을 잘 융합하는 문화나 성격 유형이 따로 있는 것은 아니다. 사실상 모든 사람이 "내 잘못을 지적한다면 당신은 나를 용서하거나 사랑하는 게 아니다" 또는 "나를 정말 사랑한다면 당신이 나를 책망할 리가 없다"라고 믿는다. 당신이 세 가지를 함께 추구하려 해도 많은 사람들이 순순히 협조하지 않을 것이다.

하나님도 그것을 아시기에 "할 수 있거든 너희로서는 모든 사람과 더불어 화목하라"(롬 12:18)라고 말씀하셨다. 즉 당신의 몫을 다하는 가운데 상대가 허락하는 만큼 좋은 관계로 화목하게 지내라.

화해를
실천하려면

1. 언제 잘못을 지적하고 언제 화해해야 하는가

예수님이 말씀하셨듯이 누가 우리에게 죄를 범했다면 우리가 가해
자에게 가서 말해야 할 수 있다. "만일 네 형제가 죄를 범하거든 경고
하고 회개하거든 용서하라"(눅 17:3). 언제 "경고"해야 할까? 모든 잘못
에 대해 매번 그래야 할까? 베드로전서 4장 8절에 "사랑은 허다한 죄
를 덮느니라"라는 유명한 말씀이 있고, 잠언 10장 12절도 이를 뒷받
침한다. 이는 우리가 과민해서는 안 되며, 부당하거나 무심한 대우를
받을 때마다 사사건건 문제 삼는 것은 잘못이라는 뜻이다. 그러나 마
태복음 18장과 누가복음 17장 같은 본문을 보면 어떤 때는 우리가 적
극적으로 나서서 불만을 제기해야 한다. 언제 그래야 할까?

갈라디아서 6장 1절에 지침이 나와 있다. "사람이 만일 무슨 범죄한 일이 드러나거든(죄에 붙잡혀 있거든, NIV) 신령한 너희는 온유한 심령으로 그러한 자를 바로잡고 너 자신을 살펴보아 너도 시험을 받을까 두려워하라." 바로잡아 줄 때는 두 가지 조건이 있다.

◆ 첫째, 관계를 냉각시키거나 깨뜨릴 만큼 심각한 죄일 때 바로잡아 줘야 한다. 마태복음 18장 15절에 나와 있듯이 책망의 목적은 형제를 '얻는' 것, 즉 관계를 살리는 것이다. 갈라디아서 6장 2절 말씀에도 그것이 암시되어 있다. 즉 잘못을 바로잡아 주는 것도 '짐을 서로 지는' 한 방법이고 상호 의존 관계의 한 표현이다.

◆ 둘째, 내게 지은 죄가 명백히 행동 습성이고 상대가 거기에 심각하게 '빠져 있을' 때 바로잡아 줘야 한다("범죄한 일이 드러나거든 신령한 너희는 …… 바로잡고"- 갈 6:1). 이 은유는 상대가 본인과 다른 사람들에게 해로운 행동 습성에 꼼짝없이 매여 있는 상태를 가리킨다. 이럴 때는 상대를 위해 사랑으로 지적해서 바로잡아 주어야 한다. 중요한 것은 상대의 성장이다.

◆ 이 일을 어떻게 해야 할까? "사람이 만일 무슨 범죄한 일이 드러나거든 신령한 너희는 온유한 심령으로 그러한 자를 바로잡고"(갈 6:1). 이것이 더없이 중요하다. 바로잡아 주는 동기가 상대의 성장이라면, 온유하게 사랑으로 하기 마련이다. 2-3절에 나와 있듯이 이 일은 아주 겸손하게 해야 한다. 바로잡아 줌으로써 우리는 종이 되는 것이다. 부딪치는 것이 두려워서 사랑하는 대상의 잘못을 지적하지 못한다면, 결국 이는 참사랑이 아니라 자신이 사랑받으려는 이기적인 욕망이다. 겁쟁이는 늘 이기적이어서 상대의 필요보다는 자신의 필

요를 앞세운다. "그 사람에게 계속 사랑받고 인정받을 수만 있다면 무엇이든 하리라." 이것은 절대 참사랑이 아니다. 상대를 사랑하는 게 아니라 그에게서 얻는 사랑을 사랑하는 것이다. 참사랑은 기꺼이 잘못을 지적하며, 사랑하는 사람을 도울 기회라면 당분간 그의 사랑을 '잃을' 것까지도 각오한다.

그럼에도 불구하고 바로잡지 말아야 할 때도 분명히 많다. 사과를 받아야 마땅한 상황인데도 '사과를 요구하지' 말아야 할 때도 있다. 강건한 그리스도인일수록 덜 예민하기 때문에 쉽게 상처받지 않는다. 그래서 누가 당신을 공격하거나 냉대하거나 무시하거나 실망시키더라도 금방 그에게 냉담해져서는 안 된다.

성숙한 그리스도인은 즉시 두 가지를 기억한다. 첫째, 나도 다른 사람들에게 똑같이 한 적이 있다. 둘째, 전에 이런 일을 당했을 때 나중에 알고 보니 상대가 마음이 무척 힘든 상태였다. 어떤 잘못이든 그것 때문에 금방 사람들에게 냉담해지고 사과를 받아야만 직성이 풀린다면, 그리스도 안에서 자신의 정서적 겸손과 정서적 부요가 어느 수준인지 점검해 봐야 한다. 사랑은 마땅히 허다한 죄를(즉 대부분의 죄를) 덮어야 한다. 당연히 사과를 받을 일인데 잘못이 경미해서 또는 말할 상황이 아니어서 또는 그것이 심각한 생활 습성이라 확신할 만큼 상대를 잘 알지 못해서 당신이 바로잡아 주지 않았다면, 당신은 그를 따뜻하게 대할 수 있어야 한다.

화해가 필요한 관계인지를 어떻게 알까? 이런 역동이 당신의 마음에 파고들어 관계를 냉각시키는 일곱 가지 징후(또는 단계)가 있다. 뒤로 갈수록 정도가 더 심해진다.

♦ **속으로 눈알을 굴리며 상대에 대해 이렇게 생각한다.**
'바보 같으니라고. 정말 한심한 인간이야.'
그러면서 당신에게 슬픔이나 연민은 없고 경멸과 조소뿐이라면,
관계가 틀어지기 시작한 것이다.
당신의 마음이 교만해지고 완고해지기 시작했다.
당신은 이미 속으로 그를 "라가" 또는 "미련한 놈"이라 부르고 있다.

♦ **상대에게 문제가 생겼다는 말을 듣고 아주 고소해한다.**
그의 불행이 곧 당신의 행복임을 문득 깨닫는다. 비참한 징후다.

♦ **상대의 행동이 대부분 다 거슬린다.**
똑같은 행동을 다른 사람이 하면 당신도 그냥 지나갈 텐데
유독 그 사람이 하면 짜증 나거나 격앙된다.

♦ **관계가 어색하게 느껴진다.**
어색한 이유는 둘 중 한 사람 때문일 수도 있고, 쌍방일 수도 있다.
어색함은 함께 있을 때 불편한 느낌이다.

♦ **상대를 피하기 시작한다.**
뻔히 그가 있을 장소를 피하거나, 같은 장소에 있을 경우
굳이 그와 대면하거나 말을 섞을 일이 없도록 고심한다.

♦ **기회 있을 때마다 상대에 대한 부정적인 정보를 퍼뜨리며 이를 즐긴다.**

◆ 서로 거의 말하지 않고 지낸다.

아주 명백한 불화가 다른 사람들에게도 훤히 보인다.

화해한 관계와 화해하지 않은 관계의 차이를 알라.

◆ 화해하지 않은 관계는 '회피'나 '냉담함'이나 '짜증'이 드러나는 관계다. 똑같은 행동이라도 다른 사람이 하면 이 사람이 할 때만큼 거슬리지 않는다. 당신이 상대를 피하거나 냉대하거나 몹시 짜증스럽게 여긴다면, 또는 상대가 당신을 분명히 그렇게 대한다면 화해하지 않은 관계일 소지가 높다.

◆ 다른 한편으로 "당신을 용서한다"라는 말은 "당신을 신뢰한다"라는 뜻이 아니다. 가해자를 온전히 다시 신뢰할 수 있을 때까지는 화해한 게 아니라고 생각하는 이들이 있는데, 그렇지 않다. 용서는 신뢰를 복구하려는 의지를 뜻하지만, 그 복구는 언제나 과정이다. 관계 회복의 속도와 정도는 신뢰의 재건에 달려 있으며, 가해 행위의 성격과 경중에 따라 시간이 걸린다. 상대가 참으로 달라졌다는 증거를 보여 줄 때까지는 그를 신뢰해서는 안 된다. 상습적으로 죄를 저지르는 사람을 곧바로 다시 신뢰한다면 사실상 그의 죄를 부추기는 것이다. 신뢰는 회복되어야 하지만, 회복되는 속도는 상대의 반응에 달려 있다. 가해자를 이전처럼 신뢰하지 않는다거나 신뢰해서는 안 된다는 이유만으로 당신과 그의 관계에 화해가 이루어지지 않았다는 뜻은 아니다.

◆ 덧붙여 말하자면, 이것은 당신에게 마땅히 사과해야 할 사람의 죄를 당신이

"덮어" 준 경우에도 적용된다. 당신을 실망시켰는데 당신이 굳이 지적하지 않았을 때라도, 상대를 향한 신뢰는 어느 정도 무너진 상태다. 그가 와서 사과한다면 당신의 신뢰와 존중이 이전 수준으로 회복될 것이다. 하지만 사과받기 전일지라도 당신은 여전히 그를 정중하게 대할 수 있다.

2. 어떻게 화해할 것인가

마태복음 5장과 마태복음 18장을 두 가지 상이한 접근으로 볼 수 있다. 5장은 당신 쪽에서 잘못했거나 그랬을 소지가 있을 때 당신의 반응으로, 18장은 상대 쪽에서 잘못했을 때 당신의 반응으로 말이다. 그러나 이 두 본문을 통상적인 화해 과정의 두 단계로 볼 수도 있다. 관계가 망가진 책임이 전적으로 한쪽에만 있는 경우는 드물기 때문이다. 거의 언제나 화해는 양쪽 모두 회개하고 용서할 때 가장 잘 이루어진다. 양쪽 모두 자신의 잘못을 인정하고 상대의 잘못을 지적하는 것이다. 이 두 가지 접근을 종합하면 다음과 같은 실천의 윤곽이 나온다.

◆ **1단계**(마태복음 5장의 단계)**: 당신이 잘못했을 수 있는 일을 모두 자백하라.**

* 자신에게서 시작하라. 당신의 행동이 문제의 5퍼센트에 불과하다고 여겨지
  더라도 그 5퍼센트에서부터 출발하라. 당신의 잘못을 찾아보고 상대의 비
  판을 청하라.

* 당신의 잘못이라고 생각되는 일을 열거한 뒤, 상대에게 (그가 보기에 당신이 잘못했
  거나 관계 악화에 일조한 부분을) 더 추가해 달라고 하라.

  # 예: "내가 대화하자고 한 건 요즘 우리 관계가 삐꺽한 것 같아서다. 우리 사이
  에 문제가 있는 것 같은데, 내가 잘못 본 건가?" 또는 "내 생각에 이러저러한
  내 행동이 문제를 어그러뜨렸다. 당신에게 잘못했고, 우리 관계에 문제를 일
  으켰다는 뜻이다. 당신이 보기에 이것 말고 또 내가 잘못했거나 우리 관계에
  문제를 일으킨 건 더 없는가?"

  # 문제가 무엇인지 통 모르겠을 때는 자청해서 듣기만 해야 할 수도 있다. 예:
  "내가 보기에 우리 사이에 문제가 있고 내가 당신에게 뭔가 잘못한 것 같은
  데, 내 생각이 맞는가? 내가 당신에게 어떻게 잘못했는지 구체적으로 말해
  달라. 정말 들을 준비가 되어 있다. 진심이다."

  # 이제 자청한 비판을 경청하라. 당신에 대한 비판을 구체적이고 명확하게 정
  리하라. 다 듣고 나서(너무 성급하면 방어 자세로 보일 수 있다) 구체적인 사례를 최대한
  많이 요청하라. 상대가 "당신은 나를 괴롭히고 있다"라고 말할 경우, 실제로
  당신의 어떤 말이나 행동이나 어조가 그에게 '괴롭힘'으로 느껴지는지 알아
  내야 한다.

◆ **2단계**(마태복음 18장의 단계)**: 이제** (필요하다면) **상대 쪽에서 당신에게 잘못한 부분을 언급하라.**

* 1단계를 다 했다면, 굳이 당신이 요구하거나 이끌어 내지 않아도 상대의 자백이 뒤따라 나올 때가 아주 많다. 그것이야말로 화해를 이루는 단연 최고의 방법이다!

* 상대가 선뜻 나서지 않거든 이렇게 시작하라.

"내가 보는 관점에서는 이렇다.

    \# 당신이 이렇게 했다: _____ .

    \# 그게 나한테 이런 영향을 미쳤다: _____ .

    \# 대신 당신이 이렇게 한다면 관련된 모든 사람에게 훨씬 좋을 것이다:

    _____ .

    \# 내가 제대로 본 것인지 아니면 잘못 안 것인지 당신에게 묻고 싶다. 틀렸다면 지적해 달라. 어떻게 된 일인지 설명해 주겠는가?" 상대가 한 일을 열거할 때는 두루뭉술하게 하지 말고 반드시 구체적으로 말하라.

* 상대가 사과하거든 용서하라. 다만 상대가 "용서"를 구하지 않는 한 그 단어는 쓰지 말고, 대신 "이 일을 속에 담아 두지 않겠다", "지난 일이니 이제 잊어버리자", "더는 마음에 두지 마라"와 같이 말하라. "당신을 용서한다"라는 말은 자칫 모욕감을 줄 수 있다.

* 이 단계의 일반 지침

    \# 사랑이 담긴 겸손한 어조로 말하라. 말투가 매우 중요하다. 과도하게 정제한 듯한 고상하고 차분한 말투는 오히려 고자세로 비쳐져서 광분할 때만큼이나 상대를 격앙시킬 수 있다. 아첨과 달콤한 아양에 의지하지 말고, 폭언이나 성난 말투를 일삼지 말라.

사람을 공격하지 말고 문제에 초점을 맞추라. 예: "당신은 정말 생각이 없는 사람이다"가 아니라 "당신이 잊지 않겠다고 여러 번 약속했는데 이것을 잊었다"라고 말하라.

대안과 해법으로 다른 방책이나 행동을 제안하라. 모든 비판은 반드시 구체적이고 건설적이어야 한다. "이렇게 하지 말라"라고 말하려거든 "대신 이렇게 하라"라는 말도 꼭 해 주라.

상대가 채우려는 배후 목표나 필요가 대화 중에 보일 수 있다. 그런데 그것을 채울 더 건설적인 방법이 있을 수 있다.

문화 차이를 염두에 두라. 당신이 생각하는 배려가 다른 문화에서는 오히려 큰 결례와 모욕으로 보일 수 있다.

다음은 화해 시 체크리스트다.

◆ 속으로 하나님께 기도하라. 당신에게 지혜를 주시고 당신을 향한 그분의 사랑을 느끼게 해 달라고 기도하라.

◆ 이 모든 과정에서 하나님이 당신에게 말씀하고 계심과 당신이 더 조심하거나 달라져야 할 부분을 보여 주고 계심을 기억하라.

◆ 흠이 있는 사람을 통해서도 하나님이 당신에게 말씀하심을 기억하라.

◆ 방어 자세를 삼가라. 당신에게 정당한 답변이 있거나 상대의 오해임을 보여 줄 수 있더라도 너무 성급하게 해명하지 말라. 상대가 좌절감을 표현하지 못하게 막거나 중간에 상대 말을 끊어서는 안 된다. 당신이 오해받고 있더라도

일단 상대의 말에 공감을 표하라.

◆ 늘 상대에게 이렇게 물어보라. "그것 말고 또 있는가? 알고 싶다!" 스트레스를
받는 상황에서는 누구라도 자신의 불만이나 고충을 감추어 두기 쉽다. 다 털
어놓게 해 주라. 그렇지 않으면 이 일을 되풀이하게 된다!

◆ 안심하고 당신을 비판하게 해 주라. "그것 때문에 정말 힘들었겠다. 당신의 고
충을 알 것 같다"라는 말로 비판마다 일일이 지지해 주라.

◆ 비판 이면에 있을 수 있는 상대의 필요를 보라. 당신의 관심을 거기에 두어야
할 수 있다.

◆ 이제 회개와 자백으로 비판에 반응하라.

　　* "＿＿＿＿＿에 대해 나를 용서해 달라"(당신의 죄를 자백하고 회개한다).

　　　　# 변명하거나 환경을 탓하지 말고 죄를 인정하라. 상대의 말에 과장된 부분이 있
　　　　더라도, 그중 당신이 진짜 잘못한 점을 가려내 인정하라. 당신의 그 잘못이 문
　　　　제의 10퍼센트에 불과해도 인정하라. 당신의 행동을 고칠 계획도 제시하라.

　　　　# '사과'만 하지 말고 용서를 구하라.

　　　　# 내용이 생각나거든 "달라지기 위해 이렇게 하겠다. 그래서 앞으로는 이런 일
　　　　이 없게 하겠다"라고 말하라. 신뢰를 회복하기 위해 당신이 할 수 있는 일이
　　　　있는지 상대에게 물어보라. 정말 그 어떤 비판도 전혀 정당해 보이지 않거든,
　　　　그 비판에 대해 다른 사람들에게 확인해 본 뒤 나중에 다시 대화해도 되겠는
　　　　지 물어보라.

　　* 진정한 회개에는 세 가지 측면이 있다.

　　　　# 하나님께 회개한다.

　　　　# 피해자에게 회개한다.

　　　　# 변화 계획을 구체적으로 제시해 앞으로는 그 죄를 삼간다(눅 3:7-14).

◆ **삼가야 할 것**

* "그런 짓을 한 나는 정말 죽을 맛이다!"와 같은 과장된 표현을 삼가라. 고통스러운 카타르시스를 얻기 위한 잘못된 자백도 있다. 죄책감을 덜기 위한 경우(이때는 자백이 일종의 속죄나 벌이다), 상대의 동정을 얻어 내는 방편인 경우다.

* 반대로 무표정하거나 태평하거나 심지어 경박해서는 안 된다. 자백은 자칫 자존심을 지키고 형식적으로만 의무를 다하는 수단이 될 수 있다. 진정한 참회나 뉘우치는 감정은 아예 보이지 않고, 상대에게 압력을 가해 곤경만 면하려는 것이다.

* 무엇보다 자백을 빙자한 공격은 금물이다. "당신의 기분을 상하게 했다면 미안하다"가 그 부류에 속한다. 이 말은 "당신이 무던한 사람이라면 그만한 일로 기분이 상하지 않았을 것이다"라는 뜻이다. 하나님께 회개할 생각도 없고 변화하기 위한 구체적 노력도 취하지 않을 거라면, 사람에게도 회개하지 말라.

* "_____에 대해서는 내 설명을 받아들여 달라."

    # "내가 보기에는 이렇다. 내 동기나 의도가 당신의 추론과는 사뭇 달랐음을 살펴 주겠는가?"

    # "내 관점을 이해해 주겠는가? 내가 이것을 아주 다르게 인식했을 수 있고, 내 동기가 지금 말하는 그대로였음을 받아들여 주겠는가?"

    # "이 사안을 보는 우리의 관점이 크게 다르니 앞으로 어떻게 하면 이런 식으로 다시 상처를 주고받지 않을 수 있을까?"

상대가 당신과 화해하려 하지 않을 때의 대응법을 알라.

◆ **상대가 그리스도인이 아닐 때**
* 그리스도인은 그리스도인끼리만이 아니라 "모든 사람"과 더불어 화평과 화해에 힘쓰라는 명령을 받았다(히 12:14; 롬 12:18). 하지만 비기독교인은 관계마다 화해하며 살아야 한다는 책임감이 없을 수 있다.
* 그럴 때는 '현실을 그대로 받아들여야' 한다. 당신을 계속 경원시하는 이들을 늘 열린 마음으로 너그럽고 친절하고 정중하게 대할 수 있는 묘안이 로마서 12장 18절 이하 말씀에 많이 나와 있다.

◆ **상대가 같은 교회 교인일 때**
마태복음 18장에 보면 당신 쪽에서 거듭 신중하게 노력했는데도 상대가 화해하려 하지 않을 때는 다음 단계로 넘어갈 수 있다. 다른 그리스도인들(상대가 존중하는 사람이면 더 좋다)을 데리고 가서 화해를 시도하는 것이다. 그래도 소용없거든 마지막 단계로 '교회에 말해서' 장로들이 그를 상대해야 한다. 이 내용은 앞에서 이미 충분히 살펴보았다.

◆ **상대가 다른 교회 교인일 때**
당신이 화해하려는 사람이 다른 지역이나 다른 교회의 그리스도인일 때도 최대한 마태복음 18장 15절 이하의 지침에 따라야 한다. 하지만 같은 교회 교인이 아니므로 마지막 단계인 '교회에 말하기'는 불가능할 수 있다. 이럴 때도 '현실을 그대로 받아들이고', 화해하려 하지 않는 사람을 최대한 정중하고 너그럽게 대해야 한다.

◆ 전반적 권고

 * 상대의 사과나 회개가 부족해 보여도 그대로 받아들이라. 상대에게 그의 솔직한 심정 이상을 인정하도록 강요하지 말라. 상대의 회개가 얼추 당신이 기대한 만큼 충분하다면, 그때는 관계가 이전과 거의 같아질 수 있다. 상대가 중간까지만 갔다면, 상대의 지혜와 자아 인식을 아직 당신이 온전히 신뢰할 수는 없으므로 관계는 약한 상태일 수밖에 없다. 그래도 진전은 진전이다.

 * 상대가 어떤 잘못도 인정하지 않고 계속 거만하다면 대부분 용서하기가 더 힘들다. 그때는 내적 용서의 과정이 더 길어질 수 있다. 기독교 신앙이 주는 영적 자원을 모두 활용하라.

   # 용서하라는 하나님의 명령을 보라. 용서는 우리의 의무다.

   # 우리를 용서하신 하나님을 기억하라. 우리는 원한을 품을 권리가 없다.

   # 공정한 재판관이 되려면 하나님처럼 모든 것을 다 알 수 있어야 함을 기억하라. 우리는 지식이 부족해서 상대에게 무엇이 합당한지를 모른다.

   # 악에 놀아나서 원한의 굴레에 갇히면 악에게 지는 것임을 잊지 말라. 로마서 12장은 우리에게 용서로 악을 "이기라", 즉 정복하라고 말한다.

   # 용서하지 않으면 세상이 보는 앞에서 복음의 영광을 가리는 것임을 기억하라.

3. 제삼자의 입장일 때

교회에서 두 사람이 대립하면 분쟁에 직접 관련되지 않은 주변 그리스도인들의 마음과 삶도 큰 혼란에 빠질 수 있다.

최악의 사태(그러면서도 흔한 일)는 우리가 판단을 보류하고 기도하는 가운데 양측에 화해를 권하기는커녕 지극히 세상적인 방식으로 편을 갈라 함께 싸우는 것이다.

당신은 더 친분이 있는 쪽에 공감하지 않기가 어렵고, 그 사람은 당신에게 상처를 '털어놓으면서' 분쟁 상대를 비방하지 않기가 어렵다.

그 결과 2차나 3차 관계 불화가 발생할 수 있다. 즉 두 사람이 서로 소원해지면 그 둘의 친구들끼리도 서로 소원해진다! 이 경우의 문제점은 자명하다. 이런 불화는 직접 치유할 방도가 없다는 것이다. 서로의 친구끼리 화나 있다는 이유로 누군가가 당신을 피한다면, 이때는 당신이 자백하거나 회개할 죄가 없다. 이 상황은 영적인 독소와도 같다.

여기서의 문제는 당신이 죄를 지었거나 다른 사람이 당신에게 죄를 지은 것이 아니라, 당신이 다른 그리스도인에 대한 나쁜 소문을 듣고 그대로 받아들여 불신과 적대감을 키웠다는 것이다.

이럴 때는 어떻게 해야 할까?

첫째, 나쁜 소문을 퍼뜨리는 것에 대해 야고보가 뭐라고 말하는지 보라.

◆ 야고보서 4장 10-11절은 "주 앞에서 낮추라 …… 형제들아 서로 비방하지 말라"라고 말한다. '비방하다'로 번역된 동사(헬라어 '카타랄레인')는 단순히 '대적해서 말하다'라는 뜻이다. 그러니까 듣는 사람의 존중과 사랑을 허물려고 상대를 '대적하는 소문'이다("북풍이 비를 일으킴같이 참소하는 혀는 사람의 얼굴에 분을 일으키느니라" - 잠 25:23). 교만과 연계되어 있는 것으로 보아(약 4:10) 비방은 다른 사람의 과오에 대한 겸손한 평가가 아니다. 남의 결점을 평가할 때는 늘 겸손해야 하건만, 비방하는 사람은 마치 자기는 결코 똑같이 하지 않을 것처럼 말한다. 비방을 배제한 평가는 온유하고 신중하며, 비판 대상의 인간적 약점과 죄성이 자신에게도 있음을 잘 인식하고 있다는 것을 늘 보여 준다. 자신의 죄에 대한 깊은 자각이 늘 드러나며, 결코 '대적해서 말하지' 않는다.

◆ 야고보서 5장 9절에는 "서로 원망하지 말라"(직역하면, 투덜거리며 눈알을 굴리지 말라)라는 말씀이 나온다. 날카로운 비방이나 공격만큼 구체적이지는 않지만, 이것도 대적하는 말의 일종이다. 말 대신 몸짓 언어로 귀띔하는 것이다. 고개를 내두르고 눈알을 굴려, 상대를 사랑하고 존중하는 마음을 더한층 무너뜨린다는 뜻이다("그 사람 하는 짓이 늘 그렇잖아"). 이런 원망은 비방과 똑같은 결과를 낳는다. 얼굴에 분을 일으키고 사랑과 존중을 허문다.

둘째, 나쁜 소문을 받는 방식에 대해 잠언이 뭐라고 말하는지 살펴보라.

- ◆ 잠언 17장 9절은 "허물을 덮어 주는 자는 사랑을 구하는 자요 그것을 거듭 말하는 자는 친한 벗을 이간하는 자니라"라고 했다. 남의 나쁜 면을 듣거나 봤을 때 맨 처음 할 일은 사람들에게 알리는 게 아니라 힘써 허물을 덮어 주는 것이다. 나쁜 소문을 '그대로 받아들이지' 말고, 이것 때문에 상대를 사랑하고 존중하는 마음을 잃지 않도록 힘써야 한다. 어떻게 그럴 수 있을까?
  - * 첫째, 자신의 죄성을 기억한다. "사람의 행위가 자기 보기에는 모두 깨끗하여도 여호와는 심령을 감찰하시느니라"(잠 16:2). 당신의 시각이 정확하지 못할 수 있음을 알라. 당신의 동기는 절대 생각만큼 순수하지 못하다.
  - * 둘째, 늘 다른 관점이 있음을 기억한다. "송사에서는 먼저 온 사람의 말이 바른 것 같으나 그의 상대자가 와서 밝히느니라"(잠 18:17). 당신은 모든 사실을 알 수도 없고, 전체를 다 볼 수도 없다. 그러므로 처음에 소문을 듣거든 당신의 정보가 턱없이 부족하므로 결론을 내릴 수 없다고 생각해야 한다.
  - * 요약: 다른 사람에 대한 부정적인 소문을 들었을 때는 그것을 그대로 받아들이지 말거나 아니면 당사자에게 직접 가거나 둘 중 하나를 해야 한다. 그래야 상대를 존중하는 마음을 영영 잃지 않을 수 있다.

불의가 너무 크거나 중해서 그냥 넘어갈 수 없다고 생각될 때는 어떻게 해야 할까? 데렉 키드너가 잠언 25장 7-10절을 풀이하면서 썼듯이, 누군가가 잘못을 범한 것 같을 때 우리는 '자신이 좀처럼 내막을 다 알지 못한다는 것(8절)과 이야기를 퍼뜨리는 동기가 자신이 순수한 척을 하는 만큼 순수하지는 못하다는 것(10절)'을 기억해야 한다. "법에 호소하거나 소문부터 내는 것은 대개 개인적인 관계의 의무를 회피하는 처사다. 마태복음 18장 15절 뒷부분에 기록된 예수님의 결정적인 말씀을 보라."¹ 요컨대 문제가 너무 커서 상대를 존중하는 마음을 잃을 것만 같을 때는 다른 누구에게 가기 전에 당사자에게 직접 가야 한다.

- ◆ 언제 가야 할까? 갈라디아서 6장 1-2절에 따르면, 상대가 죄에 '붙잡혀 있거든'(NIV) 그때 가야 한다. 뭔가 습성이 보여야 한다는 뜻이다. 상대의 잘못을 처음 보거나 듣고서 바로 가는 것은 금물이다. 앞서 말했듯이 늘 다른 관점이 있는 데다, 분개했을 때 우리의 동기는 절대로 마냥 순수하지도 않다. 상대에게 가야 할 때는 갈라디아서 6장 말씀대로 우리가 보기에 그가 잘못된 행동 습성에 '붙잡혀 있을' 때다.
- ◆ 어떻게 가야 할까? 갈라디아서 6장에는 겸손하고 온유한 심령으로 바로잡아야 한다고 했고, 마태복음 18장에서 예수님은 끈질기게 해야 한다고 말씀하신다. 당신의 말을 듣지 않거든 상대가 들을 만한 사람을 데리고 가라. 마태복음 5장 23절 이하와 18장 15절 이하 말씀의 핵심을 합하면 서로 깨진 관계를 복구하라는 것이다.

요약하자면 신구약을 막론하고 성경의 원리는 이것이다. 다른 그리스도인에 대한 나쁜 소문을 들었다면 사랑으로 덮든지 아니면 다른 누구에게 말하기 전에 당사자에게 직접 가야 한다. 첫째로 할 일은 일단 판단을 유보하는 것이고, 둘째로 할 일은 사랑으로 덮는 것이며, 마지막으로 할 일은 당사자에게 직접 가서 말하는 것이다. 절대로 해서는 안 될 일은 상대를 기피하는 것과 부정적인 소문을 다른 사람들에게 퍼뜨리는 것이다.

요약

하나님의 용서를 받을 때。

◆ 용서를 처음 받는 사람
  * 자신에게 용서가 필요하다는 사실과 용서에는 대가가 따름을 인식한다.
  * 진정으로 회개한다.
  * 용서를 구원의 일부로 이해하고 경험한다.
◆ 그분의 용서 안에 있는 사람
  * 자신의 죄와 하나님께 받은 선물을 모두 깊이 성찰한다.
  * 죄와 그 죄 배후의 죄, 위험성과 죄책감을 자백하고 회개한다.
  * 용서를 구원의 일부로 다시 경험한다. 희생제물이신 예수님, 대언자이신 예수님, 온 세상의 소망이신 예수님을 다시 경험한다.

사람에게 용서를 베풀고 사람의 용서를 받을 때。

- ◆ **언제나 당신 쪽에서 먼저 시작한다.**
- ◆ **내적 용서**
  - ∗ 하나님의 용서가 가져다주는 영적 가난(자신을 가해자와 동일한 죄인으로 여기는 것)과 영적 부요(그리스도 안의 정체성)를 자원으로 활용한다.
  - ∗ 용서는 느껴지기 이전에 베푸는 것이다. 용서는 가해자와 다른 사람들과 자신에게 그 일을 다시 거론하지 않겠다는 약속이다. 화해를 제의할 때만은 예외다.
- ◆ **외적 화해**
  - ∗ 진실을 말한다. 잘못을 명확하게 드러내고 모든 정의를 시행한다.
  - ∗ 마땅히 회개해야 할 것을 다 회개한다. 복수심을 버렸음을 알리고 용서를 베푼다.
  - ∗ 용서로 그치지 않고 선으로 악을 이긴다.
  - ∗ 신뢰 관계를 재건하는 데 마음을 연다.

주

들어가며

1. "A Life in Quotes: bell hooks," *The Guardian*, 2021년 12월 15일, www.theguardian.com/books/2021/dec/15/bell-hooks-best-quotes-feminism-race.

2. Desmond Tutu, *No Future without Forgiveness* (New York: Doubleday, 1999). 데즈먼드 음필로 투투, 《용서 없이 미래 없다》(사자와어린양 역간). 이런 접근법을 "회복적 정의"라 칭하기도 한다. 그 표제 아래 많은 훌륭한 일이 시행되고 있지만, 회복적 정의에 대한 정의와 실천은 다양하다. 알래스데어 맥킨타이어의 말을 풀어 쓰자면 문제는 "어떤 회복적 정의인가?"가 된다. 이 책은 용서의 모든 차원을 성경적으로 탐색하기 위한 것이다. 따라서 회복적 정의를 둘러싼 복잡한 법적·정치적·철학적 쟁점을 해결하려 하거나 내 버전의 회복적 정의를 제시하지는 않을 것이다.

3. Timothy Keller (@timkellernyc), "Many argue 'forgiveness culture' helps abusers escape accountability. Desmond Tutu argued that without forgiveness abusers hold us in thrall," Twitter, 2021년 12월 28일, 11:39 p.m., https://mobile.twitter.com/timkellernyc/status/1476095414310998016.

4. Michael Eric Dyson, "Where Is the Forgiveness and Grace in Cancel Culture?," *The New York Times*, 2021년 12월 28일, www.nytimes.com/2021/12/28/opinion/

desmond-tutu-america-justice.html?referringSource=articleShare.

5. Elizabeth Bruenig (@ebruenig), "There's just something unsustainable about an environment that demands constant atonement, but actively disdains the very idea of forgiveness," Twitter, 2020년 6월 18일, 시간 미상(이 게시물은 그 뒤 삭제되었다).

6. Mark Tooley, "Elizabeth Bruenig on Atonement and Forgiveness," *Juicy Ecumenism*(블로그), 2020년 7월 13일, https://juicyecumenism.com/2020/07/13/elizabeth-bruenig-interview.

7. Oscar Blayton, "Ain't Your Grandparents' Civil Rights Movement," *The Philadelphia Tribune*, 2014년 10월 22일, https://www.phillytrib.com/commentary/ain-t-your-grandparents-civil-rights-movement/article_35df1b39-99f1-53bd-905d-472be169a61d.html.

8. Nathan Hersh, "Whoopi Goldberg Apologized. Punishing Her Further Is Un-Jewish," *The New York Times*, 2022년 2월 9일, https://www.nytimes.com/2022/02/09/opinion/whoopi-goldberg-the-view-apology.html.

9. Stacey Patton, "Black America Should Stop Forgiving White Racists," *The Washington Post*, 2015년 6월 22일.

10. Kevin Powell, "The Insanity of White Justice and Black Forgiveness: Reducing Another Tragic Loss of Black Life to a Hallmark Card Is Not Justice," *Progressive Magazine*, 2019년 10월 4일, https://progressive.org/latest/insanity-of-white-justice-black-forgiveness-powell-191004.

11. Preston Mitchum (@PrestonMitchum), "Black people are historically forced to show empathy to colonizers and made to feel bad when we don't," Twitter, 2019년 10월 2일, 7:58 p.m., https://twitter.com/PrestonMitchum/status/1179591492157034497.

12. Barbara Reynolds, "I Was a Civil Rights Activist in the 60s, but It Is Hard for Me to Get behind Black Lives Matter," *The Washington Post*, 2015년 8월 24일.

13. Sabine Birdsong, "To Hell with Forgiveness Culture," *Medium*(블로그), 2018년 6월 5일, https://medium.com/@vvitchplease/to-hell-with-forgiveness-culture-bf805648b43a.

14. Sabine Birdsong, "On Forgiveness, Repentance, and Necessary Mercy," *Medium* (blog), 2018년 9월 24일, https://medium.com/@vvitchplease/on-forgiveness-repentance-and-necessary-mercy-4ec6bf1826ff.

15. Johann Christoph Arnold, *Why Forgive?* (Walden, NY: Plough, 2010), 178-180. 요한 크리스토프 아놀드, 《왜 용서해야 하는가》(포이에마 역간). 이 부흥을 한 권 분량으로 소개한 책으로는 다음을 참조하라. Friedrich Zuendel, *The Awakening: One Man's Battle with Darkness* (Walden, NY: Plough, 2000). 프리드리히 쿈델, 《영적 각성》(서로사랑 역간).

1. 가고 싶지 않은, 그러나 가야 할 길

1. 탈무드의 이 대목을 www.sefaria.org/Yoma.86b?lang=bi에서 볼 수 있다.

2. R. T. France, *The Gospel of Matthew* (Grand Rapids, MI: Wm. B. Eerdmans, 2007), 705. R. T. 프랜스, 《NICNT 마태복음》(부흥과개혁사 역간).

3. Craig L. Blomberg, *Matthew* (Nashville: Broadman Press, 1992), 283. 크레이그 L. 블롬버그, 《마태 · 마가복음》(기독교문서선교회 역간).

4. John R. W. Stott, "The Problem of Forgiveness," *The Cross of Christ* (Downers Grove, IL: InterVarsity Press, 1986), 87-110. 존 스토트, 《그리스도의 십자가》(IVP 역간).

5. 성경의 기본 가르침은 하나님이 우리를 자비롭게 용서하셨듯이 우리도 다른 사람을 자비롭게 용서해야 한다는 것이지만, 그럼에도 양쪽은 차이가 있다. 예컨대 우리가 타인을 불쌍히 여기는 방식은 하나님이 우리를 불쌍히 여기시는 방식과는 다르다. 우리는 불쌍히 여길 때 가해자의 약점과 죄성이 내게도 똑같이 있음을 인정하지만, 온전하신 하나님이 우리를 불쌍히 여기실 때는 당연히 그렇지 않다.

6. 다음 책을 참조하라. Ashraf H. A. Rushdy, *After Injury: A Historical Anatomy of Forgiveness, Resentment, and Apology* (Oxford: Oxford University Press, 2018), 31-32.

7. William Cowper, "Love Constraining to Obedience," *The New Oxford Book of Christian Verse*, Davie Donald 편집 (Oxford: Oxford University Press, 1981), 195-196.

8. C. S. Lewis, *Mere Christianity* (New York: Macmillan, 1952), 167. C. S. 루이스, 《순전한 기독교》(홍성사 역간).

9. 마태복음 18장의 비유에서 왕은 종에게 용서를 베풀었다가 다시 거둔다. "너희가 …… 용서하지 아니하면 나의 하늘 아버지께서도 너희에게 이와 같이 하시리라"라는 예수님의 결론은 하나님께 용서받고 구원받은 사람도 남을 용서하지 않으면 구원을 철회당할 수 있다는 뜻으로 해석될 소지가 있다. 그러나 예수님과 성경 전체의 가르침에 비추어 볼 때 그것은 이 비유의 은유를 '자기 입맛대로 해석'하려는 시도다. 성경학자 R. T. 프랜스는 이 본문에 대해 이렇게 썼다. "그래서 용서하지 않는 것은 용서받지 못할 죄인가? 하지만 12장 31-32절에 밝혀져 있듯이 용서받지 못할 죄는 하나뿐이며, 그게 남을 용서하지 않는 것은 아니다. 따라서 예수님의 전체 가르침에 맞춰 이 본문의 절대적 어법을 다소 유연하게 해석해야 할 수 있다. …… 하지만 그런 참작이 조직 신학을 편찬하는 데는 적절할지 몰라도, 그것 때문에 이 심각한 비유와 이를 통해 예증되는 6장 14-15절 말씀의 취지가 흐려져서는 안 된다. 용서할 마음이 없는 이들은 용서받기를 기대해서는 안 된다." R. T. France, *The Gospel of Matthew* (Grand Rapids, MI: Eerdmans, 2007), 708. R. T. 프랜스, 《NICNT 마태복음》(부흥과개혁사 역간).

   크레이그 L. 블롬버그도 비슷하게 주장한다. "이 비유의 부차적 세부 사항을 무리하게 풀어서는 안 된다. 34절은 연옥의 교리를 말하는 게 아니다. 설령 감옥과 고문(NIV-옮긴이)과 갚음을 우화적으로 해석한다 해도 거기서 나오는 그림은 지옥이지 연옥이 아니다. 이 종이 결코 빚을 갚거나 탈주할 수 없음이 거의 확실하기 때문이다. 게다가 왕의 용서 철회가 영적으로 하나님께 확실히 대입되는지도 명백하지 않다. 예수님의 가르침은 참된 제자라면 누구도 이 종처럼 행동할 수 없다는 것일 수 있다. 그런 사람이 있다면 이는 그가 참으로 용서받지 않았다는 증거다. 또는 그분이 이런 뜻으로 말씀하셨을 수도 있다. 하나님은 누구에게나 용서를 베푸시지만, 그분의 사면을 진정으로 받아들였다는 증거는 다른 사람을 용서하는 삶을 통해 하나님의 용서를 자신의 것으로 삼는 이들에게서만 나타난다고 말이다. 비슷한 가르침이 산상수훈에도 나오는데(마 6:14-15), 거기서 예수님은 멸망하는 이들은 애초에 구원받은 적이 없다고 밝히셨다(마 7:21-23). 섬뜩하게도 오늘날 기독교 진영의 많은 사람이 그런 판결을 받을 위험에 처한 듯 보인다. 동료 신자들과의 관계에서 용서하거나 친절하게 말하거나 협력하거나 사과를 받아들이는 걸 거부하기 때문이다." Craig Blomberg, *Matthew*, The New American Commentary, 제22권 (Nashville: Broadman & Holman, 1992), 285. 크레이그 L. 블룸버그, 《마태·마가복음》(기독교문서선교회 역간).

10. 하심 개릿의 이야기를 The Forgiveness Project, www.theforgivenessproject. com/stories-library/hashim-garrett에서 볼 수 있다. 다음 책에도 실려 있다. Johann Christoph Arnold, *Why Forgive?* (Walden, NY: Plough, 2010), 24-29. 하심의 말은 다 그 책에서 인용했다. 요한 크리스토프 아놀드, 《왜 용서해야 하는가》(포이에마 역간).

Part 1.

2. 용서의 퇴조

1. Delia Owens, *Where the Crawdads Sing* (New York: Putnam, 2018), 198. 델리아 오언스, 《가재가 노래하는 곳》(살림 역간).

2. Salma Hayek, "Harvey Weinstein Is My Monster Too," *The New York Times*, 2017년 12월 12일, www.nytimes.com/interactive/2017/12/13/opinion/contributors/salma-hayek-harvey-weinstein.html.

3. Danielle Berrin, "Should We Forgive the Men Who Assaulted Us?," *The New York Times*, 2017년 12월 22일.

4. Earthling (Pacific Northwest), Berrin의 "Should We Forgive?"에 대한 의견, https://nyti. ms/3wvJqLu#permid=25318811.

5. 다음 글을 참조하라. "Dianna Ortiz, Nun Previously Abducted by Guatemalan Military, Dies at 62," Robert F. Kennedy Human Rights, 2021년 2월 19일, https://rfkhumanrights.org/in-the-news/dianna-ortiz-nun-previously-abducted-by-

guatemalan-military-dies-at-62.

6. Dianna Ortiz, "Theology, International Law, and Torture: A Survivor's View," *Theology Today* 63, no.3 (2006): 346. 다음 글에 인용되어 있다. Jacob & Rachael Denhollander, "Justice: The Foundation of a Christian Approach to Abuse," *Fathom*, 2018년 11월 19일, www.fathommag.com/stories/justice-the-foundation-of-a-christian-approach-to-abuse.

7. Susan Waters, The Forgiveness Project, 날짜 미상, www.theforgivenessproject.com/stories/susan-waters.

8. Helen Blake & Nicola Lock, "Forgiveness and Reconciliation for Survivors of Sexual Abuse" (2017년 5월 16-17일 호주 멜버른에서 개최된 제8차 'Biennial Safe as Churches?' 콘퍼런스에 제출된 논문), www.ncca.org.au/images/SafeChurch/Updated_Forgiveness_and_Reconciliation_for_Survivors_of_Sexual_Abuse_Updated_11.5.17FINAL.pdf.

9. Blake & Lock, "Forgiveness and Reconciliation."

10. Jennifer Wright, "Should We Forgive Men Accused of Sexual Assault?," *Harper's BAZAAR*, 2018년 3월 8일, www.harpersbazaar.com/culture/politics/a19156505/forgiving-men-accused-of-sexual-assault.

11. Anne Theriault, "What Women Want from Jian Ghomeshi," *Flare*, 2018년 9월 14일, https://www.flare.com/news/ghomeshi-essay.

12. Scrimshaw Jen (@ScrimshawsFire), "Forgiveness is completely overrated and just serves to create power imbalances. 'I forgive you'='I am morally superior to you' however you look at it," 트위터, 2021년 5월 29일, 10:40 a.m., https://twitter.com/ScrimshawsFire/status/1398695723567353856.

13. Jesse Dizard (@Tr4shdr4g0n), "It is a function of what Nietzsche called the slave morality of modern bourgeois society," 트위터, 2021년 5월 31일, 7:45 p.m., https://twitter.com/Tr4shdr4g0n/status/1399512374911004672.

14. 이것은 니체의 입장에 대한 누스바움의 요약이다. 다음 책을 참조하라. Martha C. Nussbaum, *Anger and Forgiveness: Resentment, Generosity, Justice* (Oxford: Oxford University Press, 2016), 73-74. 마사 C. 누스바움, 《분노와 용서》(뿌리와이파리 역간).

15. Nussbaum, *Anger and Forgiveness*, 10. 마사 C. 누스바움, 《분노와 용서》(뿌리와이파리 역간).

16. Nussbaum, *Anger and Forgiveness*, 11. 마사 C. 누스바움, 《분노와 용서》(뿌리와이파리 역간).

17. Nussbaum, *Anger and Forgiveness*, 10. 거래적 용서를 비판한 전체 내용은 그 책 3장 ("Forgiveness: A Genealogy")을 참조하라. 누스바움은 기독교의 용서를 거래적 용서로 잘못 알았다. 마사 C. 누스바움, 《분노와 용서》(뿌리와이파리 역간).

18. Malcolm Gladwell, *David and Goliath: Underdogs, Misfits, and the Art of Battling Giants* (New York: Little, Brown, 2013), 248-250. 말콤 글래드웰, 《다윗과 골리앗》(김영사 역간).

19. Wilma Derksen, The Forgiveness Project, 날짜 미상, www.theforgivenessproject.com/stories/wilma-derksen.

20. Derksen, The Forgiveness Project.

21. 다음 글에 소개된 이야기다. Robert Enright, "Two Weaknesses of Forgiving: It Victimizes and Stops Justice," *Psychology Today*, 2017년 8월 10일, www.psychologytoday.com/us/blog/the-forgiving-life/201708/two-weaknesses-forgiving-it-victimizes-and-stops-justice.

22. Amanda Borschel-Dan, "Holocaust Survivor Preaches Forgiveness of Nazis as 'Ultimate Revenge,'" *Times of Israel*, 2016년 12월 8일, www.timesofisrael.com/holocaust-survivor-preaches-forgiveness-of-nazis-as-ultimate-revenge.

23. "María Gabriela De Faría on Growth, Empowerment, and Positive Change," *Global Heroes*, 2021년 2월 11일, www.globalheroes.com/maria-gabriela-de-faria-empowerment.

24. Rebecca Manley Pippert, *Hope Has Its Reasons: From the Search for Self to the Surprise of Faith* (New York: Harper & Row, 1989), 113-114.

25. L. Gregory Jones, *Embodying Forgiveness: A Theological Analysis* (Grand Rapids, MI: Eerdmans, 1995), 37.

26. Jones, *Embodying Forgiveness*, 64.

27. Jones, *Embodying Forgiveness*, 65.

28. Bradley Campbell & Jason Manning, "Microaggression and Moral Cultures," *Comparative Sociology* 13 (2014): 692-726. Bradley Campbell & Jason Manning, *The Rise of Victimhood Culture: Microaggressions, Safe Spaces, and the New Culture Wars* (Cham, Switzerland: Palgrave MacMillan, 2018).

29. 이 새로운 수치와 명예의 문화(배척 문화)에 대한 지적·사회적 뿌리는 다양하다. SNS 가 우리를 그쪽으로 떠민다는 주장도 일리가 있다. 그러나 많은 사람이 내놓는 더 흥미로운 주장이 있다. 헤르베르트 마르쿠제(Herbert Marcuse)를 위시한 20세기 신마르크스주의 사상가들이 프로이트의 심리치료 개념에 문화를 권력 행사로 환원시킨 마르크스주의를 혼합했다는 것이다.

30. Andrew Sullivan, "Is Intersectionality a Religion?," *New York*, 2017년 3월 10일. John McWhorter, "Antiracism, Our Flawed New Religion," *Daily Beast*, 2015년 7월 27일. Michael Lind, "The Revenge of the Yankees: How Social Gospel Became Social Justice," *Tablet*, 2020년 11월 14일. Joshua Mitchell, *American Awakening: Identity Politics and Other Afflictions of Our Time* (New York: Encounter Books, 2020). Eric Kaufmann, "Liberal Fundamentalism: A Sociology of Wokeness," *American*

Affairs 4, no. 4 (2020년 겨울호): 188-208. Antonia Senior, "Identity Politics Is Christianity without Redemption," *UnHerd*, 2020년 1월 20일. Jonathan Haidt, "Why Universities Must Choose One Telos: Truth or Social Justice" (강연, Duke University, Durham, NC, 2016년 10월 6일), https://heterodoxacademy.org/blog/one-telos-truth-or-social-justice-2.

31. Sullivan, "Is Intersectionality a Religion?"

32. 다음 책을 참조하라. Émile Durkheim, *The Division of Labor in Society* (New York: Free Press, 2014).

33. 다음 여러 책을 참조하라. Émile Durkheim, *Selected Writings*, Anthony Giddens 편 집 (Cambridge, UK: Cambridge University Press, 1972). Christian Smith, *Religion: What It Is, How It Works, and Why It Matters* (Princeton, NJ: Princeton, 2017). Émile Durkheim, *The Elementary Forms of Religion* (Oxford, UK: Oxford University Press, 2008). 에밀 뒤 르켐, 《종교 생활의 원초적 형태》(한길사 역간). Steven Lukes, *Moral Relativism* (New York: Picador, 2008). Jonathan Haidt, *The Righteous Mind: Why Good People Are Divided by Religion and Politics* (New York: Pantheon, 2012). 조너선 하이트, 《바른 마 음》(웅진지식하우스 역간). 뒤르켐은 도덕적 가치의 기초가 세속적인 쪽으로 옮겨 가는 것 이 어렵지만 그래도 가능은 하다고 믿었다. 그러나 앨런 제이콥스는 뒤르켐이 지금 살 아 있다면 그런 이행이 어쩌면 생각보다 힘들겠다며 우려하리라고 보았다. 다음 글 을 참조하라. Alan Jacobs, "The Paradoxical Relevance of Durkheim to Our Time," *Hedgehog Review*, 2020년 12월 15일, https://hedgehogreview.com/blog/thr/posts/the-paradoxical-relevance-of-durkheim-to-our-time.

34. Tom Holland, *Dominion: How the Christian Revolution Remade the World* (New York: Basic Books, 2019). 톰 홀랜드, 《도미니언》(책과함께 역간).

35. Ayjay (Alan Jacobs), "Vengeance," *Snakes and Ladders*(블로그), 2017년 6월 26일, https://blog.ayjay.org/vengeance.

36. "Pennsylvania: The Revolt of Leo Held," *Time*, 1967년 11월 3일, http://content.time.com/time/subscriber/article/0,33009,837437,00.html.

37. D. A. Carson, *Love in Hard Places* (Wheaton, IL: Crossway Books, 2002), 72.

38. Seamus Martin, "Atrocities by Former 'Good Guys' Seen as 'Understandable' Desire for Revenge," *Irish Times*, 1999년 8월 7일, www.irishtimes.com/news/atrocities-by-former-good-guys-seen-as-understandable-desire-for-revenge-1.214374.

39. William Makepeace Thackeray, *Vanity Fair: A Novel without a Hero* (London: Bradbury and Evans, 1853), 8. 윌리엄 M. 새커리, 《허영의 시장》(웅진지식하우스 역간). 그의 말을 풀어 썼다.

40. Hannah Arendt, *The Human Condition* (Chicago: University of Chicago Press, 1958), 237. 한나 아렌트, 《인간의 조건》.

41. Martin Luther King Jr., *A Gift of Love: Sermons from "Strength to Love" and*

Other Preachings (Boston: Beacon Press, 1963), 45-46.

42. Donald B. Kraybill, Steven M. Nolt & David L. Weaver-Zercher, *Amish Grace: How Forgiveness Transcended Tragedy* (San Francisco: Jossey-Bass, 2010).

43. Kraybill, Nolt & Weaver-Zercher, *Amish Grace*, 176-177.

44. Kraybill, Nolt & Weaver-Zercher, *Amish Grace*, 181.

45. 도르트레히트 신조 제14조항을 보라. https://gameo.org/index.php?title= Dordrecht _Confession_of_Faith_(Mennonite,_1632).

46. 독자들은 재세례파가 반전주의자임을 여기서 감지하거나 이미 알고 있을 것이다. 반 전주의를 비판하는 이들은 침략과 예속에 맞서 조국을 지키고자 총기를 드는 게 복수 와 보복에 해당하는지 의문을 제기할 수 있다. 그러나 그리스도인이라면 누구나 이 훌 륭한 단락의 취지에 동의할 것이다.

3. 용서의 역사

1. Carrie Fisher, *The Best Awful: A Novel* (New York: Simon & Schuster, 2005), 30. 이 인용 문이 피셔의 소설에 등장하기는 하지만 그 말의 원작자가 누구인지에 대해서는 이견이 있다.

2. Hannah Arendt, *The Human Condition* (Chicago: University of Chicago Press, 1958), 238. 한나 아렌트, 《인간의 조건》.

3. David Konstan, *Before Forgiveness: The Origin of a Moral Idea* (Cambridge: Cambridge University Press, 2012), ix. 콘스턴은 고대 문화에 용서의 개념(또는 인식)이 거의 없었다고 인정하면서도 현재 우리가 알고 있는 용서는 성경이나 기독교보다 칸트에게 더 빚진 것이라고 주장한다. 내가 보기에 이 주장은 조금도 설득력이 없다. 그는 마태 복음 18장 같은 여러 본문을 별로 숙독하지 않은 듯 성경 자료에 대한 분석이 들쭉날쭉 할 뿐 아니라, 칸트의 사상에 기독교가 얼마나 깊은 영향을 미쳤는지를 간과한다.

4. Charles L. Griswold, *Forgiveness: A Philosophical Exploration* (Cambridge: Cambridge University Press, 2007), 2. 그리스월드가 밝혔듯이 이 책에 전제된 '개념적 틀'은 '세속적 틀'이다.

5. Herman Bavinck, *Reformed Dogmatics*, 제4권, *Holy Spirit, Church, and New Creation*, John Bolt 편집, John Vriend 번역 (Grand Rapids, MI: Baker, 2008), 179. 헤르 만 바빙크, 《개혁교의학》(부흥과개혁사 역간).

6. Homer, *The Iliad*, R. Lattimore 번역 (Chicago: University of Chicago Press, 1961), 399. 호 메로스, 《일리아스》.

7. 또 다른 예로 에우리피데스의 《타우리스의 이피게네이아》에서 엘렉트라는 자기가 아 르테미스의 오빠인 아폴로를 사랑한다는 점을 상기시키며 여신 아르테미스에게 '성

그노메'를 청한다. 하지만 역시 사면이 아닌 관대한 처우를 호소한 것이다. Griswold, *Forgiveness*, 4.

8. Aristotle, *Nicomachean Ethics* 1110a24-26. 아리스토텔레스, 《니코마코스 윤리학》. 다음 책에 인용되어 있다. Griswold, *Forgiveness*, 4.

9. Griswold, *Forgiveness*, 4, 5번 각주.

10. Griswold, *Forgiveness*, 8.

11. Griswold, *Forgiveness*, 14.

12. Griswold, *Forgiveness*, 9. 다음 책도 참조하라. Nicholas Wolterstorff, *Justice in Love* (Grand Rapids, MI: Eerdmans, 2015), 184. 니콜라스 월터스토프, 《사랑과 정의》(IVP 역간).

13. Kenneth J. Dover. 다음 글에 인용되어 있다. David J. Leigh, "Forgiveness, Pity, and Ultimacy in Ancient Greek Culture," *Ultimate Reality and Meaning* 27, no. 2 (2004년 6월): 152-161, https://utpjournals.press/doi/pdf/10.3138/uram.27.2.152.

14. Griswold, *Forgiveness*, 10-14.

15. Griswold, *Forgiveness*, 15.

16. 다음 책을 참조하라. Larry W. Hurtado, *Why on Earth Did Anyone Become a Christian in the First Three Centuries?* (Milwaukee: Marquette University Press, 2016).

17. Kenneth Scott Latourette, *A History of the Expansion of Christianity*, 제1권 (San Francisco: HarperOne, 1975), 167.

18. 다음 책에 인용되고 다루어져 있다. Alan Kreider, *The Patient Ferment of the Early Church: The Improbable Rise of Christianity in the Roman Empire* (Grand Rapids, MI: Eerdmans, 2016), 28. 앨런 크라이더, 《초기 교회와 인내의 발효》(IVP 역간).

19. Kreider, *Patient Ferment*, 29. 앨런 크라이더, 《초기 교회와 인내의 발효》(IVP 역간).

20. Kreider, *Patient Ferment*, 29. 앨런 크라이더, 《초기 교회와 인내의 발효》(IVP 역간).

21. C. John Sommerville, *The Decline of the Secular University* (Oxford: Oxford University, 2006), 69.

22. Sommerville, *Decline of the Secular University*, 69.

23. Sommerville, *Decline of the Secular University*, 69.

24. Sommerville, *Decline of the Secular University*, 70.

25. Sommerville, *Decline of the Secular University*, 70.

26. 다음 책을 참조하라. Kwame Anthony Appiah, *The Honor Code: How Moral Revolutions Happen* (New York: W. W. Norton, 2010).

27. Arendt, *Human Condition*, 214-215. 한나 아렌트, 《인간의 조건》.

28. Wolterstorff, *Justice in Love*, 185. 니콜라스 월터스토프, 《사랑과 정의》(IVP 역간).

29. Derek Kidner, *The Message of Ecclesiastes: A Time to Mourn, a Time to Dance* (Downers Grove, IL: InterVarsity Press, 1991), 39.

30. Ian Power, "Why Does This Mozart Piece Make Me Cry Even Though It's Stupid and Probably Evil?," *Medium*(블로그), 2019년 1월 11일, https://medium.com/@ianpoweromg/why-does-this-mozart-piece-make-me-cry-even-though-its-stupid-and-probably-evil-80c63c60fc7f.

31. *Amadeus* (1984년), Miloš Forman 감독, Peter Shaffer 원작의 희곡을 각색한 영화.

32. Phillip Gorski, "Where Do Morals Come From?," *Public Books*, 2016년 2월 15일, www.publicbooks.org/where-do-morals-come-from.

33. Leonard Bernstein, *The Joy of Music* (Pompton Plains, NJ: Amadeus Press, 2004), 29.
L.B.(레너드 번스타인): 베토벤은 모든 규칙을 깨고 기막히게 정확한 곡들을 내놓았습니다. 정확하다는 말이 딱 맞아요! 하나하나 이어지는 음마다 그 순간 그 정황에 딱 들어맞을 유일무이한 음이라고 느껴진다면, 아마도 당신은 베토벤의 음악을 듣고 있는 겁니다. 멜로디와 푸가와 리듬이라면 차이코프스키와 힌데미트와 라벨 같은 사람들의 음악에 있지요. 우리의 베토벤에게는 천국에서 온 진짜인 무언가가 있고, 완성을 느끼게 하는 힘이 있습니다. 세상이 일부나마 제대로인 겁니다. 처음부터 끝까지 살피는 무언가가 있어 일관되게 자기만의 법을 따릅니다. 이거라면 믿을 만해요. 절대로 우리를 실망시키지 않을 테니까요.
L.P.(리릭 포잇): (나직이) 그건 거의 하나님에 대한 정의인데요.
L.B.: 그런 뜻으로 말한 겁니다.

4. 용서의 원천

1. Ashraf H. A. Rushdy, *After Injury: A Historical Anatomy of Forgiveness, Resentment, and Apology* (Oxford: Oxford University Press, 2018), 31.

2. 다음 책에 인용되어 있다. Rushdy, *After Injury*, 31.

3. Augustine, *The City of God* 13.12. 아우구스티누스, 《하나님의 도성》. 다음 책에 인용되어 있다. Derek Kidner, *Genesis: An Introduction and Commentary* (Downers Grove, IL: Inter-Varsity Press, 1972), 69. 데렉 키드너, 《창세기-틴델 구약주석 시리즈 1》(기독교문서선교회 역간).

4. Kidner, *Genesis*, 76. 데렉 키드너, 《창세기-틴델 구약주석 시리즈 1》(기독교문서선교회 역간).

5. Kidner, *Genesis*, 76. 데렉 키드너, 《창세기-틴델 구약주석 시리즈 1》(기독교문서선교회 역간).

6. Kidner, *Genesis*, 86. 데렉 키드너, 《창세기-틴델 구약주석 시리즈 1》(기독교문서선교회 역

간).

7. Derek Kidner, *Psalms 73–150* (London: InterVarsity Press, 1973), 446. 데렉 키드너, 《키드너 시편 주석-하》(다산글방 역간).

8. Kidner, *Psalms 73–150*, 446. 데렉 키드너, 《키드너 시편 주석-하》(다산글방 역간).

9. Possidius, *Life of Augustine* 31.2, H. T. Weiskotten, M. M. Muller & R. Deferrari 번역, Early Christian Biographies (Washington, D.C.: Catholic University of America Press, 1952), 67-124. 포시디우스, 《아우구스티누스의 생애》(분도출판사 역간).

10. Rudolf Bultmann, "ʼΑfίημι, ʼΑfesiς, Παρίημι, Πάρεσις," *Theological Dictionary of the New Testament*, Gerhard Kittel, Geoffrey W. Bromiley & Gerhard Friedrich 편집 (Grand Rapids, MI: Eerdmans, 1964), 509.

11. 다른 두 단어는 누가복음 6장 37절에 쓰인 '아폴뤼오'(놓아주다)와 로마서 3장 25절에 쓰인 '파레시스'(그냥 넘어가다, 간과하다)다.

12. 시간이 없어서 다룰 수는 없지만, 용서에 대한 복음서의 가르침에서 자주 문제로 꼽히는 두 가지 요소가 있다. 레온 모리스가 그것을 간략히 다루었다. "짚고 넘어가야 할 두 가지 난제가 있다. 하나는 영영 용서받을 수 없는 성령 모독죄다(마 12:31 이하; 막 3:28 이하; 눅 12:10; 요일 5:16). 이 죄가 구체적으로 무엇인지는 밝혀져 있지 않다. 하지만 신약성경의 전반적 가르침에 비춰 볼 때 그것을 어느 특정한 행위의 죄로 볼 수는 없다. 그보다 이것은 하나님의 영을 계속 모독함으로써 하나님의 은혜로운 부르심을 시종일관 물리치는 사람을 가리킬 것이다. 그야말로 신성 모독이다." 다시 말해서 성령을 모독하는 죄는 구주이신 예수 그리스도를 거부하는 죄다. 그리스도를 믿어야만 모든 죄를 용서받을 수 있으므로, (그분을 거부하는 죄에 대한 용서까지 포함해서) 모든 용서를 차단하는 죄는 그분을 거부하는 것뿐이다. "두 번째 난제는 요한복음 20장 23절의 '너희가 누구의 죄든지 사하면 사하여질 것이요'라는 말씀이다. 타인의 죄를 용서할지 여부를 그리스도께서 인간의 결정에 맡기신다는 것은 어불성설이다. 중요한 점은 복수('누구의'의 헬라어 원어는 복수로서 개인이 아니라 범주를 가리킨다)와 '사하여질'에 쓰인 완료 시제다('앞으로 사하여질'이 아니라 '이미 사하여진'의 뜻이다). 그래서 본문의 의미는 예수님을 따르는 이들이 성령의 감화를 받아(22절), 어떤 범주의 인간들의 죄는 사해졌고 어떤 범주의 인간들의 죄는 그렇지 않은지를 정확히 말할 수 있다는 것으로 보인다." 다시 말해서 예수님이 제자들에게 죄를 용서할 능력을 주셨다는 것은 그들에게 복음을 주셨다는 뜻이다. 복음에 누구나 용서받는 법이 들어 있으므로, 그들은 누가 용서받았고(진실한 믿음으로 이미 그리스도의 구원을 받아들인 이들) 누가 그렇지 않은지를 말할 수 있다. 다음 책에서 인용했다. L. L. Morris, "Forgiveness," *New Bible Dictionary*, D.R.W. Wood 외 편집 (Leicester, UK, Downers Grove, IL: InterVarsity Press, 1996), 382.

13. 하나님의 '단일성'에 대한 논의는 5장의 4번 주석을 참조하라. 하나님의 단일성이란 그분의 속성 간에 진정한 긴장이나 모순이 있을 수 없다는 교리다.

14. C. S. Lewis, "On Forgiveness," *The Weight of Glory and Other Addresses* (New York: Touchstone, 1980), 133. C. S. 루이스, 《영광의 무게》(홍성사 역간).

15. Lewis, "On Forgiveness," 134-135. C. S. 루이스, 《영광의 무게》(홍성사 역간).

16. Lewis, "On Forgiveness," 135-136. C. S. 루이스, 《영광의 무게》(홍성사 역간).

Part 2.

5. 사랑과 진노의 하나님

1. Herman Bavinck, *Reformed Dogmatics*, 제2권, *God and Creation*, John Bolt 편집, John Vriend 번역 (Grand Rapids, MI: Baker, 2004), 219. 헤르만 바빙크, 《개혁교의학》(부흥과개혁사 역간).

2. Herman Bavinck, *Reformed Dogmatics*, 제4권, *Holy Spirit, Church, and New Creation*, John Bolt 편집, John Vriend 번역 (Grand Rapids, MI: Baker, 2008), 179-180. 헤르만 바빙크, 《개혁교의학》(부흥과개혁사 역간).

3. L. L. Morris, "Forgiveness," *New Bible Dictionary*, D. R. W. Wood 외 편집 (Leicester, UK, Downers Grove, IL: InterVarsity Press, 1996), 381.

4. 이것은 하나님의 '단일성'에 대한 교리의 일부다. 하나님의 단일성이란 그분의 모든 속성이 그분의 유일한 본질과 일치한다는 뜻이다. 하나님의 사랑과 정의가 결국 대립 개념일 수 없는 이유는 이 둘이 하나님이라는 본질적 존재의 서로 다른 측면에 불과하기 때문이다. 우리를 해치는 죄에 대한 하나님의 의로운 진노는 그분의 사랑의 표현이고, 그분의 사랑은 그분의 의의 표현이다. 그래서 십자가도 하나님의 사랑과 정의 사이의 '모순이 해결된' 곳이 아니라 하나님의 사랑과 정의가 어떻게 서로 조화되는지 실시간으로 표현된 곳이다. 하나님의 단일성에 대한 더 자세한 내용은 다음 책을 참조하라. Herman Bavinck, *Reformed Dogmatics*, 제2권. "그러나 하나이신 하나님은 유일성에서만 아니라 단일성에서도 통합되어 있다는 뜻이다. 사실 성경은 하나님의 충만한 생명을 표현할 때 형용사만 쓰지 않고 명사도 쓴다. 즉 성경의 하나님은 진실하시고 의로우시고 살아 계시고 조명하시고 사랑하시고 지혜로우실 뿐 아니라 진리와 의와 생명과 빛과 사랑과 지혜 자체시다(렘 10:10; 23:6; 요 1:4-5, 9; 14:6; 고전 1:30; 요일 1:5; 4:8). 따라서 하나님의 모든 속성은 절대적으로 완전하기 때문에 그분의 본질과 일치한다. 나중에 신학에서는 성경의 이 교리를 '하나님의 단일성'이라는 제목으로 가르쳤다." Herman Bavinck, *Reformed Dogmatics*, 제2권, 173-177. 헤르만 바빙크, 《개혁교의학》(부흥과개혁사 역간).

5. C. S. Lewis, *The Abolition of Man* (New York: HarperOne, 2015), 27. C. S. 루이스, 《인

간 폐지》(홍성사 역간).

6. Bavinck, *Reformed Dogmatics*, 제4권, 179-180. 헤르만 바빙크, 《개혁교의학》(부흥과 개혁사 역간).

7. Bavinck, *Reformed Dogmatics*, 제4권, 179-180. 헤르만 바빙크, 《개혁교의학》(부흥과 개혁사 역간).

8. Annie Dillard, *Pilgrim at Tinker Creek* (New York: HarperCollins, 1974).

9. Rebecca Manley Pippert, *Hope Has Its Reasons*, 개정판 (Downers Grove, IL: IVP Books, 2001), 101. 4장 "What Kind of God Gets Angry?"를 참조하라.

10. 내가 의역한 표현이다.

11. 싱클레어 퍼거슨(Sinclair Ferguson)이 쓴 보나르에 대한 짤막하지만 유익한 전기를 참조하라. www.desiringgod.org/articles/his-hymns-make-souls-feel-whole.

12. Horatius Bonar, *The Everlasting Righteousness* (1874, 재판 Edinburgh: Banner of Truth Trust, 1993), 3-4. 호라티우스 보나르, 《영원한 의》(지평서원 역간).

13. John R. W. Stott, *The Cross of Christ* (Downers Grove, IL: InterVarsity Press, 1986), 160. 존 스토트, 《그리스도의 십자가》(IVP 역간).

14. Bonar, *Everlasting Righteousness*, 4. 호라티우스 보나르, 《영원한 의》(지평서원 역간).

15. 다음 글에 인용되어 있다. J. I. Packer, "Sacrifice and Satisfaction", *Our Savior God: Studies on Man, Christ, and the Atonement*, James M. Boice 편집 (Grand Rapids, MI: Baker, 1980), 137.

16. Bonar, *Everlasting Righteousness*, 12. 호라티우스 보나르, 《영원한 의》(지평서원 역간).

17. William Cowper, "Love Constraining to Obedience," *The New Oxford Book of Christian Verse*, Davie Donald 편집 (Oxford: Oxford University Press, 1981), 195-196.

6. 정의와 사랑, 명예와 학대

1. William Shakespeare, *The Merchant of Venice*, 4막 1장. 윌리엄 셰익스피어, 《베니스의 상인》.

2. Robert Yarborough, "Forgiveness and Reconciliation," *New Dictionary of Biblical Theology*, T. Desmond 외 편집 (Downers Grove, IL: InterVarsity Press, 2000), 500.

3. R. K. Harrison, *Leviticus: An Introduction and Commentary*, 제3권, Tyndale Old Testament Commentaries (Downers Grove, IL: InterVarsity Press, 1980), 202. "이 소위 '황금률'을 그리스도께서는 사회 내의 이타적인 행동의 이상(理想)으로 인용하셨다(마 19:19; 22:39; 막 12:31; 눅 10:27 등). 이 금언의 배후 정서는 고대 세계에서 독특했으며, 구약

성경의 가장 출중한 도덕 교훈 중 하나를 대변한다."

4. 특히 다음 책을 참조하라. Jay Sklar, *Leviticus: An Introduction and Commentary*, David G. Firth 편집, 제3권, Tyndale Old Testament Commentaries (Nottingham, UK: InterVarsity Press, 2013), 246-247.

5. 견책을 잘 받아들이는 법에 대한 구약성경의 가르침은 시편 141편 5절, 잠언 9장 7-8절, 15장 12절 등을 참조하라.

6. Henri Nouwen, *The Road to Daybreak* (New York: Doubleday, 1990), 68. 헨리 나우웬, 《데이브레이크로 가는 길》(포이에마 역간).

7. Rachael Denhollander, *What Is a Girl Worth?* (Carol Stream, IL: Tyndale, 2019), 140.

8. Denhollander, *What Is a Girl Worth?*, 140-141.

9. Makonagasawa, "Atonement in Scripture: Why Penal Substitution is a Gateway Drug to Right-Wing Extremism," Anástasis Center for Christian Education & Ministry, 2016년 2월 22일, https://newhumanityinstitute.wordpress.com/2016/02/22/atonement-in-scripture-why-penal-substitution-is-a-gateway-drug-to-right-wing-extremism/#_ftnref10.

10. Steve Chalke & Alan Mann, *The Lost Message of Jesus* (Grand Rapids, MI: Zondervan, 2004), 182-183.

11. 그 팟캐스트의 웹사이트는 다음과 같다. www.christianitytoday.com/ct/podcasts/rise-and-fall-of-mars-hill.

12. Rick Pidcock, "I Lived in the Culture of 'The Rise and Fall of Mars Hill' and There's One Part of the Story That's Wrong," *Baptist News Global*, 2021년 8월 24일, https://baptistnews.com/article/i-lived-in-the-culture-of-the-rise-and-fall-of-mars-hill-and-theres-one-part-of-the-story-thats-wrong/#.YdDAcxPMJhF.

13. Denhollander, *What Is a Girl Worth?*, 99.

14. Denhollander, *What Is a Girl Worth?*, 100-101.

15. Denhollander, *What Is a Girl Worth?*, 103.

16. Jacob & Rachael Denhollander, "Justice: The Foundation of a Christian Approach to Abuse" (2018년 11월 13일 콜로라도주 덴버에서 열린 제70차 Evangelical Theological Society 연례 모임에서 제출한 논문), www.fathommag.com/stories/justice-the-foundation-of-a-christian-approach-to-abuse. 이 중요한 논문은 개신교 복음주의 진영을 대상으로 한 것이지만 기독교 교회의 다른 종파들, 특히 성추행과 은폐가 역시 수십 년째 지속되어 온 가톨릭에도 똑같이 해당된다.

17. Fleming Rutledge, *The Crucifixion: Understanding the Death of Jesus Christ* (Grand Rapids, MI: Eerdmans, 2017), 129. 플레밍 러틀리지, 《예수와 십자가 처형》(새물결플러스 역간).

18. Denhollander, "Justice."

19. Miroslav Volf, *Free of Charge: Giving and Forgiving in a Culture Stripped of Grace* (Grand Rapids, MI: Zondervan, 2005), 145. 미로슬라브 볼프, 《베풂과 용서》(복있는사람 역간).

20. John R. W. Stott, *The Cross of Christ* (Downers Grove, IL: InterVarsity Press, 1986), 133. 존 스토트, 《그리스도의 십자가》(IVP 역간).

21. Denhollander, "Justice." 강조 추가.

22. Denhollander, "Justice."

23. 학대는 엄청나게 중요하며 또한 논란이 많은 주제다. 부록 2를 참조하라.

24. Denhollander, "Justice."

25. Denhollander, "Justice."

26. Denhollander, "Justice."

27. Denhollander, *What Is a Girl Worth?*, 310.

28. Mez McConnell, *The Creaking on the Stairs: Finding Faith in God through Childhood Abuse* (Fearn, Ross-shire, UK: Christian Focus Publications, 2019).

29. Mez McConnell, "The Rock-Solid Hope of Penal Substitutionary Atonement (Part 3)," 20 Schemes Equip, 2020년 10월 8일, https://20schemesequip.com/rock-solid-hope-penal-substitutionary-atonement.

7. 용서의 기초

1. Fyodor Dostoyevsky, *The Brothers Karamazov*, Constance Garnett 번역 (Theophania Press, 2011), 270. 표도르 도스토옙스키, 《카라마조프가의 형제들》.

2. Robert H. Gundry, *Mark: A Commentary on His Apology for the Cross*, 제2권 (Grand Rapids, MI: Eerdmans, 1993), 649.

3. Craig A. Evans, *Mark 8:27-16:20*, 제34권B, Word Biblical Commentary (Dallas: Word, 2001), 193. 크레이그 A. 에반스, 《마가복음 하 8:27-16:20 – WBC 성경주석 34》(솔로몬 역간). "우리가 남을 용서해야 그 대가로 또는 그에 근거해서 하나님께 용서받을 수 있다고 본다면, 이 모든 본문에 나오는 상호성의 측면을 놓치는 것이다. 마태복음 18장 21-35절의 용서하지 않은 종의 비유에 예시되어 있듯이 하나님께 용서받으면 우리도 남을 용서할 수밖에 없다. 그러므로 용서와 자비를 받고도 용서와 자비를 베풀지 않는다면, 실제로는 하나님의 은혜로운 수용을 경험하지 못한 것이며 [마가복음 11장]22-24절에 하나님과의 관계의 표현으로 제시된 기도를 우롱하는 것이다."

4. James R. Edwards, *The Gospel According to Luke*, The Pillar New Testament Commentary, D. A. Carson 편집 (Grand Rapids, MI, Cambridge & Nottingham, UK: Wm. B.

Eerdmans and Apollos, 2015), 478. 제임스 에드워즈, 《PNTC 누가복음》(부흥과개혁사 역간).

5. Church of England, Articles of Religion, www.churchofengland.org/prayer-and-worship/worship-texts-and-resources/book-common-prayer/articles-religion#XX.

6. D. A. Carson, *Love in Hard Places* (Wheaton, IL: Crossway Books, 2002), 81.

7. 용서의 두 가지 측면을 똑같이 정리한 다음 두 작가의 용어를 빌렸다. David Powlison, *Good and Angry: Redeeming Anger, Irritation, Complaining, and Bitterness* (Greensboro, NC: New Growth Press, 2016), 84-87. 데이비드 폴리슨, 《악한 분노, 선한 분노》(토기장이 역간). Carson, *Love in Hard Places*, 82.

8. Carson, *Love in Hard Places*, 85.

9. Johann Christoph Arnold, *Why Forgive?* (Walden, NY: Plough, 2010), 183-184. 요한 크리스토프 아놀드, 《왜 용서해야 하는가》(포이에마 역간).

10. Arnold, *Why Forgive?*, 185. 요한 크리스토프 아놀드, 《왜 용서해야 하는가》(포이에마 역간).

11. Powlison, *Good and Angry*, 86. 데이비드 폴리슨, 《악한 분노, 선한 분노》(토기장이 역간).

12. D. A. Carson, "Matthew," *The Expositor's Bible Commentary*, 제8권, Frank E. Gaebelein 편집 (Grand Rapids, MI: Zondervan, 1995), 155-157.

13. John R. W. Stott, *Christian Counter-culture: The Message of the Sermon on the Mount* (Leicester, UK, and Downers Grove, IL: InterVarsity Press, 1978), 105. 존 스토트, 《존 스토트의 산상수훈》(생명의말씀사 역간).

14. R. T. France, *The Gospel of Matthew*, The New International Commentary on the New Testament (Grand Rapids, MI: Wm. B. Eerdmans, 2007), 221. R. T. 프랜스, 《NICNT 마태복음》(부흥과개혁사 역간).

15. "이 법리는 그것이 가리켜 보이던 실체로 대체되었고, 이때 완고한 마음도 함께 대체되었다. 구약성경의 선지자들은 때가 되면 하나님의 백성이 변화된 마음으로 새 언약 아래에 산다고 예언했다(렘 31:31-34; 32:37-41; 겔 36:26). 종말의 시대가 밝아 오면 그들의 죄가 사해질 뿐 아니라(렘 31:34; 겔 36:25) 마음에서 우러나 하나님께 순종하게 된다고 했다(렘 31:33; 겔 36:27). 이렇듯 이 주제에 대한 예수님의 교훈은 종말론에 기초해 있다. 예수님과 그분의 나라 안에서 구약성경의 약속들이 (부분적으로나마) 성취되었고, 율법과 선지서에 예언된 종말의 시대가 도래했다(마 11:13). 종말을 가리켜 보이며 악을 억제하던 예언들은 이제 새 시대와 그에 따라오는 새 마음들로 대체되었다(참조 Piper, pp. 89-91)." Carson, *Matthew*, 156.

16. D. Martyn Lloyd-Jones, *Studies in the Sermon on the Mount*, 제1권 (Grand Rapids, MI: Eerdmans, 1969), 279. 마틴 로이드 존스, 《산상설교(상)》(베드로서원 역간).

17. France, *Gospel of Matthew*, 223. R. T. 프랜스, 《NICNT 마태복음》(부흥과개혁사 역간).

18. France, *Gospel of Matthew*, 224. R. T. 프랜스, 《NICNT 마태복음》(부흥과개혁사 역간).

19. France, *Gospel of Matthew*, 224. R. T. 프랜스, 《NICNT 마태복음》(부흥과개혁사 역간).

20. 스키너는 1994년에 백혈병으로 사망했다. "Tom Skinner, 52, Minister and Trainer," *The New York Times*, 1994년 6월 26일, www.nytimes.com/1994/06/26/obituaries/tom-skinner-52-minister-and-trainer.html#:~:text=Tom%20Skinner%2C%20the%20son%20of,before%20that%20in%20midtown%20Manhattan.

21. Tom Skinner, *Black and Free* (Grand Rapids, MI: Zondervan, 1970), 88.

22. Skinner, *Black and Free*, 89

Part 3.

8. 우리에게 필요한 용서

1. Wilfred M. McClay, "The Strange Persistence of Guilt," *Hedgehog Review* 19, no. 1 (2017년 봄호).

2. 지난 20년 동안 죄책감(guilt)은 자신의 행위에 대한 부정적 감정이고 수치심(shame)은 자신의 존재에 대한 부정적 감정이라는 말이 회자되었다. 이 개념은 대중화되기는 했지만, 논란의 여지가 있다. 이보다 더 적절하고 정당한 구분은 죄책감과 수치심을 각각 개인과 집단에 더 귀속시키는 관점이다. 즉 잘못을 저지른 사람은 죄책감이 들면서 자신이 벌을 받아야 한다고 느껴진다. 그런데 그 잘못은 또한 가족과 주변 사람들에게 수치심을 안겨 줄 수 있다. 그래서 짐이 가중된다. 비서구권 사람들은 자신의 잘못이 소속 공동체를 욕되게 한다고 해석할 소지가 높다. 우리의 취지상 내가 논하는 수치심과 죄책감은 사실상 동일한 것이다. 즉 자신이 잘못한 게 있어 벌을 받아 마땅하다는 의식이다.

3. McClay, "Strange Persistence of Guilt."

4. McClay, "Strange Persistence of Guilt."

5. McClay, "Strange Persistence of Guilt."

6. John Updike, *Franz Kafka: The Complete Stories*에 쓴 서문 (New York: Schocken, 1995), xx.

7. 일부 독자는 "무화과나무 잎"과 '우상'의 유사성을 알아차릴 것이다. 물론 이 둘은 우리 삶 속에서 가짜 신의 역할을 한다는 점에서 본질적으로 동일하다. 하지만 그것을 무화과나무 잎이라 칭하면, 다른 사람에게와 심지어 자신에게 비칠 자기 모습을 우리가 그

것을 통해 구체적으로 어떻게 통제하는지를 더 잘 이해할 수 있다. 우상 숭배라는 영적 현상에 대한 더 자세한 내용은 다음 책을 참조하라. Timothy Keller, *Counterfeit Gods: The Empty Promises of Money, Sex, and Power and the Only Hope That Matters* (New York: Penguin, 2011). 팀 켈러, 《팀 켈러의 내가 만든 신》(두란노 역간).

8. Derek Kidner, *Genesis: An Introduction and Commentary* (Downers Grove, IL: Inter-Varsity Press, 1972), 199. 데렉 키드너, 《창세기-틴델 구약주석 시리즈 1》(기독교문서선교회 역간).

9. 하나님께 받는 용서

1. Charles Wesley, "And Can It Be?" (찬송가, 1739년). 작사가 자신의 회심을 담아낸 찬송가다.

2. 자신을 용서하는 문제에 내면적·수평적으로만 접근하는 보편적 사례로 다음 글을 참조하라. Keir Brady, "7 Tips For Practicing Self-Forgiveness," Keir Brady Counseling Services, 연도 미상, www.keirbradycounseling.com/self-forgiveness.

3. Gail Sheehy, *Passages: Predictable Crises of Adult Life* (New York: E. P. Dutton, 1976).

4. Colin Tipping, *Radical Self-Forgiveness: The Direct Path to True Self-Acceptance* (Boulder, CO: Sounds True, 2011), 133. "나는 영적 존재로서 인생을 경험한다. …… 내 평생에 벌어지는 일은 다 교훈이다. 이생의 경험 속으로 들어올 때 나는 합일의 반대인 분리를 겪음으로써 합일이 무엇인지를 온전히 이해하고 싶었다. 전생에 내가 이미 영혼들과 계약을 맺은 대로 그들의 행위는 **나에게** 하는 것이 아니라 **나를 위한** 것이다. 내가 몸 안에 있는 동안에는 전자처럼 느껴지겠지만 말이다. 또 나는 이 땅에 사는 동안 내게 배움의 기회를 줄 사람들을 동원한다. …… 인간 세계에서는 내 행위를 책임져야 하지만, 순전히 영적인 차원에서는 나쁜 일이란 건 발생하지 않는다."

5. Darrell L. Bock, *Luke 9:51-24:53*, Baker Exegetical Commentary on the New Testament (Grand Rapids, MI: Baker, 1996), 1118-1119. 대럴 벅, 《BECNT 누가복음 2》(부흥과개혁사 역간).

6. 교회사 내내 목회자들은 "과민한 양심"이라는 영적 문제를 상대해야 했다. 예컨대 다음 여러 책을 참조하라. Charles Hodge, "Diseased Conscience," *Princeton Sermons* (1879, 재판 Edinburgh: Banner of Truth, 2011), 122. 찰스 하지, 《프린스턴 채플 설교 노트》(아바서원 역간). William Bridge, "A Lifting Up in the Case of Lack of Assurance," *A Lifting Up of the Downcast* (1649, 재판 Edinburgh: Banner of Truth, 1961), 128-151. 윌리엄 브리지, 《회복》(복있는사람 역간). Thomas Brooks, "Precious Remedies against Satan's Devices" (1652), *The Works of Thomas Brooks*, 제1권 (Edinburgh: Banner of Truth, 1980), 91-117.

7. Brooks, *Works of Thomas Brooks*, 제1권, 16.

8. 〈브로드처치〉(*Broadchurch*), 제6회, James Strong 연출, Chris Chibnall 각본, 2013년 4월 8일 BBC 방영.

9. Richard Sibbes, *The Bruised Reed* (1630, 재판 Edinburgh: Banner of Truth, 1998), 12. 리처드 십스, 《꺼져 가는 심지와 상한 갈대의 회복》(지평서원 역간).

10. Stephen Charnock, *The Works of Stephen Charnock*, 제4권, *The Knowledge of God* (Edinburgh: Banner of Truth, 1985), 199. 스티븐 차녹, 《하나님을 아는 지식 1, 2》(부흥과개혁사 역간).

11. John Newton, "Let. 11 to Rev. Mr. S," *Works of John Newton*, 제6권 (Edinburgh: Banner of Truth, 1985), 185-186.

12. 회개의 이 세 가지 행위가 시편 51편에도 다 나와 있지만, 여기서는 간단명료하게 잠언 28장 13절 공부를 통해서만 살펴볼 것이다.

13. Johann Christoph Arnold, *Why Forgive?* (Walden, NY: Plough, 2010), 175-176. 요한 크리스토프 아놀드, 《왜 용서해야 하는가》(포이에마 역간).

14. C. John Miller, "Completely Forgiven," 자비로 출판한 소책자, 1987, 10.

15. Bruce K. Waltke, *The Book of Proverbs, Chapters 15-31*, The New International Commentary on the Old Testament (Grand Rapids, MI: Wm. B. Eerdmans, 2005), 417-418.

16. William Cowper, "Sometimes a Light Surprises," *Olney Hymns* (1779년).

17. Stuart K. Hine, "How Great Thou Art" (1949년). 〔찬송가 79장 3절 가사의 일부인데 우리말 찬송가 번역에는 생략되었다―옮긴이〕

18. Charles Hodge, *Princeton Sermons* (1879, 재판 Edinburgh: Banner of Truth, 2011), 48-49. 찰스 하지, 《프린스턴 채플 설교 노트》(아바서원 역간).

19. Thomas R. Schreiner, "Luke," *ESV Expository Commentary*, 제8권, I. Duguid, J. M. Hamilton & J. Sklar 편집 (Wheaton, IL: Crossway, 2021), 838.

20. 하나님이 다윗에게 정의를 시행하셨는지를 두고 많은 논란이 존재했다. 다윗은 우리아와 밧세바에게 잘못을 저질렀고, 자신의 왕권을 떠받치는 언약인 하나님의 율법을 어겼다. 이런 행위에 대한 공정한 처벌이 있어야 하지 않겠는가? 성경을 보면 그런 처벌이 있었다. 사울과 달리 다윗은 참으로 회개했고, 그래서 하나님이 그의 왕위를 유지시켜 주셨다. 하지만 그의 아들의 죽음은 하나님이 그의 악행에 직접 정의를 시행하신 결과였다. 여기서도 우리는 그분의 용서와 정의를 동시에 볼 수 있다.

21. 이 문단은 다음 책의 한 대목을 요약한 것이다. Billy Graham, *Just As I Am: The Autobiography of Billy Graham* (New York: HarperCollins, 1997), 254-259.

22. Dick Lucas, "Romans 3:9-31," 설교, 1970년 1월 6일, St Helen's Bishopsgate, https://www.st-helens.org.uk/resources/talk/3027.

10. 우리가 베푸는 용서

1. Charlotte Brontë, *Jane Eyre* (1847, 재판 Vancouver: Engage Books, 2020), 386. 샬롯 브론테, 《제인 에어》.

2. Lewis Smedes, *Love within Limits: Realizing Selfless Love in a Selfish World* (Grand Rapids, MI: Eerdmans, 1978), 75.

3. Miroslav Volf, *Exclusion and Embrace* (Nashville: Abingdon, 1996), 124. 미로슬라브 볼프, 《배제와 포용》(IVP 역간).

4. Rudolf Bultmann, "Ἀφίημι, Ἄφεσις, Παρίημι, Πάρεσις," *Theological Dictionary of the New Testament*, Gerhard Kittel, Geoffrey W. Bromiley & Gerhard Friedrich 편집 (Grand Rapids, MI: Eerdmans, 1964), 509.

5. Dan Hamilton, *Forgiveness* (Madison, WI: Inter-Varsity Christian Fellowship, 1980), 10. 댄 해밀턴, 《용서》(IVP 역간).

6. Hamilton, *Forgiveness*, 10. 댄 해밀턴, 《용서》(IVP 역간).

7. Hamilton, *Forgiveness*, 11-13. 댄 해밀턴, 《용서》(IVP 역간).

8. Brontë, *Jane Eyre*, 386. 샬롯 브론테, 《제인 에어》.

9. 가해자의 잘못에 고의성이 거의 없다거나 본질상 아예 우발적인 경우도 있음을 고려해야 할 것이다. 행동이 경솔하거나 단지 부주의해서 죄를 지은 경우라도 일단 피해가 발생했으면 회개와 용서가 필요하다.

10. Doris Kearns Goodwin, *Team of Rivals: The Political Genius of Abraham Lincoln* (New York: Simon & Schuster, 2005), 679-680. 다음 책에 인용되어 있다. David Powlison, *Good and Angry: Redeeming Anger, Irritation, Complaining, and Bitterness* (Greensboro, NC: New Growth Press, 2016), 93. 데이비드 폴리슨, 《악한 분노, 선한 분노》(토기장이 역간).

11. Corrie ten Boom, John & Elizabeth Sherrill, *The Hiding Place* (Grand Rapids, MI: Baker, 2006). 코리 텐 붐, 《주는 나의 피난처》(좋은씨앗 역간).

12. Corrie ten Boom, "Guideposts Classics: Corrie ten Boom on Forgiveness," *Guideposts*, 연도 미상, www.guideposts.org/better-living/positive-living/guideposts-classics-corrie-ten-boom-forgiveness.

13. Ten Boom, "Guideposts Classics."

14. Joel B. Green, *The Gospel of Luke* (Grand Rapids, MI: Eerdmans, 1997), 613. 조엘 그린, 《NICNT 누가복음》(부흥과개혁사 역간).

15. Green, *Gospel of Luke*, 624. 조엘 그린, 《NICNT 누가복음》(부흥과개혁사 역간).

11. 용서를 넘어 화해로

1. 〈테드 래소〉(Ted Lasso), 시즌1 제9회, "All Apologies," M. J. Delaney 연출, Jason Sudeikis, Bill Lawrence, Brendan Hunt 각본, 2020년 9월 25일 Apple TV 첫 방영.

2. "비통히 여기시고"로 번역된 헬라어는 분노해서 소리 지르거나 씩씩거린다는 뜻이다. 예수님은 노기로 충천하셨다. 다음 책의 고찰을 참고하라. D. A. Carson, *The Gospel According to John* (Grand Rapids, MI: Eerdmans, 1990), 415-416. D. A. 카슨, 《PNTC 요한복음》(솔로몬 역간).

3. D. A. Carson, "Matthew," *The Expositor's Bible Commentary*, 제8권, Frank E. Gaebelein 편집 (Grand Rapids, MI: Zondervan, 1995), 150.

4. R. T. France, *The Gospel of Matthew*, The New International Commentary on the New Testament (Grand Rapids, MI: Wm. B. Eerdmans, 2007), 692. R. T. 프랜스, 《NICNT 마태복음》(부흥과개혁사 역간).

5. France, *Gospel of Matthew*, 692. R. T. 프랜스, 《NICNT 마태복음》(부흥과개혁사 역간).

6. France, *Gospel of Matthew*, 693. R. T. 프랜스, 《NICNT 마태복음》(부흥과개혁사 역간).

7. Michael Green, *Matthew: The Bible Speaks Today* (London: Hodder and Stoughton, 1988), 174.

8. Green, *Matthew*, 174. 꼭 덧붙여 둘 말이 있다. "일을 늘 비공개로만 처리해서는" 안 된다는 그린의 조언은 민법을 위반한 학대나 폭행이 발생했을 때 특히 중요하다. 그런 경우에는 교회뿐만 아니라 관계 당국에 죄를 알려야 한다.

9. 여기서 기억해야 할 것이 있다. 유난히 불화를 일으키고 적개심이 강한 사람은 그만큼 더 격려되어야 할 수도 있다. 데살로니가후서 3장 14절을 참조하라. 8번 주석에 지적했듯이 민법을 위반했을 때는 교회가 가해자를 법원과 경찰에 신고해야 한다.

10. 이 본문이 교회의 공식 치리와 어떻게 연관되는가 하는 주제에 대해서는 다음 여러 책을 참조하라. Edmund Clowney, "The Marks of the Church," *The Church: Contours of Christian Theology* (Downers Grove, IL: InterVarsity Press, 1995), 99-115. 에드먼드 클라우니, 《교회》(IVP 역간). Daniel E. Wray, *Biblical Church Discipline* (Edinburgh: Banner of Truth, 1978). Jay E. Adams, *Handbook of Church Discipline* (Grand Rapids, MI: Zondervan, 1986). D. A. Carson, *Love in Hard Places* (Wheaton, IL: Crossway Books, 2002).

11. "숯불을 그 머리에 쌓아 놓으리라"라는 권고의 의미가 어렵다거나 불명확하다는 사람이 많다. 대다수 주석가와 학자가 인정하듯이 이 은유의 의미에 대해서는 일치된 의견이 없다. 어떤 이들은 원수에게 호의를 베풀면 그가 정서적으로 괴로워지거나 하나님의 심판이 가중될 수 있다는 뜻으로 본다. 문제는 그 해석이 문맥에 전혀 들어맞지 않는다는 것이다. 이 본문 전체가 가해나 보복을 만류하고 있다. 현대의 대다수 주석가는 피해자가 복수할 때보다는 악에 선으로 대응할 때 가해자가 양심의 가책을 느껴 죄를 깨닫고 회개할 소지가 훨씬 높다는 뜻으로 본다. 다음 책을 참조하라. Douglas Moo, *The Epistle to the Romans*, New International Commentary, 초판 (Grand Rapids, MI:

Eerdmans, 1996), 788-789.

12. Barry Bearak, "Forgiving Her Family's Killers, but Not Their Sins," *The New York Times*, 1999년 9월 3일.

13. D. Martyn Lloyd-Jones, *Romans: Exposition of Chapter 12-Christian Conduct* (Edinburgh: Banner of Truth, 2000), 489. 마틴 로이드 존스, 《로마서 강해 12》(기독교문서선교회 역간).

14. Lloyd-Jones, *Romans*, 489. 마틴 로이드 존스, 《로마서 강해 12》(기독교문서선교회 역간).

15. Lloyd-Jones, *Romans*. 마틴 로이드 존스, 《로마서 강해 12》(기독교문서선교회 역간).

나오며

1. Aljean Harmetz, "How Endings Have Affected Two Recent Movies," *The New York Times*, 1984년 10월 8일.

부록 3

1. D. A. Carson, *Love in Hard Places* (Wheaton, IL: Crossway Books, 2002), 83.

부록 4

1. Derek Kidner, *Proverbs: An Introduction and Commentary* (Downers Grove, IL: Inter-Varsity Press, 1964), 157. 데렉 키드너, 《잠언-틴델 구약주석 시리즈 12》(기독교문서선교회 역간).

forgive